事務管理・不当利得・不法行為

第3版

田山輝明 著

民法要義6

成文堂

第3版はしがき

　今回の改定も新しい重要判例の追加が中心である。不法行為の領域は，裁判例を含めて判例の絶対量が多い。この種の法的トラブルが多く発生しているということであろうが，純粋に不法行為の領域のものでなくても，不法行為判例として現れる場合が少なくない。例えば，契約をめぐるトラブルであっても，裁判においては，予備的主張を含めて，不法行為的構成をとる場合が多い。これは，理論的には，契約責任と不法行為責任の関係として整理することができ，契約責任を優先的に適用すべきであると主張することは可能であるが，現状の裁判実務において，これに従うことは困難であろう。本書は基本的には教科書であるから，実定法次元での体系性には重きを置かずに，これらは，すべて不法行為判例として扱っている。

　なお，第3版の改定作業に際しては，成文堂編集部の飯村晃弘氏に大変お世話になった。記して感謝申し上げる。

　2016年1月

田　山　輝　明

第 2 版はしがき

　不法行為の領域は，依然として，新しい裁判例の数は多い。単に数だけではなく，その内容も，新しいものがかなり見受けられる。しかし，改訂に当たっては，本書の特徴を維持するために，叙述が詳細になりすぎないように心掛けた。もちろん，新しい重要判例は見落とさないように参照してコメントした。そのうえで，新しい不法行為の類型ないし現象（ハラスメント等）も拾った。

　また，びっしりと書かれている感じを和らげるために，改頁と改行を多くして読みやすくした。本書は，第 2 版であるが，『不法行為』（青林書院）を前身としているので，実質的には第 4 版である。

　第 2 版の改訂作業においても，成文堂編集部の本郷三好氏に大変お世話になった。記して感謝申し上げる。

　2010 年　秋

　　　　　　　　　　　　　　　　　　　　　　　　　　田　山　輝　明

初版はしがき

　本書は，民法要義シリーズ 6 である。事務管理・不当利得と不法行為を内容としている。本書の趣旨は，法学部と法科大学院の学生にとっては，私の講義の教科書として，さらに，それ以外の学生諸君にとっては手頃な参考書として利用してもらうことにある。

　また，司法試験の受験生にとっては，基本書として利用でき，その際に通常の教科書よりもやや具体的に叙述している点を生かして頂けるのではないかと思っている。そのために重要問題には網羅的に論及し，かつ体系的理解に役立つように配慮したつもりである。

　本書は，しかしながら，もともと教室で出会う学生諸君向けに書かれたものであり，自説の展開を主目的にしたものではない。このような目的を達成するためには，講義時間の限界との関連もあり，どうしても叙述を抑えなければならないことになるが，これは致し方ないことである。

　不当利得の分野は民法全体の理論体系と密接な関係に立っているため，独学では勉強しにくい分野の一つである。例えば，不当利得における「類型論」は，学生諸君にとって理解の難しいテーマの一つであり，そのために不当利得全体を何となく不得意な分野としてしまっている者も少なからずいるのではないかと思う。本書はそのような人にも最適であると信ずる。

　不法行為の領域は，民法の分野でも最も激しい変動を経験しているということができる。それだけに学説，判例も多く出現しており，これを漏れなく集約することはほとんど不可能である。私の不勉強のため参照できなかった文献や業績も多々あると思うが，本書が学生向けのものであることから，具体的な引用や紹介を割愛させていただいた貴重な文献も少なくない。また，具体的な引用がない場合でも，間接的に諸先輩の業績に依存せざるをえないことは，この種の仕事の場合にはある程度不可避的である。ここに御寛容を乞うとともに，感謝の念を表させていただきたい。

　本書の特徴をあえてあげるとすれば，次の 3 点になろう。

　第 1 に，学部の学生諸君が不法行為法などの勉強をするために必要な内容という観点から考えてミニマムな量に絞っている点である。民法，財産法の分野の中でも

特に不法行為は判例・学説の増加が著しいので，これに十分に対応するためには相当な頁数を必要とするが，反面において，学生諸君が不法行為などの勉強をするために有している時間はカリキュラム上は決して多くないのが現状である。従って，本来は本格的な体系書で勉強するのが望ましいのは当然であるが，それが事実上無理である以上，それに代わる教科書が必要となる。

　第2に，量を絞ったとはいえ，重要な判例は割愛することはできないし，新しい学説についても通説化しつつあるものや有力説は，可能な限り紹介することに努力した。

　第3に，各章の末尾に＜参考文献＞を掲げた点である。これは執筆に際して参考にさせていただいたという意味もあるが，そのテーマについてさらに深く勉強する者の便宜に供するという意味をも兼ねている。

　なお，本書の不法行為の部分は，『不法行為』（青林書院）を前身としている。同書はこの際，絶版とした。

　本書の事項索引，判例索引等の作成にあたっては，他の分野と同様に（株）成文堂編集部の本郷三好氏に大変お世話になった。ここに記して感謝申し上げる。

　2006年5月

田　山　輝　明

〈事務管理全体の参考文献〉
小池隆一『準契約及事務管理の研究』・慶應義塾大学法学研究会叢書11（昭和37年）
我妻栄『事務管理・不当利得・不法行為』（日本評論社，1937年）

〈不当利得全体の参考文献〉
加藤雅信『財産法の体系と不当利得法の構造』（有斐閣，昭和61年）
藤原正則『不当利得法』（信山社出版，2002年）
川角由和『不当利得とはなにか』（日本評論社，2004年）
松坂佐一『不当利得論』（有斐閣，1953年）
我妻栄『債権各論下巻（一）』民法講義V4，（岩波書店，1978年）

〈不法行為法全体の入門書・教科書〉
近江幸治『事務管理・不当利得・不法行為〔第2版〕』（成文堂2007年）
川井健『不法行為法』〔民法教室・第2版〕（日本評論社1983年）
窪田充見『不法行為法』（有斐閣2007年）
澤井裕『テキストブック事務管理・不当利得・不法行為〔第3版〕』（有斐閣2001年）
高木・加藤・石田・國井・潮海・能見・藤岡・前田・伊藤『民法講義6 不法行為等』〔大学双書〕（有斐閣1977年）
田山輝明『口述　契約・事務管理・不当利得』（成文堂1989年）
野村・伊藤・浅野『不法行為法』（学陽書房1981年）
藤岡・磯村・浦川・松本『民法IV債権各論』（Sシリーズ）（有斐閣1991年）
水本浩『民法セミナー7 債権各論（下）』（一粒社1985年）
吉村良一『不法行為法』〔第4版〕（有斐閣2010年）

〈不法行為に関する体系書・概説書・注釈書〉
幾代通著・徳本伸補訂『不法行為法』（有斐閣1993年）
奥田昌道・潮見佳男編『民法6　事務管理・不当利得・不法行為』（悠々社2006年）
加藤一郎『不法行為』〔法律学全集・増補版〕（有斐閣1974年）
加藤一郎編『注釈民法⑲不法行為』（有斐閣1965年）
篠塚・前田編『新・判例コンメンタール　民法9　不法行為』（三省堂1993年）
四宮和夫『不法行為』〔現代法律学全集〕（青林書院1985年）
鈴木禄弥『債権法講義3訂版』（創文社1995年）
円谷俊『不法行為法・事務管理・不当利得〔第2版〕』（成文堂2010年）
平井宜雄『債権各論　II不法行為』（弘文堂1993年）
藤岡康宏『不法行為法・民法講義V』（信山社2013年）
不法行為研究会『日本不法行為法リステイトメント』（有斐閣1988年）
前田達明『民法（不法行為法）』（現代法律学講座）（青林書院1985年）
森島昭夫『不法行為法講義』（法学教室全書）（有斐閣1987年）
我妻栄『事務管理・不当利得・不法行為』（新法学全集）（日本評論社1927年〔1988年復

刊〕）

〈不法行為に関する研究書・講座〉

明石三郎『自力救済の研究』（有斐閣 1961 年）

有泉亨監修『現代損害賠償法講座』（全 8 巻）（日本評論社 1972～1976 年）

淡路・伊藤・宇佐見編『不法行為法の現代的課題と展開』（森島還暦記念，日本評論社 1995 年）

淡路剛久『公害賠償の理論』（有斐閣 1975 年）

淡路剛久『環境権の法理と裁判』（有斐閣 1980 年）

淡路剛久『不法行為における権利保障と損害の評価』（有斐閣 1984 年）

石田穰『損害賠償法の再構成』（東京大学出版会 1977 年）

伊藤進『不法行為法の現代的課題』（総合労働研究所 1980 年）

植林弘『慰藉料算定論』（有斐閣 1962 年）

牛山積『公害裁判の展開と法理論』（日本評論社 1976 年）

内池慶四郎『不法行為責任の消滅時効』（成文堂 1993 年）

岡松参太郎『無過失損害賠償責任論』（京法発行会 1914 年，有斐閣 1954 年）

加藤一郎『不法行為法の研究』（有斐閣 1961 年）

加藤雅信『現代不法行為法学の展開』（有斐閣 1991 年）

川井健『現代不法行為法研究』（日本評論社 1978 年）

神田孝夫『不法行為責任の研究』（一粒社 1988 年）

古賀哲夫・山本隆司編『現代不法行為法学の分析』（有信堂 1997 年）

澤井裕『公害差止の法理』（日本評論社 1976 年）

澤井裕『失火責任の法理と裁判〔増補版〕』（有斐閣 1990 年）

下森定編『安全配慮義務法理の研究』（日本評論社 1998 年）

四宮和夫『請求権競合論』（一粒社 1978 年）

末川博『権利侵害と権利濫用』（岩波書店 1970 年）

末川博『権利侵害論』（弘文堂書房 1930 年，日本評論社 1944 年）

高橋眞『安全配慮義務の研究』（成文堂 1992 年）

高橋眞『続・安全配慮義務の研究』（成文堂 2013 年）

高橋眞『損害概念論序説』（有斐閣 2005 年）

谷口知平・植林弘『損害賠償法解説』（有斐閣 1969 年）

椿寿夫/右近健夫『注釈ドイツ不当利得・不法行為法』（三省堂 1990 年）

濱上則雄『現代共同不法行為法の研究』（信山社 1993 年）

平井宜雄『現代不法行為法理論の一展望』（一粒社 1980 年）

平井宜雄『損害賠償法の理論』（東京大学出版会 1971 年）

広中俊雄・星野英一編『民法の百年Ⅰ・Ⅱ・Ⅲ』（有斐閣 1998 年）

星野英一編集代表『民法講座 6　事務管理・不当利得・不法行為』（有斐閣 1985 年）

前田達明『不法行為帰責論』(創文社 1978 年)
山田卓生編集代表『新・現代損害賠償法講座』(全 6 巻,一部未完)(日本評論社 1996 年～)
吉村良一『公害・環境私法の展開と今日的課題』(法律文化社 2002 年)
『我妻栄先生還暦記念・損害賠償責任の研究(上・中・下)』(有斐閣 1957 年～1965 年)
［各章の参考文献も参照。一部重複している］

〈民法要義シリーズ〉
田山輝明　民法総則〔第4版〕〔民法要義1〕（成文堂，2000年）
田山輝明　物権法（成文堂，2012年）
田山輝明　担保物権法〔第3版〕〔民法要義3〕（成文堂，2004年）
田山輝明　債権総論〔第3版〕〔民法要義4〕（成文堂，2008年）
田山輝明　契約法〔民法要義5〕（成文堂，2006年）

〈略語〉
大判　大審院民事部判決
最判　最高裁判所判決
高判　高等裁判所判決
地判　地方裁判所判決
民録　大審院民事判決録
民集　大審院・最高裁民事判例集
高民集　高等裁判所民事判例集
下民集　下級裁判所民事判例集
判時　判例時報
判タ　判例タイムズ
新聞　法律新聞
金融法務　金融法務事情
金融商事　金融商事判例
法学　法学（東北大学）
裁判例　大審院裁判例
判決全集　大審院判決全集
裁判集民　最高裁判所裁判集民事
裁判所時報　裁判所時報
基判・民法　基本判例体系・民法（第一法規）

目　次

はしがき

参考文献・判例略語

第3部　事務管理・不当利得

第1章　事務管理 ………………………………………………………… *1*

第1節　総　説 ……………………………………………………… *2*
① 事務管理の意義（*2*）　② 事務管理の法的構造（*4*）
③ 「事務」処理原因の類型（*6*）

第2節　事務管理の成立要件 …………………………………… *8*
① 他人のためにすること（*8*）
② 法律上の義務なくして行うこと（*10*）
③ 本人にとって不利でないこと（*12*）

第3節　事務管理の効果 ………………………………………… *13*
① 管理者の善管注意義務（*13*）　② 事務管理の継続義務（*15*）
③ 本人の費用償還義務（*16*）　④ 事務管理と消滅時効（*17*）

第4節　準事務管理と事務管理の追認 ……………………… *19*
① 準事務管理（*19*）　② 事務管理の追認（*21*）

第2章　不当利得 ………………………………………………………… *23*

第1節　序　論 ……………………………………………………… *23*
① 不当利得の概念（*23*）　② 不当利得のタイプ（*25*）
③ 伝統的不当利得論（*28*）

第2節　不当利得の要件……………………………………………34

- ① 要件の考え方（34）　② 利得と損失（35）
- ③ 因果関係とその直接性（38）　④ 法律上の原因の欠如（不当性）（39）
- ⑤ 受益者の善意・悪意（42）　⑥ 悪意の立証責任（43）

第3節　不当利得の返還請求権と他の請求権との関係………45

- ① 契約関係と不当利得（45）　② 契約の解除と不当利得（46）
- ③ 賃貸借の終了後の利用利益（47）
- ④ 身分関係の解消と不当利得（48）

第4節　不当利得の効果……………………………………………50

第1　序……………………………………………………………50

- ① 不当利得返還債権（50）　② 不当利得返還請求権の対象（50）
- ③ 消滅時効との関連（52）

第2　受益者の善意・悪意と返還請求権…………………………53

- ① 返還の範囲（53）　② 返還義務の遅滞発生時期（53）
- ③ 利得が損失を超える場合（53）　④ 転売と利得の消滅（54）
- ⑤ 運用利益と不当利得の成立（55）
- ⑥ 給付利得に関するその他の事例（57）

第5節　特殊な不当利得……………………………………………62

第1　金銭と不当利得……………………………………………62

- ① 金銭の特殊性（62）　② 典型的事例（63）
- ③ 金銭の利息と不当利得（66）　④ 因果関係に関するまとめ（67）

第2　転用物訴権と不当利得……………………………………70

- ① 基本的問題点（70）　② 転用物訴権と法律上の原因の欠如（72）
- ③ 関連学説（74）

第3　不法原因給付………………………………………………76

- ① 90条違反と不法原因給付（76）
- ② 不法原因給付と物権的請求権（80）　③ 返還特約の効力（84）

第4　利得返還請求権の制限……………………………………84

- ① 狭義の非債弁済（85）　② 期限前の弁済（86）
- ③ 他人の債務の弁済（87）

第4部　不法行為法

第1章　不法行為の基礎理論 …… 91

第1節　不法行為の意義——法構造 …… 91

1. 序　説 (91)　2. 近代社会の発展と不法行為責任 (92)
3. 刑事責任・行政責任との比較 (93)
4. 不法行為と制裁的機能 (94)
5. 不法行為責任の法構造上のタイプ——立法主義の違い (94)

第2節　過失責任主義 …… 96

1. 歴史的意義 (96)　2. 無過失責任の意義と発展 (97)

第3節　権利侵害論 …… 101

1. 権利侵害の意味 (101)　2. 権利侵害から違法性へ (102)
3. 合法的行為による不法行為 (103)　4. 法律上保護される利益 (104)

第4節　不法行為責任と契約責任 …… 106

1. 序　説——請求権の競合 (106)
2. 請求権競合論の実益と体系的思考 (106)
3. 取引行為的不法行為 (109)

第5節　不法行為責任と保険制度 …… 110

1. 責任保険 (110)　2. 責任保険の必要性 (111)
3. 責任保険の具体例 (112)

第2章　不法行為の一般的成立要件 …… 117

序 …… 117

第1節　行為と責任能力 …… 120

1. 行　為 (120)　2. 責任能力 (123)

第2節　行為と損害の発生……………………………………………… 128

1. 要件としての損害（128）　2. 損害の種類と態様（128）

第3節　故意・過失……………………………………………………… 133

1. 故意と過失の意義（133）　2. 過失概念の変遷（136）
3. 過失をめぐるその他の問題点（138）　4. 故意・過失の立証（141）
5. 故意・過失の具体的事例（142）

第4節　加害行為の違法性……………………………………………… 155

1. 序（155）　2. 被侵害利益（155）
3. 違法の態様（168）　4. 違法性の阻却（172）

第5節　行為と損害との因果関係……………………………………… 176

1. 序（176）
2. 事実的因果関係（自然的因果関係）——責任の成立の前提としての
   因果関係（176）
3. 相当因果関係（保護範囲）（177）
4. 賠償の対象としての損害の金銭的評価（187）
5. 損害の発生と損害賠償請求権の帰属（187）

第3章　不法行為の効果……………………………………………… 191

序………………………………………………………………………… 191

第1節　金銭賠償の原則と方法………………………………………… 192

1. 意　義（192）　2. 財産的損害に対する賠償（192）
3. 非財産的損害に対する賠償（197）　4. 損益相殺（206）

第2節　損害賠償の範囲と金額………………………………………… 210

1. 序　説（210）　2. 過失相殺（213）

第3節　損害賠償請求権の性質………………………………………… 221

1. 不法行為債権を受働債権とする相殺の禁止（221）
2. 賠償者の代位（222）　3. 損害賠償請求権の履行期（222）

④ 消滅時効 (*223*)

第4節 非金銭的救済の方法……226

① 序 (*226*)　② 法律上の規定に基づく非金銭的救済 (*226*)
③ 物権的請求権に基づく救済 (*227*)
④ 環境・公害事件と差止請求 (*227*)

第4章 特別な不法行為……241

序……241

第1節 責任無能力者の監督者の責任……242

① 責任の本質 (*242*)　② 責任の要件 (*243*)
③ 監督者の責任の効果 (*244*)

第2節 使用者責任……246

① 責任の本質 (*246*)　② 要　件 (*247*)　③ 効　果 (*253*)

第3節 請負の注文者の責任……258

① 716条の趣旨 (*258*)　② 責任の内容 (*258*)

第4節 共同不法行為者の責任……260

① 719条の意義 (*260*)
② 共同不法行為に関する最近の学説・判例 (*262*)
③ 共同不法行為の要件 (*268*)　④ 共同不法行為の効果 (*270*)
⑤ 共同不法行為と使用者責任 (*273*)

第5節 個人的被害と企業損害……286

① 序 (*286*)　② 反射的損害（一般従業員の場合）(*286*)
③ 企業の固有損害（中心的経営者等の場合）(*287*)

第6節 土地工作物の設置・管理上の瑕疵による責任……288

① 責任の意義 (*288*)　② 要　件 (*289*)　③ 効　果 (*292*)

第7節　動物占有者の責任 …… 294
- **1** 責任の意義 (294)　**2** 要　件 (294)
- **3** 損害賠償義務者 (295)

第8節　特別法上の不法行為責任 …… 296
第1　失火責任 …… 296
- **1** 失火責任法の意義 (296)　**2** 適用範囲の限定 (296)

第2　自動車による人身損害に対する責任 …… 300
- **1** 意　義 (300)　**2** 運行供用者の範囲 (300)　**3** 具体例 (300)

第3　製造物責任 …… 301
- **1** 問題点の整理 (301)　**2** 法制定前の判例 (302)
- **3** 製造物責任法 (305)

第4　その他の特別法による無過失責任 …… 309

事 項 索 引 …… 313
判 例 索 引 …… 323

第3部　事務管理・不当利得

第1章　事務管理

　近代社会においては，市民Ａが市民Ｂの事務に干渉するには，原則としてＡＢ間の契約を媒介としなければならない（広義の法定後見の場合は例外である。民法総則第2章第4款参照）。ＡがＢの同意なしにＢの財産に干渉すれば，その行為は原則として違法行為となり，それによってＢのもとで何らかの損害が発生すれば，ＡはＢから損害賠償の請求を受けることになる（不法行為）。しかし，場合によっては（例えば，隣人として持つべき道徳観念に従って），ＡがＢのためにＢの事務に干渉することも日常生活の中においてはありうることであり，望ましい場合さえありうる。民法はこれを一定の要件のもとで事務管理として合法的行為とした上で，必要な規定を置いている。

　法と道徳を巡る関係は一般的にも理解の難しい問題であるが，事務管理の分野では具体的な法律関係として，この問題を取り上げなければならないと考えるべきであろう。

　民法上の事務管理を前提としたうえで，学説上，準事務管理と事務管理の追認が認められるようになっている。

---

1) 事務管理は，ローマ法においても認められ，フランス民法においては非債弁済と共に準契約の一種として規定され（同1371条），ドイツ民法とスイス債務法では，委任の次に「委任なき事務管理」として規定されている。英米法では，準契約として不当利得の中に総括して観念されており，特別に論じられることはないが，他人に利益を付与した者の利得回復 restitution として実質的には事務管理が認められている（谷口知平・民事法学辞典・上836頁）。日本民法に規定する際には，「他人の事務の無権限管理」と称すべきところ，「我国従来ノ慣例ニ因リ」敢えて誤解されることはないものと信じて，単に「事務管理」としたという（広中俊雄編・民法修正案〔前2編〕の理由書655頁）。

第1節　総　説

1 事務管理の意義

1　意義と沿革

(1)　意義

　事務管理とは，法律上の義務がないのに他人のためにその事務を処理する行為をいう（697条）。もちろん，日常生活においては契約上の義務に基づいて他人の事務の管理を開始することの方が，圧倒的に多いであろう。例えば，委任契約に基づく場合はその典型である。

　ところが，委任契約のような契約関係に基づいて他人の事務を処理するのではなく，契約関係は何もないが他人の事務を処理するということが日常の生活の中ではありうる。例えば，新聞屋や酒屋が集金に来たがたまたま留守であったときに，隣家の主婦が集金人を気の毒に思って，頼まれてもいないのに隣人の分につき立替え払いをしたという場合には，通常，事務管理となる。条文では「事務の管理を始めた」という表現になっているが，これは上の例のような一回限りの立替え払いではないようなこと，すなわち，継続的事務をも想定しているので，「管理を始めた」と表現していると解してよい。

　このように，事務の管理を始める場合には，その事務の性質に従って最も本人の利益に適するような方法によってその管理をしなければならない（697条）。条文の趣旨からも分かるように，他人の事務を自分のために処理する場合は，他人の事務を処理するという要件を充足しない。つまり，自己の利益のためにやるのは事務管理にならないどころか，他人に対する違法な干渉になる可能性を有する。この意味で利他的，つまり，他人を利するという意味で行為をすることが事務管理の基本的な特徴の一つといえよう。[2]

---

[2]　ローマ法においては，原則として他人の事務に関与することは不法行為とされたが，商業取引等の発展により，不在者が増大するに及んで，隣人が留守中に嵐のためその所有家屋の屋根が破壊され，そのまま放置すると雨漏りがして大きな被害になる恐れがあったので修理をしたような事例が次第に増加した。これを他人の事務に対する違法な干渉として処理せず，事務管理として適法行為とした（小池隆一・準契約及事務管理の研究，前掲，62頁）。

(2) 沿革

このような意味では社会生活における相互扶助の理想に基づいて，これを適法な行為とし，一面では管理者にそのために費した費用の償還請求権を認めるとともに，他面では管理者にその管理を適切に履行すべき義務を課するという考え方のもとで事務管理の観念ができあがっている，と伝統的には説明されてきた。

2 事務管理の多様性

しかし，事務管理と呼ばれている最近の社会現象を詳しく検討してみると，必ずしも社会生活における相互扶助の理想というような一つの統一的理念ですべてを説明するのは，困難な問題も生じてきている。

(1) 他人のため

確かに他人のための事務管理でもあるが，同時に自分の利益にもなるという場合でも，事務管理として考えてもよい場合がありうる。例えば，使用者Aと労働者Bの間で雇用契約が締結されている場合において，労働者Bが第三者Cによって怪我をさせられたときに，BがCに対して損害賠償請求をする前に，とりあえずAがBの損害を補塡したという場合[3]を考えてみよう。Aは第三者によって怪我をさせられた自分の従業員Bの治療費を立替えてやらなければならない義務を負っているわけではない。したがって，これは被害を受けた本人のためになされた行為といえるが，早く適切な治療を受けて自分のもとで再び元気で働いて欲しい，という意味では自分の利益のためでもあろう。このような場合も，事務管理と考えてよい。

(2) 社会のため

社会一般のために事務管理が成立することもありうる。社会生活における相互扶助的な理念は個人と個人の間を想定しているといえるが，隣人同士の関係ではなく，社会一般のための事務管理もあるのではないかという疑問が

---

3) 最判昭 36・1・24 民集 15・1・35　本判決の事案では，使用者が，死亡した被用者の遺族に対して労働基準法 79 条に基づく遺族補償を履行した上で遺族に代位して加害者に対してその求償を求めたのに対して 422 条の類推適用によってこれを肯定した。このように法律上の義務がある場合には遺族補償が事務管理になることはないが，このような法律上の義務なしに（労基法旧 8 条参照）補償を行った場合には，事務管理が問題になりうる。

生じる。例えば，公道に放置されている障害物によって交通事故を起こしかねない危険性がある場合に，近くの人が自分の費用で障害物を除去したとしよう。この場合には，道路管理者との関係において事務管理が成立すると考えることができる。

(3) 無効な契約に基づく事務処理

受任者が委任契約に従って事務処理をしたが，実はその事務処理契約が無効であったというような場合である。つまり，有効であれば，これは当然事務処理契約に基づいたことであるからそもそも事務管理にはならないが，その契約が無効であった場合には，契約に基づく義務がないのにやったということになり，事務管理の問題になると考えられるのである。

3 最近有力な事務管理概念

このように，個人間の事務管理ばかりでなくその他のいろいろなケースを考えると，事務管理の制度は，他人の支配下にある事務に対する干渉であるにもかかわらず，その行為を法的に是認してその特殊な事務処理にふさわしい法律関係を，管理者と本人との間において設定しようとするものだといえる。事務管理に関する規定を置いた目的はこの点にある，という説明が最近有力になっている[4]。

② 事務管理の法的構造

事務管理の法的な構造は，まず，事務の管理をされた人と事務の管理をした人との間の基本的な関係に基づいている。しかし，場合によっては「事務」の内容として本人と第三者との関係を問題にせざるをえない場合もある。事務管理を他の制度と対比させて法的構造を示しておこう。

1 委任との比較

事務管理と委任とを比べてみた場合に，委任との最大の相違点は，契約関係がないということである。契約関係はないが，他人の支配権に属する事務に手を出したにもかかわらず，それが違法性を帯びないという点で委任に似ている。さらに，他人の事務を処理する上で，その他人に代理して何らかの

---

[4] 四宮・事務管理・不当利得・不法行為上巻（青林書院新社，1981年）7頁参照。

法律行為をしなければいけないということが実際上問題になってくることもありうる。そういう事態になれば，委任に非常に類似した構造が生じてくることになる。

2 不当利得との比較

他人のために事務を処理した結果，その他人のもとに利益が発生してくることがあるが，その場合には不当利得との関連性が構造上見えてくる。しかし，不当利得との決定的な違いは次の点にある。AがBの事務を処理した結果Bのもとに利得が発生した場合に，Aの方に発生している損害（費用）の限度でBのもとに発生した利得を返還せよというのが不当利得の関係であるのに対して，AがBのために事務を処理するについてかかった諸々の費用を弁償せよというのが事務管理の関係である。つまり，事務管理では，「あなたのところに発生した利得をこちらにください」という関係はない[5]。

3 不法行為を含めた相互比較

費用の請求という点では不法行為との関連性も問題になる。そこで，不当利得，不法行為，事務管理の3つの関係をもう一度整理してみよう。Aのもとに発生している損害，これを1つの穴（欠損）に例えると，不当利得の場合は相手方のもとで平らな上に盛り上がっている部分を利得だと考えて，その分を相手方に対してこちらによこせということを要求することになるが，不法行為では損害という穴が埋まるまで賠償してほしいということになる。ところで，事務管理というのはそのいずれでもなく，相手のために事務を処理した結果自分のところで費用がかかったので，この費用(穴)を弁償してほしいという場合である。これらの法制度はそれぞれ基本的な発想に違いがあり，したがって相手方のところで盛り上がっている利得と，あいた穴とは必ずしも一致しないから，ある生の事実がある場合に，不当利得的構成がよいのか，事務管理的構成がよいのか，それとも不法行為的構成がよいのか，については，債権者が自己の利益との関連も含めて，それぞれの事態に即して考えてみる必要がある。

---

[5] 不当利得との関連における事務管理の特徴としては，①管理義務(697条)と②管理継続義務(700条)があるが，そのほかに，管理者に有益費償還請求権が与えられる(702条1項)。

3 「事務」処理原因の類型

事務管理という場合の事務の意義は多種あるが、この際、事務の種類とか性質とかは問題ではない。類型的に問題になるのは次のような場合である。

1 契約が無効である場合

前述のＡＢ間で委任による事務処理契約が履行されたが、それが実は無効であった場合である。

2 受任者の権限ゆ越の場合

与えられた権限を越えて事務を処理した場合である。次の判例（大判大 6・3・31 民録 23・619）が参考になる。X（買主）Y（売主）間で船舶について売買契約が締結され、船舶の値段 1,000 万円の支払いをＸはＡに依頼した。ところが、後日ＡはＹから売買値段を 1,100 万円にしてくれとの増額請求を受けた。ＡはＸ本人の了解を得る時間がなかったので、自分で判断をせざるをえない状況であった。契約は一度 1,000 万円で成立している以上、Ａとしてはこれを拒否することはできたわけである。Ａがこれを断れば、相手方Ｙはその契約について約束されていた違約金 40 万円を支払わなければならず、Ａがその違約金をもらえばそれで契約関係は全部終了するはずであった。しかし、相手方から 40 万円の違約金は入ったとしても、その結果、今度は買主Ｘが転売先に対して債務不履行の責任を負わなければならなかった。転売先との間では 40 万円より高い違約金が約束されていたので、Ｘ・Ｙ間の契約からくる違約金よりもプラスアルファの違約金を支払った上で、なおかつ転売利益がなくなる計算であった。したがって、その不利益を考えてＡはＹからの 100 万円の増額請求を承諾してこれを支払った。1,000 万円の限りではＡは権限が与えられているから契約関係で説明できるわけであるが、1,000 万円を越えた部分については支払いの権限はなかったことになる。つまり、本人のためになると思って 1,100 万円への値上げ要請に応じて支払ってしまったのであるが[6]、この差額部分の 100 万円についてはこれを事務管理で説明ができるか否か、が問題になったのである。結論から言うと[7]、判例は差額の部分について事務管理を認めた（大判大 6・3・31 民録 23・619）。

---

6) 本件においては、代理形式ではなく、本人の名で行為した。この点については、事務管理と代理権の関係として後述する。

3　事務処理契約終了後の場合

　有効に成立していた事務処理契約（例えば，委任）が終了してしまった後で，それに関連した事務が必要になったために，従前と同様に事務処理をした場合はどうであろうか。事務処理契約に基づく効果は，今まで100あったものがある日突然にゼロになるのではなく，もともとあった契約関係の余後効が残存していると考えれば，元々存在した契約関係に依拠しながら後の事務処理について説明をすることができると考えられるが，契約終了と同時にほとんどゼロに近い状態になるのだと考えれば，事務管理の関係で処理せざるをえないということになる。

4　無権代理行為の追認の場合

　無権代理行為が追認された場合の事務処理に関する本人と代理人の関係も問題となる。無権代理関係が追認された場合には，効果は遡及的に本人に帰属すると理解されているが，無権代理行為の追認は代理効果に関する追認[8]であるにすぎない。事務処理の側面については追認されたわけではないから，権限のない人が行った事務処理という意味で事務管理が成立する。したがって，無権代理行為の追認と事務管理の追認（後述）ということとは理論的に区別すべきである。無権代理関係が追認されて有効になるような事例では，事務管理が成立してしまうから，この場合には，それ以上に事務管理の追認ということは，独自には問題にならないと考えてよい。

---

7)　しかし，この事例では，別の解釈も可能であったであろう。つまり，代金を払ってくれと頼まれたAは，単に代金の支払いだけを頼まれたというよりも善管注意義務をもって代金支払いの仕事を頼まれたと解すれば，当該状況もとでは，Aは本人の利益のために委任という事務処理契約上の受任者としての善管注意義務に合致した行為を行ったという理論構成も可能だったのではないかと考えられる。

8)　ここでいう追認は，純粋な無権代理の追認である。その際に，本人は追認をする以上，事務管理者との関係において委任の場合と同様の法律効果を生じさせようと考えるかもしれないが，それは当然には発生しえない（例えば，報酬額について）。

第2節　事務管理の成立要件

1　他人のためにすること

　事務管理は他人の事務を他人のために行うということを要件としている。それが同時に自分のためであってもよいということは前述したが、基本的には他人のためであることが要件である。他人のために行うという意思を事務管理意思と呼ぶとすると、事務処理者には事務管理意思という主観的な要件が必要である（通説）。これに対して、要するに事務の処理が本人の利益になればよいという少数説（客観説）もある。

1　事務の他人性と親子の愛情など

　他人のためという要件に関連して、戦前に改正前の民法の下で扶養と事務管理の関係が問題になり、愛情に基づく扶養は事務管理には該当しないとされた事例がある[9]。

　さらに、もう一件紹介しよう。ある家で両親と長男が同居していたが、長男が事情により親のもとを離れてしまったので、長男以外の子供が親を扶養していた。当時の民法によれば、長男が親を扶養するのが原則で、長男でない子は親の扶養義務を必ずしも負ってはいなかった。すなわち、長男が生存している以上、他の子供には扶養義務はない、という状況であった。実際に扶養義務を果たした弟が、後日、「あなたの扶養義務を私が代わって尽してやった」という理由で、長兄に対して事務管理を理由にして親の扶養料を請求した事例である。

　前述の大正5年の判決[9]の論理を適用するならば、次のようになろう。戦前の「家」制度を前提としてある種の淳風美俗として受け入れられていた倫理観や道徳観のもとにおいては、親に対する扶養の費用は後で事務管理として

---

[9]　大判大5・2・29民録22・172　幼女に対する扶養は、その両親X・Yの婚姻中はその資力に応じてこれを分担し、離婚後は、「家」にある者Yがまずこれを負担することになっていた（旧955条・956条）。このような事情のもとで、扶養次順位のXが幼女の養育をしたとしても、それは子供に対する愛情からであって、Yのためにする意思をもっておこなったわけではないと認定され、養育費の返還または不当利得の返還請求は否定された。

他の人に請求しうるようなものではないと考えられていたから，扶養したこと自体は子供が親に対する愛情に基づいておこなったのであって，それを後から事務管理という形で請求するのは妥当でないという理由で，本件においては事務管理の成立を否定したであろう。しかし，このような考え方については学説の側から大変厳しい反論を受けていた。つまり，扶養料の負担問題の考察に際しては愛情というような主観を問題とすべきではなく，親が長男のもとを去った事情などを考慮して客観的に判断すべきであるというものであった。最高裁になってから昭和26年になされた類似の事例に関する判決（最判昭26・2・13民集5・3・47）においては，大正5年の判決に対する批判的学説の方向に変化してきているように見受けられる。[10]

2 解除された契約の目的物の保管

他人のためということとの関連で問題となったものに馬の売買契約の裁判例（大分地判昭30・5・19下民集6・5・998）がある。馬が売買されて，売主から買主に引渡され，買主のほうが馬の世話をしていた。契約が解除された結果，馬は始めから売主のものだったことになるから（直接効果説），買主の方で馬に餌をやっていた行為は事務管理だといって餌の費用の請求をした事例である。

しかし，契約が解除されるまでは，買主は自分の馬だと思って餌をやっていたわけであるから，他人のためという要件を欠き，事務管理はその間については成立しないと考えられた。

それでは，契約が解除された後，返還するまでの間は馬は他人のものになったのだから事務管理を主張できるかということが，次に問題になった。これは理論的には認めてよかったと思われるが，裁判例では，買主は契約解除後は馬が死なない程度にしか餌を与えなかったので，買主は自分が後で馬を餓

---

10) 上掲判決は，「扶養権利者が扶養義務者中の一人Yと同居することを好まず，他の一人と同居して居るというには何かそれ相当の理由があるかも知れない。例えば前者は扶養をすることはするが，権利者に相当な扶養をしないとか，或いはさらに進んで虐待のため権利者は同居に耐えないとかという場合がないではない。かかる場合に後者が見兼ねて引き取って世話をしたとしたらどうであろう。・・中略・・こう言う場合にもなお前者は全面的に義務を免れ費用を出す義務もなく，後者のみ全費用を負担しなければならないとするのは不当であろう。若しそういうことになると冷淡な者は常に義務を免れ情けの深い者が常に損をすることになる虞がある」と述べている。

死させたという責任を免れるために最少限度のことをしただけであって，他人のために事務を処理したことにはならないと判断された。条文にも「最も本人の利益に適すべき方法によりてその管理をなすことを要す」と書いてある以上，事務管理は成立しないと判断した判決は正しかったと思われる。

3 「本人」の行為能力等

(1) 行為能力

条文中の「他人」すなわち事務を管理される本人について，行為能力者であることが必要か否かであるが，この点については，事務管理ではとくに本人との契約関係が問題になるわけではないから行為能力の要・不要は問題にならないと考えてよい[11]。

(2) 意思能力

本人に意思能力が必要かという点については，本人が意思能力を持たない場合であっても事務管理を成立させる必要性がある場合があり，かつ，これを否定すべき理由はないから，意思能力がなくても構わないと考えてよい。

(3) 本人の不明

事務管理をしている人は，本人が誰であるかということを知って事務を行わなければならないものであろうか。飼主不明のペットが飛び込んできてしまった場合に適当な餌を与えて預っていた場合などが考えられるが，この場合も事務管理の関係として理解してよいと思われる。例えば，隣の犬だということが分かっていて餌を与える場合はもちろん事務管理になるが，所有者が分からなくても事務管理の成立を認めてさしつかえないからである。

② 法律上の義務なくして行うこと

1 他人の義務

例えば，債権者をCとし，ABが連帯債務者で100万円の債務を負担しているとして，その負担部分については，Aがゼロで Bが100万円だとする。

---

[11] 大判明36・10・22民録9・1117
① 事務管理の本人は町村のような公法人であってもよい。
② 事務管理における本人は，行為能力者であることを要しないから，町村が本人であってもよいし，その場合に町村長の同意や町村議会の決議も必要としない。

負担分ゼロのAがCに対して100万円の債務を履行したという場合に、AとBとの関係において事務管理が成立すると考えるべきであろうか。[12] 連帯債務者の一人がとりあえず全額を弁済したときは、内部的な求償の問題が出てくるが、その時にはまず元の債権者が持っていた権利をそのまま受けついで、他の連帯債務者に請求できるという弁済者の代位が問題となる。しかし、それとは別にＡＢ相互の間において固有の費用請求の問題も起こり、それを事務管理の問題として説明をすべきなのかどうかということである。大正5年の判決はこのような事例の場合には、ＡＢ間において事務管理が成立するとしている（大判大5・3・17民録22・476）。つまり、Aの弁済は、AとCとの関係では全額につき義務履行であっても、連帯債務者相互の間では負担部分以外については義務履行ではないということである。もちろん、ＡＢ間に弁済委託の契約関係があれば別である。

2 公法上の義務と事務管理

公法上の義務に基づいて一定の義務の履行をした場合に、その結果として事務管理が成立することがありうるかという問題がある。例えば、誰かが水難にあっている場合においては、救助可能な者は水難者を救助すべきであるという一般的な規定がある。[13] この義務は、すべての関係者が公法上一般的に負っているわけであるが、この義務を履行した場合でも、私法上、事務管理が成立することはさしつかえないと考えられている。

この点で、昭和49年の判例（最判昭49・9・26民集28・6・1331）で、事務管理が否定されている例が参考になる。A船が故障を起こし、B船がそれを曳航している途中に、A船が浸水し危険な状態になったので、B船の船長の指示でポンプを持っていってA船の水を吸い出すなどの援助をした。この場合に、これを事務管理としてB船側から費用請求ができるかということが問題

[12) 上段の連帯債務者間の関係を図示すれば、次のとおりである。

（負担部分：0）　　　　┌─A
　　　　　　　　事務管理 │連帯債務　C　債権者
（負担部分：100万円）　└─B　100万円

13) 海難の場合については、商法800条以下と、海難における救援救助についての規定の統一に関する条約（大正3年条約第2号）を参照。

になった。この事例では，たまたま曳航契約が結ばれていたために，曳航契約を結んでいる当事者間においてはその程度のことは契約上の義務としてやるべきである，つまり曳航契約に基づいて一定の費用を払っているわけであるから，その費用で賄われるべきである，ということで事務管理の成立が否定されてしまった。しかし，この判例は公法上の義務があるから事務管理が成立しない，と述べているわけではないことに注意する必要がある。

③ 本人にとって不利でないこと

本人にとって不利でなく，また本人の意思に反しないということが事務管理の要件となる。しかし，これについても例外がある。例えば，自殺したいと思って川に飛び込んだ人を通りすがりの人が救助したのであるが，救助にあたり自分が着ていた服が濡れて損害を受けたとする。この救助行為は事務管理の要件を満たすであろうか。これは形式的に言えば，助けること自体が本人の意思からすれば「余計なお世話だ。俺は死にたいと思って飛び込んだのに何故助けたか」ということで，本人の意思に反しているということになるからである。

しかし，自殺ということについては各人に考えがあると思うが，一般的に言えば，正しくないことである。あえて民法上問題にするとすれば，自殺は公序良俗に反する行為と言えよう。その意味で，本人に自殺したいという意思があったとしても，公序良俗に反するような，「健全な道徳観念に反するような」意思に反している場合には，救助行為はほんらいあるべき「本人の意思」に反していないと考えて，事務管理が成立すると考えてよいと思われる。

---

14) 曳船と被曳船における海難救助の成立基準
　(1) 被曳船に現実的な危険があること
　(2) 曳船にも現実的な危険が増大すること
　(3) 曳船契約に契約上の義務をあきらかに超えた努力があること
が必要である。以上の要件を充足しない限り海難救助料を請求することはできない。
15) 第三者の弁済は，債務者の意思に反しないときは，弁済期前であっても事務管理となる（大判昭9・9・29新聞3756・7）。
16) 大判大8・4・18民録25・574　〔本人の意思に反することが明らかである場合でも，本人の意思が強行法規または公序良俗に反するときは，事務管理が成立する。〕

第3節　事務管理の効果

1　管理者の善管注意義務
1　本人の意向と善管注意義務

　管理者は事務管理を開始した後は，本人の意思ないし利益に従って事務を管理しなければならない基本的義務を負う。この場合に最も重要なことは，管理者は善管注意義務を負うという点である[17]。本人の支配に属する事項に介入するわけであるから，善管注意義務が要求されるのは当然のことであろう。その意味において，事務管理の要件を満していると思われる場合であっても，本人と連絡をとって本人の指示を得られるような時間的な余裕がある場合には，当然にその指示を得るべきである。したがって，本人の指示を得るのが可能であったのにそれをせずに独断でやった場合には，善管注意義務違反になる。事務管理にはなるかもしれないが善管注意義務違反にもなりうるのであり，場合によっては損害賠償の請求を受けることもありうるといえよう。なお，管理者は事務管理の開始を本人に通知する義務を負っている（699条）。

2　事務管理と代理権

　事務管理が成立したときは，管理に必要な範囲内において代理権が生じるのであろうか。この点を巡っては，肯定説と否定説とがあり，後者が通説である。

(1)　**肯定説**

　およそ事務の処理には必ずそれに相応する権限が与えられていなければならならず，その権限は法律行為については代理権である。民法が事務管理を適法行為として認めている以上，管理者には必要な代理権が与えられていると解する。

(2)　**否定説**

　事務管理は本人と管理者間の対内関係に留まり，本人と相手方の対外関係とは区別すべきである。管理者が本人の名で行為した場合には，その効果は

---

17) 大判昭8・4・24民集12・1008〔事務管理が本人の意思に反しまたは本人に不利であることが明らかであるか否かは，事務管理をした当時の事情によって決する。〕

当然には本人に帰属しない（最判昭36・11・30民集15・10・2629）。702条2項の本人の弁済義務は，管理者が負担した債務を，本人が第三者弁済をすべき債務を管理者に対して負うという意味に解する。

3　緊急事務管理をめぐる問題

698条には，緊急に事務管理が必要になる場合に関する規定が置かれている。同条は「管理者は本人の身体，名誉又は財産に対する急迫の危害を免れさせるためにその事務の管理をしたときは悪意又は重大な過失があるのでなければ，これによって生じた損害を賠償する責任を負わない」と定めている。つまり，事務管理を始めた者は，前述のように，原則として善管注意義務を負うが，緊急事務管理の場合には悪意または重大な過失がなければ損害賠償義務は負わないということである。[18]

しかし，この規定については例外的に考えるべき場合があることが指摘されている。それは医師の場合である。医師が緊急事務管理をする場合については，事務処理の費用がいくらかかったかというような事務管理の問題として処理すべきではなくて，医師が自分の本来の仕事としてやるわけであるから，それがたとえ事務管理的に始まったものであっても，医師に対しては相当な報酬を支払うべきではないか，という点である。しかも，この場合には責任軽減を認めるべきではないとの主張がなされている。例えば，正式な本人の依頼がない状況で医師が緊急の処置をするという場合に，医師は重過失がなければ免責されるというような軽い扱いで治療をされたのでは患者の利益は十分に守られない。したがって，この主張によれば医師は治療をする以上は，事務管理的な状況でやろうが，正式に診療契約を締結してやろうが同じ内容の治療をしなければならないと解すべきであり，そうだとすれば，対価の点でもかかった費用だけを請求できるのではなく，報酬も当然に請求で

---

[18]　急迫な危害が存在するものと考えて漁業用の網を海中から巻き上げた結果，その漁網を流失させてしまった行為につき，「緊急事務管理の場合においては，管理人が本人の意思に反することを知らないことが善良なる管理者の注意義務に反していても，それが悪意または重大な過失に基づかないかぎりは，その成立を認めうると解される。また，緊急事務管理の成立について，急迫な危害が客観的に存在することを必要とするかどうかに関しては，悪意または重大な過失に基づかないかぎり，単に管理人が主観的に危害が存在すると信じたことをもって足りると解すべきである。」と判示している（新潟地判昭33・3・17下民集9・3・415）。

きると解し，注意義務についても善管注意義務を負うと解すべきだということになる。[19]

② 事務管理の継続義務

事務管理を開始した「管理者は，本人又はその相続人若しくは法定代理人が管理をすることができるに至るまで，事務管理を継続しなければならない。ただし，事務管理の継続が本人の意思に反し，又は本人に不利であることが明らかであるときは，この限りでない」（700条）とされている。例外的な場合を除いては，いったん事務管理を始めた以上，それを引きついでくれる者が出てくるまでは事務管理は継続しなければならない。

管理継続義務が民法上問題になった例はあまりないが，刑法上の遺棄罪との関連で問題になることがある。例えば，病人をいったん引き取ったが，しだいに面倒になってきたという場合に，「自分は特に義務があるような関係で引き取ったわけではないから」ということで，病人に対する看護を止めていいのだろうかという問題である。もともと病人を引き取る義務はなかったし，現在もなお法的義務はないという場合であっても，一度引き取った以上はその病人の看護をしてくれる人が出て来ない段階で事務管理を止める，すなわち放り出すことは許されない。そのことが刑法上の責任の追及という形で問題になった例がある（大判大15・9・28刑集5・387）。ただし，事務管理の継続が本人の意思に反し，または本人のために不利なること明らかなときは継続義務はない（700条ただし書）。[20]

---

19) 救急病院の医師によってなされた救急医療につき，緊急事務管理に関する698条の適用および緊急事務管理の法理の適用を排除した裁判例がある（大阪高判昭61・3・27判時1220・80）。
20) おじが未成年の子供等の面倒を見て子供等の土地を耕作するなど，法律上事務管理が成立すると認められる場合において，子供がすでに成年に達し，また，子供の1人に後見人が選任され，これらの子供等が同土地の返還を求めているときには，おじはその土地の返還を拒否することはできない，とした裁判例がある（函館地判昭31・5・30下民集7・5・412）。

③ 本人の費用償還義務

1 費用償還義務

ここまではもっぱら管理者側の義務を考えてきたが，事務管理が成立すると本人の側にも義務が発生してくる。本人は自分の事務を他人に管理してもらって利益を受けたわけであるから（受取物の引渡等に関しては，701条により委任の規定が準用されている），それに対して費用を払うべきである。702条は，「管理者は，本人のために有益な費用を支出したときは，本人に対し，その償還を請求することができる」と規定している。本人のためになる有益費用は本人に対して請求することができるが，この有益費の請求に関連して，何が有益費になるかということを考える場合には，事務管理のタイプを次に述べるように，2つに分けて考えた方がよいと解されている。

2 義務履行型と保存型

第1のタイプは，義務履行型と言われるものである。本人がある一定の義務を負っていて，その本人の負っていた義務を代わって履行するという意味で義務履行型と呼ぶ。第2のタイプは本人の所有物について保存行為や改良行為をする場合で，これを保存型ないしは改良型と呼んでいる。

(1) 義務履行型

この場合には，本人の義務を代わって履行することによって，本人は義務を免れて明らかに利益を受けるから，これは間違いなく有益費用として処理してよいと思われる。

(2) 保存型・改良型

この場合には，その保存・改良行為が果たして本人の意思にかなっているかどうかが問題になりうる。普通の表現を使って言えば，「他人がおせっかいをした」わけであるから，そのおせっかいをした他人がよいことだと思ってやっても，やられた本人からすれば意に反しているということがありうるわけである。この意味で，本人に対して押しつけにならないことが重要である。

ある改良行為をしたという場合に，その改良行為によって利益が現存している場合には，本人にとって不当利得になることがある。このような場合に

---

21) 本条の有益な費用の中には，いわゆる有益費のみならず，目的物の保存に必要な費用も含まれる（大判昭10・7・12判決全集20・24）。

は，押しつけられた利得ということで難しい問題が出てくることがある。この意味で，保存型・改良型の方については事務管理として構成するにせよ，不当利得として構成するにせよ，押しつけにならないというハードルをクリアしないと，実際には請求できないということになる。不当利得論における有益費に相当するものは事務管理においては費用として請求できるが，奢侈費（しゃし）に相当する超デラックスな費用の請求は，不当利得におけるのと同様に「押しつけ」になりうると考えてよいであろう。

3　費用と利息

　事務管理が成立して有益費用の償還請求が可能だという場合でも，費用の償還の際に利息を付すべきであるかどうかということについては，民法には定めがない。しかし，完全な費用償還請求を認めるべきだという趣旨から肯定説が有力である（四宮36頁ほか）。[23]

④　事務管理と消滅時効

　事務管理が成立して有益費用の償還が肯定される場合にも，面倒な問題が生じうる。例えば，AがBに対して負っていた債務を，Cが義務がないのに代わりに支払ったという事例で，AのBに対する債務は間もなく時効にかかって消滅してしまうという状況だったとする。そういう状況の下で，Cがおせっかいにも弁済をして，これが事務管理になったと考えてみよう。確かに時効消滅していない段階でいえば，本人の利益になっているわけであるから事務管理になるが，しかし，その結果，もうすぐ時効が成立するという利益をCのおせっかいのためにAが失ってしまうということになるのはおかしいのではないか，という問題である。この場合には，事務管理が成立したときにも，事務管理者がこの点について悪意であったときは，事務管理の費用請求権はもともとの債務の消滅時効の範囲内でしか存続しない，と考えることができれば問題はない。つまり，Cが事務管理をした場合に，事務管理に

---

22)　「押し付けられた利得論」については，第2章「不当利得」を参照。
23)　大判昭17・8・6民集21・850　〔無権代理人の金員受領行為が本人の追認によって事務管理となった場合には，無権代理人が自分のために消費した金員については，701条及び647条により，消費した日以後の利息を本人に支払わなければならない。〕

基づく費用請求権は通常ならば費用請求権が成立した時点から10年間で時効消滅するというのが原則であるが[24]，この場合には，残存期間の経過により時効消滅すると解することができないだろうか。

このような場合には，「本人の意思に反しないこと」という要件を厳格に解することによって，原則として事務管理は成立しないと解して，例外的に成立しうる場合におけるCのAに対する求償権は，原則通り，10年の消滅時効にかかると解してよいであろう。

---

24) 前提として存在していた当該債務が，例えば1年後には消滅時効にかかってしまうというのであれば，その場合のCのAに対する事務管理による費用償還請求権も1年で時効消滅してしまうと考えることが可能なのではないか。そう考えないとAは他人のおせっかいによって予期しない損害を被ってしまうことになるからである。それが損害であるといえるかどうか，つまり本来の債務であるから，もうすぐ時効が成立するということが債務者にとって利益であるといえるかどうかについては改めて議論をする余地があるが，そのような損害であっても，事務管理されたばかりに常に本人の負担になると解するのは妥当ではない。しかし，本人の意思に反する場合には事務管理は成立しないと解すべきであるから，実際には不当な結果は発生しないであろう。

第4節　準事務管理と事務管理の追認

1　準事務管理
1　準事務管理の概念

　ある人が他人の事務を自分には権限のないことを知りながら，他人のためにではなくて，自分の利益のために管理するという場合を準事務管理と呼んでいる。例えば，Aが特許権をもっているけれども，それを使った事業をしていない場合に，それをよいことに特許権を持っていないBが，Aの権利を使ってある仕事をして利得を得たときは，A・Bの関係において事務管理を成立させることができるであろうか。この場合には，まず，Aは権利者として，自分の特許権を侵害されたことを理由として不法行為に基づいて損害の賠償請求をすることが可能である。この場合に，Bの方が相当多額の収益をあげていたとして，AはBに対して，その収益を全部自分のほうに引き渡せと言えるだろうか。

　前述のように不法行為に基づく損害賠償請求は，Aのもとで生じた損害という穴を埋める限度でしか機能しない。しかし，権利者の方に生じた穴と，無断で特許権を使って儲けた人が持っている利益とを比べた場合に，利益のほうが大きいという場合もありうる。そういう場合に，事務管理と同じように構成することができれば，AはBに対して「あなたは私の事務を代わりにやってくれたのであるから，その事務処理によって儲かっている利益を全部私に引き渡しなさい。その代わりあなたが私にこれだけの利益を作ってくれるについてかかった費用は，私が支払います」という請求が可能となる。その結果，他人の権利を無断で使って儲けたBの利益を全部取り上げて，しかも，事務を処理したBに対しては，実際上費用弁済という形で損害を与えないで済むということになる。このような場合には，不法行為的な理論構成で解決する場合もあろうが，それでは利得の清算が済まない場合について，それを事務管理に準ずる形で説明をすることが可能であろうか。この問題を肯定するための理論が準事務管理である。準事務管理の概念を認めてよいかどうかということについては，否定説と肯定説が対立している。

2　準事務管理否定説

否定説の理由は，まず第1に，事務管理というのは本来利他的な行為であるという点を強調している。つまり，最初に事務管理の伝統的な概念を説明したときにも述べたように，社会生活における相互扶助の理想を前提にして事務管理の観念を把握する立場からすると，他人の特許権を無断使用した場合にまで事務管理で説明するのはおかしいということになる。

第2に，本人の損害を柔軟に広く捉える一方で無断使用者の特殊な才能に依存する利益は，特殊な才能を持っている人に帰属させてもよいのではないかという考え方に基づいている。[25]

第3は，特許権の無断使用の場合には，事務管理の一般理論によるのではなく特別法によって解決することが望ましいという理由である。実際に，特許法102条には，無断使用した人が儲けた利益は，それを無断使用された側の方に発生するはずの損害とイコールであるという推定規定がある。したがって，特別法で処理されうるということを前提とすれば，特許に関する限り，準事務管理の理論は必要ではないということになる。

3　準事務管理肯定説

これに対して肯定説は，次のように主張している。[26] 上記のような事例を必ずしも事務管理だと言っているわけではなく，むしろ，準事務管理というのは事務管理にならないけれども事務管理が成立したのと同じに取り扱おうと言っているだけなのだから，そういう意味で否定説の理由の第1点は当たらない。

第2点の，才能で儲けた利益の帰属の問題については，違法な事務処理をした人に利益を与えることは，働いたわけでもないのに権利者だと言っている人に利益を帰属させるよりも，さらに不当なのではないかと主張する。つまり，公平の観念から考えても，やはり他人の権利を違法に利用して儲けた利得を，たとえその者の才能とか能力とかが絡んだとしても，それを理由に

---

[25]　石田文次郎「不当利得における『損失』について」法学論叢（37巻4号15頁）参照。

[26]　要件「他人ノ為メニ」を客観的に理解して，事務管理の中に取り入れようとする説（小池説）もあるが，通説は，準事務管理概念を認める（鳩山前掲，末川前掲論文等）。

してその人に帰属させるのはおかしい，という理由で否定説に反論できるとしている。

第3点の特許法102条の規定については，そういう規定があれば当然にそれを適用すべきであるから，それを適用することについては異論はない。ただ，特許権以外の場面でも準事務管理は問題となるのだから，特別法があるから準事務管理の概念が不要だとはいえない，と主張している。このように，否定説と肯定説は，事務管理に関する基本的な考え方の対立に由来しているのである。

② 事務管理の追認

事務管理のうち，「本人の意思に反しまたは本人のために不利でないことが明らかでないこと」を充足しないために事務管理として成立しない場合には，本人が承認を与えてその瑕疵を治癒することができる。これを事務管理の追認と呼んでいる。[27]

これに対して，事務管理者が事務管理意思を欠いている場合には，本人の追認では治癒できないから，例外的に準事務管理として処理すべきであろう。

〈本章の参考文献〉
〈第1節の参考文献〉
押田俊一「事務管理と無権代理」谷口還暦『不当利得・事務管理の研究』(2) 281頁
四宮和夫「委任と事務管理」前掲谷口還暦 (2) 229頁

〈第2節の参考文献〉
金山正信「事務管理の要件」前掲谷口還暦 (2) 253頁
須永醇「事務管理と意思能力・行為能力」前掲谷口還暦 (3) 351頁
平田春二「事務管理の成立と不法干渉との限界」前掲谷口還暦 (2) 233頁

---

27) 無権代理行為の追認との区別　病気療養中のAの窮境を切り抜けるために，Aの同居中の女婿BがAの不動産の売却を第三者Cに委任し，報酬として本人の名で別の建物をCに贈与したような場合には，Aは，本人の名で行った無権代理行為と構成して無権代理の追認をすることも，事務管理として構成して（要件を欠く場合に）その追認をすることも可能であろう。

〈第3節の参考文献〉
小脇一海「事務管理の効果」前掲谷口還暦（1）336頁
平田春二「事務管理は代表権を発生させるか」ジュリ・民法の争点Ⅱ，136頁
三宅正男「事務管理者の行為の本人に対する効力」前掲谷口還暦（1）338頁

〈第4節の参考文献〉
金山正信「『準事務管理』概念は必要か」ジュリ・民法の争点Ⅱ138頁等。
末川博「準事務管理」（債権，1970年，岩波書店），
立石芳枝「イギリス法における準契約」前掲谷口還暦（2）339頁
鳩山秀夫「本人の為めにする意思なき事務管理ありや」民法研究第四巻所収，
　1930年，有斐閣），
平田春二「所謂準事務管理について」名大法政論集3巻2号），
好美清光「準事務管理の再評価——不当利得法の検討を通じて」前掲谷口還暦
　（3）371頁
好美清光「準事務管理の再評価―不当利得法等の検討を通じて」不当利得・事務
　管理の研究(3)，有斐閣，1972年），

第2章　不当利得

第1節　序　論

1　不当利得の概念[1]

　不当利得に関する条文は，703条から708条までの諸規定であるが，理論的に整理して言うならば，703条と704条は主として要件論に関するものであり，705条以下は特別な不当利得のタイプについての規定である。それぞれについて概観すると以下のようになる。

1　不当利得に関する基本的規定

　不当利得とは，法律上の原因がないのに他人の財産または労務により利益を受け，これによってその他人が損失を受けている場合における，この利得を意味している。民法は，利得を得た者が善意であったときは，「現存利益」のみの返還を（703条以下），悪意であるときは，「利益」に利息を付して返還することを，利得を得た者に対して義務付けている。704条は悪意の受益者の返還義務の範囲に関する特則であるが，不当利得といっても損害賠償に類似した内容になってくるという点が特徴的である。

　一般的には703条と704条がそれぞれ善意の場合と悪意の場合の不当利得に関する基本的な条文だと言われている。704条は規定の仕方から見て703条を前提にした内容となっているので，そのような意味で703条が原則的規定であると一般的には理解されてきたのである。そのような理解でよいかどうかは，後で検討してみることにしよう。

---

[1]　民法修正集理由書によれば，フランス民法やプロイセン民法と異なり，民法の不当利得の規定は「近世一般ニ是認セラルル理論ニ基ツキ不当利得返還ノ義務ハ法律ノ規定ニ基ツクモノニシテ即チ法律上ノ原因ナクシテ取得シタル利益ハ総テ之ヲ返還セサルヘカラストシ之ニ因リテ一種ノ債務ヲ生セシムルモノニシ」（広中編・前掲書662頁）たとのことである。

2 不当利得に関する特別な規定

(1) 非債弁済

705条では,「債務の弁済として給付をした者は, その時において債務の存在しないことを知っていたときは, その給付したものの返還を請求することができない」とされている。703条と704条を見ても分かるように, 債務の履行は法律上の原因に基づくものであるから, 本来ならば法律上の原因のない給付として不当利得の返還請求ができるはずであるが, 705条は法律上の原因のない債務であることを知っていながら給付をした者についてまで, 給付の返還を認める必要はないとしている[2]。このような場合には, 特定の債務についての弁済といえるか, が問題となろう。

(2) 期限前の弁済

706条は期限前に知らないで弁済してしまった場合の清算関係に関する規定である。債務は存在するのであるが, 弁済期が到来した法的義務が具体的に存在しないのに給付をした場合であるため, 不当利得として規定したものと思われる。実際には, 同条ただし書の場合が問題となる。

(3) 他人の債務の弁済

707条は他人の債務を弁済してしまった場合の清算関係に関する規定である。弁済受領者の保護規定である。

(4) 不法原因給付

708条は「不法な原因のために給付をした者は, その給付したものの返還を請求することができない」と定めている。簡単に言うと, 民法90条に違反したような契約は無効であるから本当は契約とは言えないが, 当事者は契約だと思っているのでカッコ付の契約（以下では「契約」とする）と言うとすると, 同条違反の無効な「契約」に基づいて給付をしてしまった場合には, 原則として返還請求はできない, というのが708条の意味である。

---

[2] 従って, この言葉を使うときは, 705条の意味において非債弁済といっているのか, それとも単に債務がないのに弁済したという意味で非債弁済といっているのか, について明確にすべきである。

2 不当利得のタイプ

以下の説明を分かり易くするために，3つの典型的な不当利得の事例を最初に掲げておこう。第1の事例は，無効の契約に基づいて給付がなされた場合であり，第2の事例は契約関係が無い者の間で不当利得が問題となる場合であり，第3の事例は，求償関係が成立している場合である。以下，順次検討しよう。

1 契約の無効・取消の場合

(1) 瑕疵ある契約に基づく給付

ＡＢ間で詐欺・強迫などに基づく瑕疵ある契約が存在する場合において，当事者間の契約に基づいてＡがＢに何らかの給付をしたとしよう[3]。ところが法律上の原因としての法律関係，すなわちＡ・Ｂ間における売買契約が取消により法的には存在していないということになると，この給付は法律上の原因を欠いているから不当利得になる。こういう場合の利得を給付利得と呼ぶ。給付というのは，本来は有効な契約に基づいてなされるものをいうのであるが，契約が初めから無効であった場合でも，「契約」を前提にして使う用語法として給付利得という表現を用いることにする。

(2) 錯誤無効の契約に基づく給付

Ａ・Ｂ間の契約が錯誤無効の場合には[4]，給付者ＡのＢに対する請求権としては，土地の返還請求権と登記の返還請求権とが考えられる。

(イ) 土地の引渡請求権　　その根拠については，以下の2つが考えられる。

(a) 物権的請求権　　所有権は売主Ａにあるから，所有権に基づく返還請求が可能である。しかし，「契約」（意思）に基づいて給付しているから，占有回収の訴えの要件（200条）は充足しない。

(b) 不当利得返還請求　　給付利得に基づく返還請求権を認めるについては，返還の対象は何か，について答えなければならないが，結局は占有の不当利得の問題となる。土地の占有の不当利得については，次のように，立場

---

3) 〔設例1〕　ＡＢ間で売買契約が行われたが，その売買契約が後に詐欺を理由として取り消された。
4) 〔設例2〕　ＡはＢとの間で自己所有の土地の売買契約を締結したが，その契約はＡの錯誤によって無効であった。Ａはすでに代金を受領し，Ｂに土地を引渡し，移転登記も済ませている。

によって根拠が異なる。

① **伝統的学説**　占有権は，一定の法的利益と結びついているから，所有権に基づく返還請求権以外にも，不当利得に基づく占有の返還請求を認める実益がある。

② **類型論**　給付された占有は給付利得となる。これ対して，侵害者が侵害利得について有している占有は給付利得ではない。後者については，被侵害者は所有権に基づいて利得の返還（原物が不可能なら価格賠償）を請求すべきである（類型論自体については後述）。

㋺　**登記名義の返還**　その根拠としては次のものが考えられる。

(a)　**伝統的学説に基づく登記請求権**　その理論構成としては，物権的登記請求権と債権的登記請求権（原状回復請求の内容）とが考えられる。

(b)　**不当利得の返還請求権**　これを認めるには，登記も利得と解しうるか，という問題について肯定的な答えを出さなければならない。類型論の立場では，登記請求権は，一種の給付利得の返還請求権である。

㋩　**BのAに対する請求権**　代金の返還請求権の根拠としては次の2つが考えられる。

(a)　**不当利得**　代金の返還請求が，原状回復請求権の一種として具体化されている。

(b)　**その他**　金銭の占有権と所有権は返還請求の根拠となりえないと解すべきである。

㋥　**給付利得**　契約の無効・取消の場合において不当利得が問題になるときは，常に給付利得が問題となる。給付利得は有効であった契約に基づくものである必要はない。

2　契約に媒介されない場合

(1)　**侵害利得**

そもそも契約に媒介されないで利得を取得することもある。下段の設例3[5]

[5)]　〔設例3〕　BはAから土地を買ったが東側の境界線について思い違いをしていたとする。春先になって東側にある竹林に竹の子が生えてきたので，Bは自分の土地である竹林に生えた竹の子だと考えて，実は隣のCの所有地の竹の子を採取してしまった。隣地の竹の「竹の子」が自分の土地に生えたのではない。B・C間の法律関係はどうなるであろうか。

のようなことがあると，今度は不当利得の関係がBとCとの間で生じてくることになる。この場合にはBは全く有効な売買契約に基づいて買っているので，A・B間では不当利得の問題は起きないが，Bは買った土地に隣接している竹林の一部を自分の土地だと思って竹の子を採り消費してしまったことによって，自分に利益をもたらしている。一方で，Cは自分の所有物である竹の子を取られて損害を受けている。

Cは，これを不法行為として取り上げようと思えばもちろんできるが，ここでは不当利得論の土俵で考えているから不法行為論については除外し，不当利得の要件を満たすのかどうかという観点だけで考えてみよう。Bは法律上の原因なくしてCの竹の子を採ってしまったのであるが，第1のタイプとは違って，BとCとの間は，契約（前述の「契約」であれ）によって媒介された関係は全然ない。つまり，全くの「所有者と非所有者」の関係である。債権法以外の民法典の領域，すなわち物権法における問題なのである。竹の子を採取したBのもとにおいて生じている利得は，誰かによって給付された利得ではない。他人であるCの所有地にできた竹の子はCに帰属するいう法秩序（財貨帰属秩序）が我々の社会にはあって，それを侵害して得た利得であるという意味で，このような利得を侵害利得という。類型論的把握においては，上の2つが最も基本的な不当利得のタイプである。

(2) B・C間の法律関係

B・C間には契約関係はない。

(イ) **不当利得に基づく利得（侵害利得）の返還請求権**　前述の例において，Bに利得があり，Cに損失があり，Bの利得については法律上の原因（土地の利用権限など）がない。したがって，CはBに対して利得の返還を請求することができる。

(ロ) **不法行為に基づく損害賠償請求権**　Bに過失があれば[6]，CはBに対して土地所有権の侵害を理由として損害賠償を請求しうる（709条）。

---

6) Bに過失がない場合には，不法行為は成立しないから，不当利得だけの問題となる。

3 その他の場合——求償関係

(1) 3つのタイプの捉え方

第3の例を前の2つのタイプと対等に位置づけて3つ目のタイプとして捉えるべきかどうかは学説の対立するところであるが，私は前の2つを基本として捉えて，第3のものを，その他のタイプとして捉えてよいのではないかと思っている。

3つ目の利得については呼び方はいろいろあって，3つを並列的に把握しようという学説（四宮説）では，3つ目のタイプを負担帰属法型と呼んでいる。しかし，前2者のみを基本として捉えようとする学説においては必ずしもは正式な名前はなく，「その他の利得」というような言い方をしている。そしてこのタイプの中で中心的なものとして挙げられるのは求償関係における利得，つまり債権総論の多数当事者の債権関係における求償の問題である[7]。

(2) 設例のA・C間の法律関係

これは，弁済の法律関係である。第三者弁済に関する474条の要件を満たすか否かにより，弁済が有効かどうかが決まる。有効であれば，法律上の原因があるから，CのAへの弁済がA・C間において不当利得になることはない。

(3) 設例のB・C間の法律関係

(イ) CがBの依託に基づいて弁済したのであれば，その依託契約に従って，B・C間の法律関係を解決すればよい。不当利得の問題は生じない。

(ロ) Cが依託なしに弁済した場合であって，第三者弁済として有効となるときは，Cの弁済はBのための事務管理となるか，または，Bの不当利得となる。

③ 伝統的不当利得論

1 伝統的理論

以上の3つの不当利得のタイプがあって，とくに前2者が典型的なものであるということを前提にして話を進めよう。3つのタイプをあげたところか

---

[7] 〔設例4〕 AはBに1,000万円貸していたが，Bが支払えないので，CがBの代わりに支払ってあげた。C・B間の法律関係の法的性質が問題となる。

らも分かるように,不当利得が問題になる分野は非常に広く,内容的にも様々である。そこで,従来からこのような不当利得についてこれを統一的な観念で把握できるのかということが議論されてきた。伝統的な考え方は[8],不当利得は1つの統一的な理念のもとで理解できるという基本的な立場をとっている。つまり,統一的な理念というものを掲げた上で,その理念に従ってそれぞれの個別的具体的な調整を考えようとしている。

しかし,この考え方も,例えば要件論を検討する場合においても統一的な要件だけで検討してきたというわけではなく,少なくとも先ほどあげた3つの区分でいえば,いわゆる給付利得にあたるものと,その他のものという区別はしていた。ただし,それは統一的な不当利得の理念というものを掲げた上で,その中でいわば2分説的に,給付利得とその他の利得という捉え方をしていた。そして,この統一的な理念が公平の理念だったのである。すなわち,いろいろな問題点を含んだ法律関係のもとで,または,およそ法律関係のない場合に,利益の移動があり,その結果が公平の理念に照らしてみて不当であるというときに,不当利得が問題にされてきたのである。

2　内部的批判
(1)　公平の理念の不十分さ
このような従来の不当利得論は統一的な理念ということに少し固執しすぎて,若干のタイプ分けはしたものの,給付利得とその他の利得というタイプ分けしかできず,そのために不当利得における法律上の原因の有無について具体的な基準を明確にさせることができなかった。その結果,不当利得の最終的な根拠付けの段階になると「公平の理念に照らして」というところに逃げ込んでしまうことになりがちであった。

(2)　私的意思自治の原則の重視
そこでこの学説を基本的に支持する者の内部から「公平の理念」というものをもう少し掘り下げて検討してみる必要があるとの反省が生まれてきたのである。例えば,その1つの考え方として,正義や公平を,超歴史的なものとして,つまりローマ社会から現代に至るまで一貫して統一的に理解できる

---

[8]　具体的に言えば我妻栄『民法講義下巻一』で展開されている学説と考えてよい(938頁)。

ような超歴史的な概念として捉える傾向にあったことを反省し，正義や公平とは一体何なのかということを現代社会との関連で捉え直そうという動きが出てきたのである。現代社会は，商品交換が全社会的な規模で展開しており，資本主義的経済構造をその基本として持っている社会である。これを民法的な表現を用いて言うならば，私的意思自治の原則の支配する社会という形で表現することができる。不当利得もこのような前提のもとで考察する必要がある[9]。

3 類型論の出現
(1) 出現の背景

伝統的学説に対する批判が，多方面から行われるようになった。すなわち，具体的にどのような利益の移転や帰属が不当利得になりうるのかについて，類型化作業を行わないと，この考え方を生かすことはできないと考えられるようになってきた。その頃にドイツの民法学界における不当利得の類型論が，例えば，そのうちの1つであるケメラーの類型論が，日本の学界に紹介され，これと並行して前述の来栖論文に関する議論もなされてきたのである。

このような時期に登場した類型論は，不当利得の類型を伝統的な考え方のように給付利得とそれ以外というような分け方ではなくて，給付利得，侵害利得，その他の利得というふうに通常，3つに分けている。教科書において知りうる代表的な学説としては広中教授の『債権各論』と『物権法』で示されているもの，もう1つは四宮教授の『事務管理・不当利得・不法行為上巻』

---

9) 例えば，AB間の契約関係が有効であって，AがBにある給付をしたということであれば，その給付は，私的自治の原則に基づいて契約が成立し，それに基づいてなされているので，これは不当利得にならない。しかし，AB間に有効な契約が存在しないのに給付がなされると，私的意思自治の原則との関連でみてもこの財貨の移転は正しくないことになる。これは一番目の類型の給付利得についていえることだが，侵害利得の場合も基本的には同じである。BはBの所有地を，CはCの所有地をそれぞれ使用・収益・処分できるが，これも私的自治の範囲内に入るわけで，本来ならばCのほうに帰属すべきものをBが自分のほうに帰属させてしまったのであるから，私的意思自治の原則に反した財貨帰属と言えるわけである。このように，公平や正義を現代社会の経済的，社会的な構造との関連でもう一度捉え直してみることを主張されたのは，来栖三郎教授である（来栖「契約法と不当利得法」山田還暦論集1972年，東京大学出版会）。この見解は，超歴史的であった「正義」や「公平」の理念を歴史的な観点で捉え直したという点で高い評価を得たが，これはまだ消極的な契機，いわば基本的な発想の点での進歩であって，実際の具体的な問題を解決するための積極的な基準を用意することはできなかった。

の中で示されているものなどがある。

広中説の類型論は前2者を基礎とし「その他」を3番目としてつけ加えており，四宮説の場合は3つを並列的に捉えている（厳密にいえば，さらに3者間不当利得を第4の類型としている）。これらの学説上の相違（特に類型論と非類型論）は単なる理論的な問題に止まらず，結論にも重大な影響を及ぼすために軽視するわけにはいかないのである。

まず，給付利得に関する具体例をあげて考えてみよう。[10]

(2) **伝統的学説——我妻説**

我妻説に従うと，〔設例5〕は，以下の様な論理的帰結になるであろう。

(イ) **物権的返還請求**　契約の無効などにより結果として所有権が売主Aにあるときは，Aは物権的請求権を行使することができる。従って，189条の適用があり，703条以下の適用はない。

(ロ) **不当利得返還請求**　結果として所有権が買主Bにあるとき（A・B間において債権行為と物権行為につき無因特約があるとき）は，Aは〔所有権の不当利得〕に基づく返還請求をなすべきであるから，703条以下を適用すべきであり，189条以下は適用されない。

このような結果は所有権の帰属に関する偶然的事情（無因特約の有無）によるものであるが，それによって結果が大きく異なるのは，妥当ではない。そこで，703条以下は不当利得に関する一般規定であり，189条以下は現（原）物返還に関する特別規定であると主張する。[11] このような説によると，現（原）物返還が問題になる限り，189条が適用されるので，(イ)，(ロ)の双方の場合に，Bは善意であれば果実を返還する必要はないことになる。

(3) **伝統的学説（我妻説）に対する批判**

(イ) **我妻説**　物権変動論における意思主義に関する独自の体系的配慮〔特に無因的行為の容認〕から主張された理論である。

---

10) 〔設例5〕　AはBに竹林を売却したが，その契約はAの錯誤により無効であった。しかし，無効であることが判明した時点では，既に買主Bは，竹林に生えた竹の子を善意で採取して消費してしまっていた。A・B間の法律関係の解明のためにはどの条文を適用すべきであろうか。

11) 我妻栄「法律行為の無効取消の効果に関する一考察—民法における所有物返還請求権と不当利得—」（『民法研究Ⅱ総則』所収，1969年。有斐閣）

(ロ) **189条と703条の位置** 置かれている法典上の位置（物権編と債権編）に注意すべきである。安易に一般法と特別法というような関連付けができるものではない。この点は類型論からの批判である。

(ハ) **契約が無効であった場合** この場合においても，契約的行為による媒介があるのであるから，契約（の清算関係）に関する理論（703条）によって処理すべきである。

(ニ) **結果の妥当性** この点でも，妥当ではない。売主Aは代金に利息を付して返還するのに（解除に関する545条2項参照），買主Bは果実を取得できる結果となり，バランスを失する。[12]

4 類型論の展開

(1) 財産法の構造に関する基本認識

類型論においては，財産法秩序は，一般論として，財貨帰属秩序（189条はここに属する）と財貨移転秩序（703条以下はここに属する）とに分かれる，との基本的認識に立つ。この2つは次元を異にする財貨秩序である。

(イ) **財貨移転秩序と不当利得** 前述の〔設例5〕（注10））は財貨移転秩序に属する問題であるから，703条以下の規定のみが適用される。703条は，その置かれている位置から考えても，契約関係の清算のための規定である。従って，契約が有効であるか無効であるかは別として，「契約」関係（給付利得）の清算の場合には，703条以下を適用すべきである。

前述の〔設例5〕で示した例は，売買契約に基づく給付利得の例である。つまり，AがBに給付したものに関する利得が不当利得になるかどうかということを議論しているのであるから，これを解決する法規範は財貨移転秩序の中のものに限るべきである。つまり，財貨帰属秩序に属する規定（189条）を使うのは法典の規範構造から考えて誤りである。

(ロ) **給付利得への適用条文** 財貨移転秩序に関する不当利得規範は，民法703条以下の規定である。したがって，物権編に存在する189条以下の規定を使うべきではなく，703条以下だけで処理すべきであるという結論になる。つまり，善意であれば703条，悪意であれば704条の規定に従って処理

---

12) 仮に，無効の場合には，代金にも利息を付する必要はないと解するとしても，解除の場合におけるアンバランスは避けられない。

されるべきであって，189条を使ってBは果実を返還しなくてもよいという結論は出てこないということになる。この結論は類型論によれば自然に導くことができるが，この結論が妥当であることは多くの者が承認するであろう。このような検討をしてみると，不当利得論は最近主張されている類型論に依拠しながら理解するのが正しい方向だと言えよう[13]。

(2) 給付利得と侵害利得

前述の〔設例3〕(注5))を再度用いて考えてみよう。BはAから竹林を買ったが境界線について思い違いをして，隣人Cの竹林にできた竹の子まで自分のものだと思って採ってしまった。Cとの関係におけるBの利得が問題となる。

Bの利得は，財貨帰属秩序に属する問題であるから，189条以下が適用される。Bは財貨帰属秩序に反してCの財産を侵害した結果，法律上の原因のない利得を得たのであるから，不当利得と考えられるが，給付利得ではない（侵害利得である）。したがって，財貨帰属秩序に関する規定である189条を適用すべきである。その結果，Bが善意で収取したものであれば返さなくてよいが，Bが悪意で取ったということであれば返さなければならない。この事例の場合には，先の給付利得の事例と異なり相手方Cの返還範囲（代金返還の際の利息）とのバランスを考慮する必要はない。ちなみに，立法者も「権利者ノ怠慢ニ因リ権利者カ善意ニテ其占有ヲ為スコトヲ得タ」等の事情を考慮して返還は不要と考えたようである（梅・要義・物権篇43）。

このように，類型論の立場に立つか否かということによって，703条以下と189条以下の関係をどう理解するかということにも大きな影響が出てくることになるのである[14]。

---

13) 「買主」の利得は，すべて給付利得であろうか。給付された竹林の占有は給付利得であるから返還すべきであるが，採取された竹の子は給付された物ではない，との反論はありうる。しかし，竹の子は給付されたものが拡張したものと解することができるから，竹林と共に給付利得として返還すべきである（703条）。

14) その意味において，これは単なる請求権競合の問題ではなく，本質的には，財産法の体系の理解に係わる問題であるといえよう。すなわち，703条と189条とを単なる請求権競合の問題として理解するならば，前者を一般規定，後者を特別規定と解することも論理的には可能である（我妻説）。しかし，両規定は財貨秩序を異にすると解する立場（類型論）では，その適用上の競合はありえないこととなる。

第2節　不当利得の要件

1　要件の考え方

まず，伝統的理論と類型論とでは，不当利得の要件論の把握の仕方にどのような違いが生じているかについて触れておこう。

1　伝統的理論

伝統的な考え方によれば，703条に依拠して要件を把捉することになるが，それは一般的に以下の4つである。すなわち，①利得があり，②損失があり，③利得と損失との間に因果関係があり，④その利得が法律上の原因を欠いている（不当性）ということである。既存の大部分の教科書も伝統的考え方に従って，以上の4つを一般的な要件として掲げている。

2　類型論

しかし，類型論の立場では不当性，つまり法律上の原因の不存在だけが中心的な要件として問題にされる。前述の3つあるいは2つプラスアルファの類型的把握はまさに不当性についての類型なのである。したがって，類型論を徹底すれば，実質的には不当利得の要件としては不当性しかないということになる。利得，損害，因果関係という問題は不当性の類型化のプロセスの中でほとんど処理できると考えるからである。つまり，利得，損失，因果関係は要件でないというわけではないが，独立の要件として問題にする意味はないのである[15]。以下においては，基本的には類型論に立つが，伝統的学説による要件についても論ずべき共通の問題点を含んでいるので，各要件を独自に取り上げて検討することとする。

---

15) 広中教授の『債権各論』の教科書ではこの観点が非常に鮮明に出ている。しかし四宮教授の類型論では，そういう意味での利得，損失，因果関係は伝統的な学説がいう要件としては意味がないということは認めながらも，なお一応それを要件として問題にしている。つまり，利得，損失，因果関係ということを問題にすることを通じて誰が請求権者であり，誰が不当利得者であり，そして何が利得返還の対象になるのか，ということを決定するための機能を果たしうるから，その限りで要件論の中で取り上げるという立場を取っている。

② 利得と損失
1 利　得

　要件としての重要性はないが，利得と損失および相互の関係をここで簡単に述べておこう。不当利得における利得をどう捉えるかということは，結果としては類型論者とそうでない者との間の対立となって現われているからである。

(1) 差額説

　この説では，不当利得論における利得を総体的な差額として捉えるかどうかという点が問題点となる。

　例えば，給付利得の例で，AがBにある物を給付したとする。ここで703条[16]が不当利得の基本型であると考えると，同条は，「他人に損失を及ぼした者（以下この章において「受益者」という。）は，その利益の存する限度において……」と規定しているので，現に存する限度における「利益」が不当利得の利益である。つまり総体的に考えてみた場合の差額として利益を捉えることになる。換言すれば，もし初めから「契約」がなかったとしたらAあるいはBの側にはこれだけのものがあっただろうということを想定して，現にあるものとの差額を利益として捉えたうえで，その反面として損失を捉えるのが伝統的な差額説である。なお，利益の存在が問題となった事例がある[17]。

(2) 類型論

　これに対して類型論者は不当利得における利益は，給付利得であれば最初になされた給付それ自体が利得であると考えている。したがって，類型論では，不当利得における基本型は，従来の通説とは異なり，704条である。704

---

16) 侵害利得の例
　　(1) 差額説　　非給付利得の一種として侵害利得を理解する。差額として理解する点では違いはない。
　　(2) 類型論　　侵害利得は財貨帰属秩序における不当利得として理解する。これに対して給付利得は財貨移転秩序における不当利得である。
17) 最判平10・5・26民集52・4・985　〔甲がAの強迫により消費貸借契約の借主となり貸主乙に指示して貸付金を丙に給付させた後に右強迫を理由に契約を取り消したが，甲と丙との間には事前に何らの法律上または事実上の関係はなく，甲がAの言うままに乙に対して貸付金を丙に給付するように指示したなどの事実関係の下においては，乙から甲に対する不当利得返還請求について，甲が右給付によりその価額に相当する利得を受けたとみることはできない。〕

条は現存利益ではなくて最初に給付したもの全部（当然のこととして利息を含む）の返還を定めているからである。703条は，利得者が善意であった場合の返還の範囲に関する特則であると考えている。このように，伝統的な学説と類型論者との間では利益と損失の考え方にも大きな違いがあるのである。

2 損 失

損失については[18]，次のような問題がある。今度は，侵害利得の例で考えてみよう[19]。

(1) 具体的損害

損害の捉え方が問題となる。

(イ) **損害発生の現実性**　下段19)の〔設例6〕の場合には，Bは全く法律上の権限なしに他人の土地を使って収益をあげたわけである。これを不法行為として取り上げるかどうかは別問題として，Bのもとに利得があることは確かである。また，Bが利得を得る行為について法律上の正当な権限を有していなかったことも確かである（損害の具体的把握）。しかし，果して，Aのほうに損失があるのだろうか。例えば，Bが20万円の収益をあげたとして，この20万円の利益に対応する損失がAのもとに発生しているかと言うと，いずれにしても荒地同様に放っておいたのであるからAには何ら経済的損失はないとも考えられるのである（損害の具体的把握）。しかし，Aに損失がないのならこの場合の20万円は全部Bのものにしてよいかというと，こんどはBはAの所有地を無断で耕したのにそれが正当化されるのはおかしいではないか，ということになる（後述(2)参照）。

(ロ) **執行手続における不当利得発生の有無**　抵当権者は，債権または優先権を有しないのに配当を受けた債権者に対して，その者が配当を受けたことによって自己が配当を受けることができなかった金銭相当額の金員の返還を請求することができる（最判平3・3・22民集45・3・322）。しかし，配当期

---

18)　他人の財産によって利益を受けそのために他人に損失を及ぼすというのは，他人の法律上当然受けるべき財産によって利益を受け，そのために他人の増加すべきであった財産を不増加に帰せしめる場合を包含する（大判大3・7・1民録20・570）。

19)　〔設例6〕　Aが農地を持っていたが，最近の減反政策の影響もあってAは仕事に嫌気がさして農地を事実上休耕にしていたところ，その土地が荒地同様になっているのを見てBが勝手にそれを使って立派な作物を作り，収益をあげた。

日において配当異議の申出をしなかった一般債権者は，配当を受けた他の債権者に対して，その者が配当を受けたことによって自己が配当を受けることができなかった額に相当する金員について不当利得返還請求をすることはできないと解するのが相当である。なぜならば，ある者が不当利得返還請求権を有するというためにはその者に民法703条にいう損失が生じたことが必要であるが，一般債権者は，債務者の一般財産から債権の満足を受けることができる地位を有するにとどまり，特定の執行の目的物について優先弁済を受けるべき実体的権利を有するものではなく，他の債権者が配当を受けたために自己が配当を受けることができなかったというだけでは損失が生じたということはできないからである（最判平10・3・26民集52・2・513）。後述**4**も参照

(2) **抽象的損害**

前述(1)(イ)において，Aに損失はないと仮定したのは，Aが現実に使わなかったであろうということを想定したからである。しかし，Aの側が実際に使ったかどうかは別として，抽象的一般的に利用可能性があったのであるから，普通の損害は発生すると考える方が妥当であろう。普通の損害は，通常の農家がその地域で一般的であるとされている経営管理の方式に従って耕作したならば得たであろう収益に対応するものと解すべきである。しかし，Bは大変有能な農家で堆肥その他もきちんと入れて立派な畑にした結果上げることができた収益であるとするならば，20万円もの収益をあげたのはBの功績大であり，Bの方にそれに応じた価値が帰属すると考えるべきであろう。

(3) **利益と損害の相関性**

この点をめぐっては，伝統的な学説でも類型論でも共に大いに議論のあるところである。類型論者の中では，利用可能性さえあればよいとはっきりと割り切って，利益と損失は車の両輪みたいなもので一方に利益があれば他方に必ず損失がある，という理解が有力になっている。つまり，Bが現実にあげた利益は20万円だが，このうち15万円は不当な利得だということになれば（5万円相当分はBの特別な才能ないし努力によると考えられる）15万円に対応するものがA側の損失であり，それは利用可能性に基づく損失である。このような理解が少なくとも類型論者の中では一般化しつつあると考えてよ

い。なお、この事例は、事務管理の観点から取り上げることもできる。

なお、損失不存在の主張が信義則違反とされた判例がある。[20]

③ 因果関係とその直接性

受益と損失およびその因果関係を独自の要件とする伝統的学説は、因果関係について「直接性」を要求してきた。つまり、条件説的な因果関係論のみを前提とするならば、受益者がかなり間接的な関連性しかない者に対しても返還義務を負うことになり、不当であるとの配慮に基づくものであった。判例は大判大正8年10月20日（民録25・1890）以来、因果関係の直接性を要求してきたが[21]、後述のように、3当事者間の金銭の不当利得においては、「直接性」にはほとんど重きをおいていないように思われる[22]。とくに、3当事者間の不当利得の場合には伝統的な学説も「直接性」の理論を厳格に貫くと、不当利得の成立を認めることができなくなるとの配慮から、因果関係はひろく社会観念に従って判断すべきであると主張している（我妻・債権各論下巻1・976）。

類型論の立場では、直接性に関する判断は結局は法律上の原因、すなわち不当性の判断に帰着すると主張されている。詳しくは金銭の不当利得に関連して後述する（第5節参照）。

---

20) 最判平16・10・26判時1881・64 〔甲と乙とが共同相続した預金債権のうちの甲の法定相続分について、乙は、何らの受領権限もないのに受領権限があるものとして金融機関から払戻しを受けておきながら、甲から提起された不当利得返還請求訴訟において、一転して、金融機関に過失があり、右払戻しが無効であるから、甲が金融機関に対して預金債権を有していることには変わりがなく、甲には「損失」がないと主張することは、信義誠実の原則に反し許されない。〕なお、次の例も同様の趣旨において参考になる。恩給受給者が国民金融公庫からの借入金の担保に供した恩給につき国が公庫にその払渡しを完了した後に恩給裁定が取り消された場合において、もはや弁済の効果が覆されることはないと考えても無理からぬ期間が経過した後であるときは、払渡しにかかる金員の返還を求めることは許されない。（最判平6・2・8民集48・2・123）

21) 大判大9・5・12民録26・652 〔村長の名義を濫用して銀行からだまし取った金員で村の債務を弁済した場合には、銀行の損失と村の利得との間には直接の因果関係がある。〕

22) 最判昭49・9・26民集28・6・1243 〔他から金員を騙取した者が、その金員を他の債権者に対する債務の弁済にあてた場合には、社会通念上、被騙取者の金銭で他の債権者の利益を図ったと認められるだけの連結がある場合には、不当利得の成立に必要な因果関係がある。〕

④ 法律上の原因の欠如（不当性）[23]

1 給付利得の場合

　類型論の立場では，「法律上の原因の欠如」が要件論として最も重要であり，前述のように3つのタイプに分けて受益の不当性の内容について検討するのが一般である。給付利得の場合には「契約」を前提としてなされた給付行為が，その基本となった法律関係との対応を欠いていることが必要である。無効な契約に基づいて給付行為がなされた場合[24]や，取消原因を有する契約に基づいて給付行為がなされた後にその契約が取消された場合[25]などが典型的事例である。これは，実体法のみならず，手続法においても同様である。例えば，仮処分命令における保全すべき権利が本案訴訟の判決において当該仮処分命令の発令時から存在しなかったものと判断され，このことが事情の変更に当たるとして当該仮処分命令を取消す旨の決定が確定した場合には，当該仮処分命令を受けた債務者は，その保全執行としてされた間接強制決定に基づき取り立てられた金銭につき，債権者に対して不当利得の返還請求をすることができる（最判平21・4・24民集63・4・765）。

　やや特殊な事例であるが，甲が，「無所有共用一体社会」の実現を活動の目的としている団体乙に加入するにあたり，乙との約定に基づき，終生乙の下で生活を営むことを目的とし，これを前提として乙に対して全財産を出捐した場合において，その後乙の同意を得て乙から脱退したときは，甲の出捐にかかわる約定は，その基礎を失い，将来に向ってその効力を失ったものというべきであるから，甲は，乙に対し，出捐した財産の総額，甲が乙の下で生活をしていた期間，その間に甲が乙から受け取った利得の総額，甲の年齢，稼働能力等の諸般の事情および条理に照らし，甲の脱退の時点で甲への返還を肯認するのが合理的かつ相当と認められる範囲につき，不当利得返還請求を有するとした判例（最判平16・11・5民集58・8・1997）がある。

---

23) 法律上の原因とは，正義公平の観念上，正当とせられる原因のことである。（大判昭11・1・17民集15・101）。
24) 最判昭30・5・13民集9・6・679〔契約が法人の目的の範囲外であるために無効となる場合には，その契約に基づいて受領された金員は不当利得となる。〕
25) 大判明45・2・3民録18・54〔未成年者が締結した契約が取り消された場合には，その契約に基づいて交付された金員は不当利得となる。〕

また、質権により担保されていた債権が、債務者の破産管財人による相殺によって優先弁済がうけられなくなった場合には、その限りにおいて、破産管財人に対して不当利得の返還を請求することができる（最判平18・12・21民集60・10・3964）。

なお、法律上の原因が推認される場合もある。例えば、遺産を構成する建物の相続開始後の使用について、被相続人と当該相続人との間に使用貸借契約の成立が推認される場合には、相続開始後の建物使用により当該相続人が得る利益に法律上の原因がないということはできないから、他の共同相続人による当該相続人に対する不当利得の返還請求には理由がない（最判平8・12・17民集50・10・2778）。

2　非給付利得の場合

この場合に不当利得が成立するには、財産的利益が一定の権利によって特定の人に割り当てられているのに、その利益を他人が正当な理由なしに享受することが必要である。利益の割り当てと異なることがあってもそれを正当化する事由があれば不当利得にはならない。例えば、Aの所有物が生み出す果実をBが収取したとしても、Bが果実収取権を含む利用権を有していたり、取得時効や善意占有者の果実収取権（189条）を有していれば、不当利得にはならない。

3　その他の場合、とくに求償の関係

この場合の不当利得は、弁済等の免責行為が法にかなった終局的な負担分配と矛盾している場合（負担部分に基づく求償等の場合）などに成立する。

また、無効な契約に基づいて給付を受けた自動車に部品を備え付けたような場合には、自動車の返還後に「買主」は費用相当分の返還を求めることができる。もっともその部品が超デラックスなものであるような場合には、「押し付け」[26]にならない限度で認められると解してよい。

---

[26]　押しつけられた利得論　Aの方から見ると、Bのもとにある「利益」が利得として評価できるが、Bにとってはむしろ余計な物（上段の超デラックスな部品など）であり、収去してもらいたいというような場合もある。

4 不当利得の具体的事例
(1) 抵当権の場合
抵当権の実行に関連して，以下のような事例がある。実体法の次元と手続法の次元を区別して考察してみる必要がある。

(イ) **肯定例**　担保権実行の競売手続において配当異議訴訟が提起され，その確定判決に従って配当がなされた場合でも，相手方が債権または抵当権を有せずに配当を受けたために自己が配当を受けられなかったときは，それを理由に，不当利得返還請求をなしうる（最判昭43・6・27民集22・6・1415)。[27]

(ロ) **否定例**　不動産が競売手続において買い受けられ，所有権に関する仮登記が，先に登記された抵当権に対抗することができないために抹消された場合において，同仮登記の権利者は，すでに所有権を取得していたときであっても，当該仮登記の後に登記を経由した抵当権者に対して，不当利得を理由として，その者が競売手続において交付を受けた代価の返還を請求することはできない。（最判昭63・12・1民集42・10・719）

(2) 共有の場合
内縁の夫婦がその共有する不動産を居住または共同事業のために共同で使用してきたときは，特段の事情のない限り，両者の間において，その一方が死亡した後は他方が同不動産を単独で使用する旨の合意が成立していたものと推認される（最判平10・2・26民集52・1・255）。この場合には，死後の利用は不当利得とならない。

自己の持分を超えて単独で共有不動産を占有する共有者に対し，他の共有者は当然には共有不動産の明渡しを請求することはできないが，その持分割合に応じて，占有部分に係わる地代相当額の不当利得金ないし損害賠償金の支払いを請求することができる（最判平12・4・7判時1713・50，最判昭41・5・19民集20・5・947も参照）。

---

[27] 関連判例　① 債権者が第三者所有の不動産の上に設定を受けた抵当権が不存在であるにもかかわらず，同抵当権の実行により第三者が不動産の所有権を喪失したときは，第三者は売却代金から弁済金の交付を受けた同債権者に対し不当利得返還請求権を有する（最判昭63・7・1民集42・6・477）。
② 抵当権者は，債権または優先権を有しないのに配当を受けた債権者に対して，その者が配当を受けたことによって自己が配当を受けることができなかった金銭相当額の金員の返還を請求することができる（最判平3・3・22民集45・3・322）。

(3) 差押え・転付命令と不当利得

確定判決等（例えば公正証書）によって確定された権利関係と実体関係とが基準時以降の時効消滅等により対応しなくなった場合にも，差押・転付命令自体は有効であるが，それに基づいて執行債権者の受けた利益は不当利得となる。従って，執行債権者は執行債務者に当該利益を返還しなければならない（大判昭15・12・20民集19・2215）。なお，不当利得については，実質的考察が必要である。[28]

債権執行による差押えと物上代位権の行使としての差押えとが競合した場合において，双方の差押債権者に対して二重に弁済した第三債務者は，前者（劣後する差押債権者）に対して，不当利得の返還請求権を有する（最判平9・2・25判時1606・44）。

なお，仮処分命令が発せられた事例については，前掲（39頁）最判平21・4・24を参照。

5 受益者の善意・悪意

(1) 学説

学説には，ボンヤリして編取されたにすぎないAを，悪意のCよりも保護すべきであるとして，AのCに対する特殊な型の不当利得返還請求権を認める説がある（鈴木・債権法講義527頁）。さらに，Cの中間者Bに対する債権とAのBに対する債権の実現可能性（Bの資力など）やAやCの容態に関する評価を総合的に行って，AのCに対する不当利得返還請求の可否を決定すべきであるとする説（谷口知平・昭和42年最判判例批評・判評106・121）などがある。

(2) 判例

法律上の原因に関する判断に際しては受益者と損失者の善意・悪意等の主

---

[28] 差押・転付命令が無効の場合にも不当利得が生ずる。例えば，①転付命令の目的債権につき，既に差押命令を取得している者がいる場合には，転付命令は無効であるから，執行債権者が第三債務者から得た弁済は無効であって，不当利得として第三債権者に返還しなければならない（大判大7・3・8民録24・391）。②ただし，債権の準占有者への弁済として債務者が免責される可能性はある（大判昭12・10・18民集16・1525)］。

観的要素をも考慮して判断すべきであるとの見解が有力である。後述の昭和42年の最高裁判決（注64）でも，受益者Cの善意を認定したうえで，Cの受領には法律上の原因があるとして，Aからの不当利得返還請求を否定している。

なお，悪意の認否については，以下の判例が参考になる。

(イ) 貸金業者が借主に対し貸金の支払いを請求し借主から弁済を受ける行為が不法行為を構成するのは，貸金業者が当該貸金債権が事実的，法律的根拠を欠くものであることを知りながら，または通常の貸金業者であれば容易にそのことを知りえたのに，あえてその請求をしたなど，その行為の態様が社会通念に照らして著しく相当性を欠く場合に限られ，この理は，当該貸金業者が過払金の受領につき704条所定の悪意の受益者であると推定されるときであっても異ならない（最判平21・9・4民集63・7・1445）。

(ロ) 期限の利益喪失特約の下での利息制限法所定の制限を超える利息の支払いの任意性を初めて否定した最高裁判決（最判平18・1・13民集60-1-1）の言渡日以前にされた制限超過部分の支払いについて，貸金業者が同特約の下でこれを受領したことのみを理由として当該貸金業者を704条の「悪意の受益者」であると推定することはできない（最判平21・7・10民集63-6-117）（最判平21・7・14判時2069・22）。

(ハ) リボルビング方式の貸付けについて，貸金業者が業法17条の書面として交付する書面に確定的な返済期間，返済金額等の記載に準ずる記載をしない場合には，当該貸金業者は，最判平17・12・15民集59・10・2899の言渡し日以前であっても，過払金の取得について，704条の「悪意の受益者」であると推定される（最判平23・12・1判時2139・7）。

6 悪意の立証責任

悪意又は悪意でないことの立証責任は，返還を請求する損失者にあると一般に解されているが（我妻・債権各論下巻（一）1104等），これに関する次のような判例がある。貸金業者が制限超過部分を利息の債務の弁済として受領したが，その受領につき貸金業法43条1項［当時］の適用が認められない場合には，当該貸金業者は，同項の適用があるとの認識を有しており，かつ，そ

のような認識を有するに至ったことについてやむを得ないといえる特段の事情があるときでない限り，法律上の原因がないことを知りながら過払金を取得した者，すなわち民法704条の「悪意の受益者」であると推定されるものというべきである（最判平19・7・13民集61・5・1970）。

第3節　不当利得の返還請求権と他の請求権との関係

1　契約関係と不当利得

　契約が有効に成立している場合にも不当利得の関係が生じうるであろうか。具体的に検討してみよう。[29]

1　有効な契約関係と不当利得

　下段の〔設例7〕の(1)については，契約関係があれば，法律上の原因に基づく給付であるから，原則として不当利得は問題とならない。取消・解除等により法律上の原因（給付に関する）がなくなった場合に初めて不当利得の問題となる。

2　代金の利息と果実の収取権

　下段の〔設例7〕の(2)に即して検討してみよう。

(1)　575条の趣旨

　売買の目的物が引渡前に果実を生じたときは，これは売主に属する。これに対応して，買主は引渡までは代金の利息を払う必要はない（575条）。
　目的物の引渡がなくても代金が支払われている場合には，先履行義務に基づく場合を除き，果実収取権は買主に移転していると解すべきである（大判昭7・3・3民集11・274も結論において同旨）。

(2)　代金の支払済と果実の収取権

　果実を利用利益と置き換えてみれば，引渡前の買主甲には利用利益が帰属していないから，乙に対して支払済代金の利息分の不当利得の返還請求は可能となる〔しかし，実際には履行遅滞に基づく損害賠償の問題〕。同契約が解除された場合には，545条2項に従って処理される。

---

[29]　〔設例7〕　甲は乙から家具を買い，その代金3万円を即金で支払い，家具は直ちに甲宅に配達してもらうこととした。しかし，数日たっても届けられていない。
(1)　甲は代金を不当利得として返還請求できるか〔消極〕。
(2)　遅延期間の代金の利息については不当利得として返還請求できるか。

3　期限前の弁済と不当利得

甲は，代金を履行期に支払ったのか，それとも履行期前に支払ったのかは明らかでないが(706条参照)，いずれにしても2(2)の場合以外については不当利得は成立しない。法律上の原因があるからである。

② 契約の解除と不当利得

契約が解除されると，それを前提としてなされた給付は法律上の原因を失うから，不当利得が問題となりうる。下段の〔設例8〕に即して，解除の効果について検討してみよう[30]。

1　契約の解除と原状回復
(1)　買主の義務

契約が解除されると，契約の当事者は相互に原状回復義務を負う。直接効果説に立つ場合には，原状回復義務は本質的には不当利得の返還義務である。なお，間接効果説または折衷説に立つ場合には，原状回復義務は問題になるが，不当利得は問題にならない[31]。

いずれの説に立っても，Bは自動車を返還しなければならない（原状回復義務）。

(2)　売主の義務

Aは受領していた売買代金に利息を付して返還しなければならない（545条2項）。その理由は，他人に貸して利息をとれる可能性があったことと金銭の性質（419条）とによると解されている（梅454）。

2　押しつけられた利得

Bが支出した修理費は基本的にはAの不当利得になると解してよいが，Aにとっては「押しつけられた利得」となる可能性がある。「押しつけられた利得」は，一般論としては，奢侈費といえるような出費について検討すべきで

---

30)　〔設例8〕　AはBに中古の自動車を売却した。Bはそれに修理を施したが，その直後に売買契約は解除された。
　(1)　Bは自動車の返還に際して，修理費を不当利得として返還請求できるか。
　(2)　Aがもはやその自動車を利用するつもりはなかった場合（Bが買わないなら廃棄処分するつもりであった場合）にはどうか。
31)　解除学説については，民法要義・契約法第4章参照。

ある。修理によって上昇した価値が客観的に残存している場合には「押しつけられた利得」にはならないと解すべきであろう。

③ 賃貸借の終了後の利用利益
有効な契約関係が終了した場合，特に継続的な契約関係が終了した場合にも不当利得が問題になりうる。

1 有益費
借主が目的物の客観的価値を増加させた場合には，賃貸人は賃貸借終了の時点において有益費として償還しなければならない（608条2項）。有益費は目的物自体のために支出されなくても，それによって目的物の利用価値が増すものであればよいと解すべきである。有益費償還請求権の本質は，不当利得返還請求権であるから，賃貸借終了前に不可抗力により増加価値が滅失したときは償還請求権も消滅する。

2 賃貸借の終了と返還義務
下段の〔設例9〕[32]に即して検討しよう。

賃貸借契約が終了すると（契約の更新が問題とならない場合），借主は目的物を原状に回復して返還しなければならない（これ自体は契約の効果）。貸主には所有権に基づく返還請求権もある（請求権競合）。

3 使用損害金
借主が契約期間終了後も目的物を利用している場合（例えば，引越先の都合で1週間居住し続けた場合）には，利用利益は不当利得になると解すべきである。このような場合には，借主の利用行為は直ちに不法占拠（不法行為）にはならないと解すべきである（違法性がない）。しかし，利用利益は不当利得となるから，借主は賃料相当額を所有者に支払うべきである（一般に使用損害金と呼ばれる）。

4 所有権・用益権が存在しない場合
権原に基づかない利得は原則として不当利得となる。権原が所有権であっ

---

32) 〔設例9〕 甲は乙から建物を賃借していたが，契約期間が経過したので退去することにした。しかし，実際には期間終了後数日間居住を続けた。甲・乙間において不当利得の関係が生じるか。

5　担保物権との関連における不当利得

担保物権の優先的弁済権に基づいて弁済を受領したが，その権限が欠けていた場合にも不当利得が生じる[34]。

④　身分関係の解消と不当利得

1　内縁と家事労働等

内縁関係が解消した場合に，その清算関係において不当利得が問題になることがある。内縁が法律上の関係でないということ（婚姻手続きが済んでいない）だけで，法律上の原因を欠いた給付となるわけではない。内縁関係として当然の家事労働であったとすれば，それは不当な給付ではない。例えば，内縁の妻の家事労働が内縁の夫との関係において不当利得となるとは限らないのであり[35]，内縁の子の労働についても同様の問題が生じることがありうるだろう。

2　婚約解消と結納の不当利得

ある種の贈与契約のように一定の目的に基づいて給付がなされた場合にその「目的」が達成されたか否かが問題となることがありうる。下段の〔設例10〕[36]に即して検討しよう。

---

33)　大判大15・3・3新聞2598・14　〔所有権を失ったのに小作料を受領していた場合には，その小作料は不当利得になる。消滅時効については小作料として169条ではなく，不当利得として167条1項が適用される。〕なお，留置権を行使して建物を利用した場合（大判昭10・5・13民集14・876）につき，さらに建物買取請求権を行使しつつ土地を利用した場合（最判昭35・9・20民集14・11・2227）につき，不当利得の成立を認めた判例がある。

34)　大判大4・8・26民録21・1417　〔債権者が質権に基づき，破産財団に対して優先的に金員を受領したが，質権設定が無効であった場合には，受領した金員は不当利得となる。〕
　　大判昭8・10・18裁判例7・民242　〔抵当権の実行に際して，後順位抵当権者のみが配当を受けた場合には，先順位抵当権者は後順位抵当権者に対して不当利得として返還請求することができる。〕

35)　大判大10・5・17民録27・934　〔内縁の夫婦関係にあった場合に，女性が家事労働に従事したことによる相手方男性の利得は，不当利得にはならない。〕

36)　〔設例10〕　AはBとの間で婚約がととのったので，AからBに対して結納金を交付したが，この婚約は両者の合意により解消された。Bは結納金を返還すべきか。

(1) **結納の意義**

結納は以下のような法的性質を有するものと解されている。

A説　婚姻の成立を目的とする贈与である。

B説　婚姻の不成立を解除条件とする贈与である。

(2) **婚姻の不成立の場合**

この場合には，結納という贈与の効力が問題となる。

(イ)　婚姻が不成立の場合には，上記いずれの説に立っても，原則として，その成立を前提とした法律行為は失効するので，結納は不当利得となる。[37] 婚姻成立後短期の内に離婚となっても，正式の婚姻が成立した以上は結納は不当利得とならない。

(ロ)　婚姻の不成立につき，結納を給付した側に帰責事由がある場合には，結納は不当利得とはならない。

---

37) 大判大 6・2・28 民録 23・292　〔婚約が解消されて婚姻が成立するに至らなかった場合には，結納を返還しなければならない。〕

第4節　不当利得の効果

第1　序

① 不当利得返還債権

　不当利得の効果は，損失者から受益者に対してその利得の返還を請求できることである。つまり，不当利得は，契約，事務管理，不法行為と並んで債権の発生原因の1つである。債権者と債務者を決定する基準となるのは，要件論で述べたように，「利得」と「損失」の因果関係である。不当利得の返還請求権は法律上当然に発生する債権であるから，一種の法定債権である。不当利得の返還請求権は，無効または取り消された「契約」関係の清算の場面で登場してくるので，出番は最後のように思われがちであるが，決してそのようなことはない。このような意味での不当利得返還請求権の絶対的補充性を否定したうえで，請求権競合の問題として考えるべきである[38]。

② 不当利得返還請求権の対象

1　原物返還の原則

　受益者は原則として原物を返還すべきである。しかし，原物返還は利得の形態により常に可能であるとは限らないから，その場合には価格償還となる。利得の客体が特定しえない場合，具体的対象となっていない（労働などの）場合，社会通念上不可能な場合などがこれに該当する。

　不当利得として返還請求の対象となるものとしては，前述したように有体物のほかにも労働であったり特殊な有体物（一定量の価値）ともいうべき金銭であったりするが，ここでは，類型論の立場を基本的に前提としたうえで，物権的請求権などをめぐる諸問題との相互関係を理解するために，有体物の

---

[38]　不当利得返還請求権は他の請求権との競合はありうるけれども民法典の規範構造（類型論の立場では，財貨帰属秩序と財貨移転秩序）との関連で，いずれの請求権が優位するか等の考察を加えるべきである。契約の無効や取消しの場合に発生する諸請求権については後述する。

返還が問題となる場合に限定して話をすすめる。具体的には，給付利得の場合と非給付利得の場合とで利得の返還請求に関する理論構成は異なる。

2　給付利得の場合

給付されたものを保有すべき法律上の原因を欠く場合が不当利得であるから，可能な限り給付されたもの自体を返還するのが原則である（通説・判例）[39]。〔設例11〕[40]に即して検討してみよう。

設例の土地の返還請求については，肯定的に解すべきであるが，所有権はAのもとにあるから，移転登記がなされていないとすれば，土地の占有の返還だけが問題となる。AはBに対して土地の占有を給付利得として返還請求できると解すべきである。

なお，原物による返還が不能である場合（目的物の滅失，附合など）には，その価値による償還をなすべきものと解されている。類型論の立場からすれば，給付のための法律上の原因を欠いているために返還を求めるのであるから，その給付された物自体の返還を求めるのは当然だということになる。その意味において，不当利得の原則的規定は703条ではなく，704条だということになる[41]。

3　非給付利得の場合

「契約」に基づく給付行為を媒介とせず，他人の財貨から利得する場合には，不当利得の返還請求の対象は，原則として受益者が利得した価値である。〔設例12〕[42]に即して検討してみよう。

設例の場合に，AC間において竹の子またはそれに代わる価格の返還請求が問題となるが，「Cによる竹林の占有」自体の返還は問題とならない。占有に関しては他人の財貨からの利得は生じていないからである。AはCに対して竹林の占有の返還を求めることはできるが，それは，Aの所有権〔または

---

39) 大判昭16・10・25民集20・1313 〔不当利得として特定物を受け取った者が占有をすでに他に移転した場合は，これを同人が取り戻すことの可能なときに限り，原物返還の義務を負う。〕
40) 〔設例11〕 AがBに土地を売却し，引渡も済んでいるが，その契約は無効であることが判明した。AはBに対して土地の返還を求めることができるか。
41) 利息を含む果実と共に返還するのが，原物返還の趣旨に合致するからである。
42) 〔設例12〕 A所有の竹林を無権限のBから購入したCが，同竹林から竹の子を採取した。

占有権〕に基づく返還請求であり，Cの占有がAに対する関係において不当利得となるからではない。

Aは竹林について上のような事実が判明した場合には，Cに対して竹林の占有の返還を求め，採取した竹の子をも不当利得として返還請求するであろうが，Cは善意であれば竹の子につき果実収取権（189条）を主張することができる。このように，非給付利得の場合には，不当利得の返還請求の対象としては原物（給付されたものではないから，そもそも原物はないと考えるべきである）としての土地の返還は問題とならず，果実が生じている場合にその現物返還が問題となりうるにすぎない。

③ 消滅時効との関連
(1) 一般民事取引

不当利得返還請求権は，10年で時効消滅するというのが判例の見解である[43]。しかし，法律行為の取消しによって不当利得の返還請求権が発生する場合には，「取消権と消滅時効」に関する学説との関連を考慮しなければならない。近時の有力説は取消権に関して定められた期間内に不当利得返還請求権をも行使すべきだとしている[44]。

(2) 商事取引

商事取引に関する給付から生じた不当利得返還請求権についても，商事時効によるべきかが問題となるが，判例は，商事取引関係の迅速な解決の必要性がないから，一般民事時効として10年と解する説に立っている（最判昭55・1・24前掲）。

(3) 時効消滅後の法律関係

給付不当利得の返還請求権が10年間で時効によって消滅した場合には，返還請求権者がその物の所有者であれば，所有権に基づいて返還を請求することができる。

類型論による場合でも，もはや財貨移転秩序の問題ではなくなったので，

---

43) 大判大15・3・3新聞2598・14，最判昭55・1・24民集34・1・61
44) 実体法上行使すればよいとする趣旨であるが（大判大6・11・14民録23・1965），裁判上行使すべきであるとする説もある（我妻・総則438ほか）。

その背後に隠れていた財貨帰属秩序の規範（物権的請求権など）が機能することになると考えてよい。[45]

第2　受益者の善意・悪意と返還請求権

1　返還の範囲

民法は，受益者が法律上の原因の欠如を知らなかった場合（善意）には，利益の存する限度において返還すればよいとしている（703条）。しかし，不当利得をした者が利得に法律上の原因がないことを認識した後の利益の消滅は，返還義務の範囲を減少させない（最判平3・11・19民集45・8・1209）。同条の善意につき過失の要否は規定されていないので通説は不要と解しているが，無過失を要すると解すべきだとの主張も有力になっている（四宮93）。

悪意者は，受けた利益に利息を付して返還することが必要である（704条）。給付利得の場合には，給付自体を返すという意味で，704条が原則的に適用になると解すべきであり，この点についてはすでに論及したが，後に金銭に関連してさらに言及することにする。

なお，同条は「損害の賠償」を定めているが，不法行為とは異なる特別の責任を定めたものではない（最判平21・11・9民集63・9・1987）。

2　返還義務の遅滞発生時期

受益者は，悪意の場合には，受益の時から遅滞に陥り，善意の場合には請求によって初めて遅滞に陥る（412条3項）と解されている。したがって，それぞれ受益者は上に述べた遅滞の時から遅延利息の支払義務を負う。

3　利得が損失を超える場合

〔設例13〕[46]に即して，具体的に検討しておこう。

(1) 利得の範囲

原物返還を原則とすると，それが不可能であるときは（例えば，それが不可

---

45)　つまり，財貨移転秩序の問題としては，10年の消滅時効により決着がついたが，財貨帰属秩序としては，解決されるべき問題が残っていると解すべきである。

(イ) B・A間は，給付利得の返還の関係となる。

(ロ) 仮に，Cが悪意であれば，A・B間は給付利得の関係であるが，B・C間は侵害利得の返還の問題なる（転得者との関係については，後述 **4** 参照）。

(2) 損失との関係

Aの返還すべき額は原則としてBの損失の限度である。この場合の損失は目的物の客観的価格（例えば300万円）であって，転売額（360万円）ではない。

(3) 利得に要した費用

AはCへの転売に要した費用を控除することができるか。

(イ) 伝統的立場＝差額論によれば，費用の控除を検討すべきである。

(ロ) 類型論によれば，BはAに給付したものの返還を請求できる。AはBに売買代金の返還を請求することができ，両者は同時履行の関係に立つ。Aは原物の返還ができないので，立木の客観的価値を返還する。

4 転売と利得の消滅

〔設例14〕[48]に即して，転得者との関連を含めて検討しておこう。

(1) 転売による因果関係の切断

設例におけるYの買い受けとBへの転売とは各独立の取引と言えるか。判例（大判昭12・7・3・民集16・1089）は，「独立の取引であって一連不可分の関係」にないと言う。しかし，伝統的立場からは，これを因果関係の問題として捉え，社会観念上因果関係はあるとした上で，不当利得の問題として考

---

46) 〔設例13〕 AはBと共有する山林の立木を200万円で買いたい者がいると偽ってBからその持ち分（2分の1）を100万円で買取り，それを360万円でCに売却した。その後，Bは持ち分の売買契約を詐欺を理由として取消して，Aに不当利得の返還を求めた。立木は第三者Cが善意であったため（96条3項），原物の返還はできないとして，Aは利益につきいかなる範囲でBに返還しなければならないか。

47) A，CのBに対する共同不法行為の問題にもなりうる。

48) 〔設例14〕 X会社の従業員Mは，X所有の貴金属を窃取してY（善意・有過失）に売却した。Yは直ちにその貴金属をB（善意・無過失）に転売してしまった。XはYに対して転売代金全額を不当利得として返還請求できるか。

X会社
M ── Y → B

察すべきであると主張する（我妻・各論・下1086）。

(2) 返還不能と価値代替物の給付

受益者は，法律上の原因なく利得した代替性のある物を第三者に売却処分した場合には，損失者に対し，原則として，売却代金相当額の金員の不当利得返還義務を負うと解するのが相当であり，大審院昭和18年12月22日判決（民集22・1263）は，その抵触する限度において変更される（最判平19・3・8民集61・2・479）。

なお〔設例14〕のYは貴金属を返還すべきところ，それが不可能であるなら（Bによる即時取得），その代価を返還すべきか。結論的には肯定されるべきであるが，理論構成は立場により異なる。

(イ) **伝統的学説**　この立場では，XからYへの返還請求を認める際に，Yは反対給付に関する抗弁をXに対して主張できないので（契約関係がないから），差額論の考え方に従ってBからの利得獲得のための費用を利得から控除することを検討せざるを得ないものと思われる。

(ロ) **類型論**　この立場では，X・Y間は，侵害利得の返還請求の場合に該当するから，YがBから取得した代金は原物の対価（価値代替物）として返還の対象となるが，YがMに支払った代金の控除は考慮すべきではない。YはMとの契約関係の清算をすべきであり，その際の危険（Mの無資力等）は通常の契約危険の問題であるからである。ただし，YがMを信頼して代金を支払うにつき，Xに帰責事由があるときは，契約危険はXに転化されるべきである（Mが代理形式で行為する場合の典型的事例としては，表見代理が成立する場合等が考えられる）。

また，侵害利得においては，善意占有者に果実取得権を与えているのも（189条参照），このような厳しい返還義務に対する配慮に基づくものである。

5 運用利益と不当利得の成立

〔設例15〕[49]に即して，不当利得の成否について検討しておこう。

(1) 給付利得と189条の適用の可否

Yが善意であるとしたら，189条の適用が問題となりうるが，Yの利得は給付利得であるから同条の適用はないと解すべきである。

(2) 708条との関係

〔設例15〕のような場合には，703条または704条のみの適用があると解すべきか。B側の弱味につけ込んだ要求であり，公序良俗に反するとの理由で，Yへの給付につき708条が適用されれば，X（B）からの返還請求はできないが，本設例の場合には，同条ただし書が適用されるので，結局703条または704条のみが適用される。

(3) 利息の返還

給付された金銭の利息の返還については特別に考えるべきか（後述第5節❸）。運用益とは別に，金銭の特殊性との関連で考えるべきである。

(4) 特許権の運用益

金銭の運用利益ではなく，他人の特許権の運用による利益である場合には，どのような点が問題となるか。

(イ) 不法行為が成立する場合　不法行為の規範（709条）に従うべきである（違法な事務処理の場合）。被害者の損害の填補に必要な限度で利益の返還を請求できる（準事務管理ともなりうる）。

(ロ) 不法行為が成立しない場合　善意・無過失で他人の特許権を行使した場合に，不法行為は成立しないが，不法行為的侵害についての特殊なサンクションとして利得の返還請求が認められるべきである。返還の範囲は使用料の限度と解すべきであり，利用者の能力や企業設備の成果までも返還対象と解すべきではない。ただし，特許法102条が適用される場合については，それに従うべきである。

---

49)　〔設例15〕　A会社から独立したB会社は，Y銀行の援助を求めるため，その要求に応じてAの債権・債務を一括して引き継ぐ旨の契約をYとの間で締結し，一定の金額をYに支払った。しかし，Bが破産してしまったので，管財人XはこのB・Y間の契約は，財産引受に当たるが定款に記載がないので無効であるとして，BがYに対して支払った金員の返還を求めたが，その際Yによる運用利益の返還も求めた。正当か。
〈関連判決の要旨〉最判昭38・12・24民集17・12・1720　① 189条1項の類推適用の余地はない。原物返還の事例ではないし，右の運用利益は果実とは同視できないからである。
② 利益返還の範囲は，受益者の行為の介入がなくても損失者が右財産から当然に取得したであろう範囲における利益である。
③ 右運用利益が商事法定利息であるときは，損失者が当然に取得したであろうと考えられる利益の範囲にあるから，受益者は善意でも返還しなければならない。

6 給付利得に関するその他の事例
1 契約の無効と不当利得
　民法上無効とされる場合については，すでに〔設例2〕において，次の②の事例については簡単に検討したが，さらに次のような場合がある。
　①意思能力を欠いている場合，②要素の錯誤の場合，③公序良俗に反している場合，④心裡留保を相手方が知っている場合，⑤虚偽表示の場合である。
　以上のうち，③と⑤についても，不当利得の返還請求権が生じると解してよいかについては，問題があるが後述する（3, 4）。なお，以下の具体的事例の検討では，主として給付利得に限定して，検討する。

2 錯誤無効と意思能力による無効の場合
(1) **無効と不当利得**
　意思表示が無効であれば，法律上の原因がないことになる。
　(イ) **錯誤無効の場合**　当事者の一方が意思能力を欠いている場合でも，要素の錯誤があるに過ぎない場合でも，その当事者間で締結される債権契約も物権契約も，結果的には無効である。〔設例16〕[50]に即して検討しておこう。
　設例において，AB間の契約が錯誤・無効である場合には，AB間でとくに無因的な所有権移転の合意をしていない限り，物権移転の合意も無効となるから（有因説），当事者は給付したものの返還を請求することができる。
　(ロ) **意思無能力の場合**　Aが意思無能力である場合には債権契約も物権契約も無効であるから，いずれの場合にも，土地の所有権はAのもとに留っており，その返還は問題にならない。しかし，土地はすでにBに引き渡されているので，AはBに対して無効な契約に基づいて給付した原物の返還を不当利得として請求することができる。

(2) **所有物返還請求の可否**
　設例の場合には，Aは所有者であるから，上と同一の結果を，所有権に基づく返還請求権によっても実現することができないであろうか。類型論では否定する[51]。ある目的物につき所有主体と占有主体が分離しており，それが所

---

50)　〔設例16〕　Aが自己所有の土地をBに売却し，履行も済んだが，同契約はAの意思無能力または要素の錯誤により無効であった。AはBに対して同土地をいかなる手段により取り戻せるか。

有者の意思に基づいたものではない場合に当たるから，所有権に基づく返還請求の要件をも充足しているようにみえる。しかし，このA・B間の法律関係は，無効な契約関係の清算関係としてそれに適した規範（財貨移転秩序中の規範である703条以下）を適用すべきであり，そのような「関係」に媒介されない財貨帰属秩序中の規範（物権的請求権）を適用すべきではない[52]。しかし，不当利得の返還請求権が時効により消滅した場合には，所有物返還請求権の行使が可能である。

(3) 果実の返還請求

元物と共に果実も返還請求できるか？

(イ) 給付利得の場合　果実の返還請求では，上の土地が前述の竹林のように果実を生むものである場合には，AはBに対して果実の返還をも請求できるだろうか。この問題については前述した（33頁）。果実は給付それ自体から生じたものであるから，給付利得の返還債務の範囲に含まれると解してよい。これが類型論の中でも多数説である。このように，給付利得の場合には，所有者である給付者は，原物である元物の占有のほかに，果実，使用利益を含めて，不当利得としてそれら全体の返還を求めることができる。

(ロ) 非給付利得の場合　これに対して，同じく果実の返還といっても，非給付利得の場合にその理論的取り扱いが同じであってよいかという点が問題となる。非給付利得の場合には，不当利得の返還請求の対象は，主として果実，使用利益等であり，所有者は非所有者である受益者に不当利得としてそれらの返還を求め，元物の占有については，所有権に基づいて返還請求することになる。

(ハ) 果実収取権　上のような相違は，つぎのような対比によってさらに鮮明になる。すなわち，非給付利得が問題となる前述〔設例12〕（注42））の竹林の竹の子採取の事例におけるA・C間においては，AのCに対する所有物返還請求権を補充するものとして，果実や使用利益を不当利得として返還

---

51)　伝統的学説では，請求権競合の場合の一つとして扱うことになる。
52)　単に規範構造上の理由によるわけではない。前述のように（序論，類型論の展開参照），法的性質の異なる規範を適用すると妥当な結論を導くことができないからである。

請求するのであるから、物権編の規定である189条以下が適用される。

これに対して、給付利得の場合には、無効の契約によって給付されたものとして、すなわち法律上の原因を欠く不当な給付として返還請求されるのであり、したがって、給付されたものの占有も、果実も、使用利益も、補充的にではなく、独自に不当利得として返還請求の対象となる。このように「契約」関係に立つA・B間においては、無効な契約関係を清算するために特別に用意された規範関係としての不当利得の関係が成り立っているのであるから、703条以下の規定を適用すべきであり、物権的請求権の補充規定である189条以下を適用すべきではない。

したがって、上の例における買主Bは、仮に善意で果実を収取したとしても、703条に従ってそれをAに返還すべきであり、189条以下によってこれを取得することはできないと解すべきである。[53]

3　A・B間の契約が公序良俗に反して無効の場合

この場合については後に不法原因給付の問題として、4(3)以下で説明する。

4　虚偽表示と不法原因給付

(1) 通常の虚偽表示

〔設例17〕[54]に即して検討しておこう。AはA・B間の関係を虚偽表示として無効であるとして、Cに対して土地の返還を求めることができるだろうか。

(イ)　Cが善意であれば、土地の返還請求は不可能である（94条2項）。

(ロ)　Aにその他の救済手段があるだろうか。詐害行為取消権の行使は、被保全債権、無資力要件との関係で困難である。BC間の契約は90条違反とも言えない。したがって、AのCに対する返還請求が不可能である。

(2) 詐害行為目的の虚偽表示

〔設例18〕[55]に即して検討しておこう。

(イ)　虚偽表示の他に、Bの救済手段はあるだろうか。詐害行為と公序良俗

---

53)　なお、この点に関する反対説とそれに対する反論については、田山・民法要義・物権法175頁以下を参照。
54)　〔設例17〕　Aは単に世間から資産家と思われたくないことを理由として、自己所有の土地の登記名義をBと通謀してBとしたところ、Bが同土地をCに売却してしまった。
55)　〔設例18〕　Aは自己の債権者Bを害する目的でCと通謀して自己の唯一の財産である土地を廉価でCに売却し、移転登記を経由した。

違反が考えられるが，詐害行為は原則として公序良俗違反には当らないと解すべきである。

　㈡　Bが同土地の買主であった場合に，特定債権者Bは，詐害行為として，A・C間の行為を取り消すことができるだろうか。特定債権も被保全債権となりうると解すれば可能である。

(3)　強制執行妨害目的の虚偽表示

　〔設例19〕[56]に即して，公序良俗違反との関連を含めて，検討しておこう。

　㈠　**詐害行為との関係**　　Bの救済手段として，虚偽表示の他に何が考えられるか。詐害行為としての取消しはどうであろうか。債務者Aの無資力要件が充足されれば，詐害行為として取消しの対象となりうる。

　㈡　**民法94条と90条との関係**　　事案は民法94条の典型的な虚偽表示の問題であるが，虚偽表示の場合に直ちに民法90条に違反するということにはならない。94条の要件を充足したことに加えて，例えば刑法の強制執行妨害罪（刑法96条ノ2）というような犯罪に該当するということがプラスされることによって，民法90条違反の問題が生じると考えることはできる[57]。

　しかし，このような場合には，そもそも94条による無効だけではなく，さらに90条による無効という二重の法的評価が加えるべきであるのかという疑問が生じる。

　仮に，二重に（90条と94条）無効の評価を加えてみるとどういうことになるだろうか。90条違反で無効であるにもかかわらず，AはCに不動産の給付をしたのであるから，708条が適用される。しかし，これではA・B間は虚偽表示だから不動産所有権の移転は無効であり，その所有権はAのもとに留っていたとされた関係が根底からくつがえされることになる。すなわち，90条

---

[56]　〔設例19〕　Aは自己の債権者Bからの強制執行を免れる目的で，Cと通謀して自己の所有地をC名義にした。

[57]　このような場合について，708条の適用を肯定する方向での判例が出されている。
　　①大判大10・10・22民録27・1749　〔債務者が債権の執行を免れるために他人と通謀して自己所有の不動産の売買を仮装して所有権移転の登記をしても，家資分散の際になされる如く犯罪を構成する場合のほかは，不法原因給付とはならない。〕
　　②最判昭27・3・18民集6・3・325　〔債務者が債権の執行を免れるために，他人と通謀して不動産を他人名義にしても，刑法96条ノ2新設以前においては，①の場合を除くほか，不法原因給付にはならない。〕
　　③　その他，最判昭37・6・12民集16・7・1305などがある。

が適用されるということになると，それを前提として708条が適用される結果，AがBに給付したものについて返還請求ができなくなり，Aの債権者Bによる強制執行は絶望的になるのである。これでは，Aは最初の思惑通り強制執行を免れることができるという結果が生じてしまう。そこで，この問題を解決するには2つの方向が考えられる。

　(a)　1つは94条違反の虚偽表示のタイプに属するものについては，刑法違反のような事実があっても，これを公序良俗違反と解して90条違反を問題にする方法は認めるべきではないという見解である。[58]

　(b)　もう1つの方向として，A・C間では90条と708条が適用されるが，Aの債権者BがAの債権を代位行使する場合には，CはBに対して708条の抗弁を出すことはできないと解する方法である。708条の趣旨は，A・C間において特にCを保護するという点にあるわけではなく，Aに法的助力を与えないという点にあるのであるから，B（Aに対する債権者）を救済する限りで，Cの保護が奪われても90条の趣旨を没却したことにはならないからである。

---

[58]　伝統的学説が708条を不当利得の固有の規定ではなくて物権的請求権にも適用されるような規定だと解して適用範囲を広げてしまったこととの関連で，単に物権法の領域のみならず民法総則の領域でもこのような問題が出てきてしまったのである。708条の適用要件を狭く考えていた時代にはこのような問題は起きなかったのである。

第5節　特殊な不当利得

第1　金銭と不当利得

1　金銭の特殊性[59]

　金銭は経済学の分野では，貨幣という特殊な商品として論じられるのが通常であるが，法律学ではもう少し形式的な次元で論じられてきた。例えば，1万円札において表示されている価値を民法の分野で問題にする場合において，他人に支払えばその所有権が移転すると解し，他人に侵害されれば所有権侵害としてその保護を考える，という具合に，1万円の価値が化体されている紙幣として，その所有権を問題にすることが可能であった。

　しかし，貨幣の使命を十分に果たさせるためには，その高度の流通性を保障しなければならない。そのためには他の有体物と同様に価値の帰属を所有権の帰属によって決定するのは妥当ではなく，現に価値を支配している者にその所有権が帰属していると解すべきである。判例も最近ではこのような考え方に立っている[60]（最判昭29・11・5刑集8・11・1675ほか）。

---

[59] 金銭と利得の現存　(イ) 法律上の原因なくして他人から金銭を取得した以上，これを消費したか否か，消費の方法が生産的であるか否かに関係なく，直接または間接に現存するものとみなすべきである。（大判明35・10・14民録8・9・73）
　(ロ) 不当利得によって得た金銭が存在せず，また，これを取得しないとすれば他の財産を消費したであろう事情も存在しないときは，現存利益はないというべきである。（大判昭8・2・23新聞3531・8）
　(ハ) 金銭の交付によって生じた不当利得の利益が存しないことについては，不当利得返還請求権の消滅を主張する者が主張・立証すべきである。（最判平3・11・19民集45・8・1209）

[60] 例えば，AB間の土地売買が履行されたけれども，その契約が無効であったという場合には，目的土地の所有権は初めから売主Aのもとにあったが，代金はいったん買主BからAに移転するということになり，それを前提としたうえで，AB間で原状回復が行われることになる。つまり，貨幣の価値は，その形式的所有権ではなく占有と共に移転すると解すべきである。

② 典型的事例
1 ２当事者間の場合

〔設例20〕[61]に即して検討してみよう。Ａ・Ｂ間の売買契約において、買主Ｂは法律上の原因なしに（契約は無効）代金相当の価値を失ってしまい、売主Ａが利得していることになるので、ＢはＡに対して代金相当額を不当利得として返還請求できる。

売主ＡもＢに対して不当利得を理由として土地の返還請求（占有）ができるが、さらに所有権に基づく返還請求権が問題となりうる点が、買主の場合と異なっている。もっとも類型論の立場からは、前述（第２章第１節③）のように売主の所有権に基づく返還請求権の行使は原則として否定される。

買主Ｂの金銭について所有権を問題にするのであれば、Ｂがその金銭を自己のものと混和（245条）したか否かが法的には重要な事実となるが、所有権を問題にしない以上、混和の有無は、Ａ・Ｂ間の法律関係において全く問題にならないと考えてよい。

2 ３当事者間の場合

〔設例21〕[62]に即して検討してみよう。金銭をめぐる不当利得は、複数当事者間で生じることが少なくない。判例でみる限り、とくに金銭の騙取の場合が多い[63]。

金銭の価値の帰属を所有権を基準として考えていた時代の判例には、設例の①の場合に因果関係を肯定し、②の場合に否定すべきであるとしていたが（大判昭２・７・４新聞2734・15）、現在の判例理論を前提とする場合には、いかに解すべきであろうか。

(1) 判例の理論構成

金銭の騙取を取り扱った判例の理論構成を整理してみると、次のようになる。

---

61) 〔設例20〕　ＡはＢに自己所有の土地を売却し代金を受領したが、契約は無効であった。
62) 〔設例21〕　①Ａから騙取した金銭をＢがそのままＣに渡した。
　　②Ａから騙取した金銭をＢがいったん自己の金銭と混和させた上でＣに渡した。
63) 例えば、〔設例21〕の①と②の場合とで、ＡＣ間における不当利得の成立について差異が生じてよいのかが議論された。

①　因果関係の直接性を問題としたもの（大判大8・10・20民録25・1890，大判大9・11・24民録26・1862）
②　即時取得（192条）による所有権の取得を問題にしたと思われるもの（大判昭10・2・7民集14・196ほか）
③　法律上の原因を問題にしたもの（最判昭42・3・31民集21・2・475）。

理論的には，以上のように整理することができる（中井美雄「騙取横領金による債務の弁済と不当利得」ジュリ昭和49年重判72頁）。しかし，前述のように，判例が金銭につき所有権を独自に問題にしないようになっている現在では，上記の②の構成は一部の学説を除いて，今後問題にされることはないと思われる。

(2) 因果関係の直接性

〔設例21〕のように3当事者間の不当利得においてこの原則を厳格に適用とすると，不当利得はほとんど成立しないことになってしまう。そこで判例も「社会通念上Aの金銭で〔中間者Bが〕Cの利益をはかったと認められるだけの連結がある場合には，なお不当利得の成立に必要な因果関係があるものと解すべきであり」としている（最判昭49・9・26民集28・6・1243）。

3　「法律上の原因」を問題にするもの

(1) 因果関係から法律上の原因へ

このように因果関係の要件を緩和したうえで，主として法律上の原因という要件によって不当利得の成否を決定しようとする立場では，受益者の善意は決定的な要件としては問題とされない。しかし，最近では，判例を含めてこの要件については様々な要素の総合的な判断によるべきであるとするものが多くなっているので，若干説明しておこう。

判例の中には，上述の①と②の問題点を検討せず，Cは，自己に対してBが負担する債務の弁済として本件金員を善意で受領したのであるから，法律上の原因に基づいてこれを取得したものというべきであるとして，もっぱら③を基準として不当利得の成否を判断しようとしたものもある[64]。

このような判例の傾向は，最近の学説の流れにもマッチしたものと考えられる。先に引用した我妻説（社会観念説）を初めとする伝統的学説と調和するだけでなく，類型論の一般的傾向ともマッチするということができる。すな

わち，類型論における要件の位置づけについて説いた際に（第2章第1節**❸**）述べたように，類型論では不当利得の要件の中で「法律上の原因を欠くこと」が決定的に重要であると解されているからである。

(2) 善意の受領を基準とする判例

しかし，注64）の昭和42年の最高裁判例では，Cの「善意の受領」のみを理由としてCの受領に法律上の原因があると述べている。しかし，この判例は，今後生じうるこの種の事件についてどこまで先例的意義を有するのかは明確でないと言われている。この点に関する理論化はむしろ学説によってなされていると考えてよい。

(3) 法律上の原因に関する実質的判断

(イ) 実質的判断基準　「法律上の原因」を問題にするといっても，これは上に述べたような文脈で理解すべきであるから，形式的な意味での「法律上の原因」を問題にすべきではない。

「例えば，BがCに債務の弁済として一定の金銭を給付したのであるから，それがAから入手したものであっても，Cは債権に基づいて受領したのであり，したがって法律上の原因に基づく利得である」というような理論構成は形式論であって不当利得を否定するには十分ではない。一言でいえば「法律上の原因」は実質的に判断すべきである。すなわち，形式的な債務の存否ではなく，それが実現可能性を有するものであるか否か等も考慮されるべきである。具体的には，AのCに対する不当利得の返還請求を考えないとした場合に，AのBに対する金銭の返還請求が可能であるか，CのBに対する本来の債権は実現可能なものであったか等について考慮すべきである。実際にも中間者Bが介在する三角関係において発生する不当利得の問題は，中間者Bが無資力である場合が多い。その場合にこそ，AからCへの不当利得の返還請求を認めることに実益があるといえる。しかし，Bがたまたま無資力である場合に，その債権者を不当利得論で救済することに対しては，後に述べる

---

64) 最判昭42・3・31民集21・2・475　Cから蜜柑を購入した代金の支払いに窮したBが，Aを欺いて金銭を詐取し，その金銭でCに対する代金債務を弁済したという事案において，AからCに対する不当利得返還請求を排して，判例は，Cは「自己に対してBが負担する債務の弁済として本件金員を善意で受領したのであるから，法律上の原因に基づいてこれを取得したというべきである」と判示した。

なお，悪意の要件については，第2章第2節**5**参照。

　㋺　**悪意又は重過失の場合**　A・BとB・Cの法律関係が通常の契約関係である以上，たまたまBが無資力であるというだけでAのCに対する不当利得の返還請求を認めることは妥当ではない。このような意味で，昭和49年の判例[65]の結論は肯定することができる。

3　金銭の利息と不当利得

〔設例22〕[66]に即して検討してみよう。

1　判例

　不当利得の一般論によれば，AのBに対する利息の返還請求は，704条の要件を満たす場合には認められるが，利得者Bが善意であった場合には，利息の返還は認められないことになる。しかし，判例は，703条の現存利益に加えて1年満期の定期預金と同率の利息相当額を支払うべきことを命じている（最判昭38・12・24民集17・12・1720）。このような結論を導き出すためには，大きく分けて次のような2つの理論構成が可能であるとされている。

(1)　差額説的理解

　伝統的学説に従ったと思われる上記判決では，「社会観念上受益者の行為の介入がなくても不当利得された財産から損失者が当然取得したであろうと考えられる範囲においては，損失者の損失があるものと解すべきである」としている。利得者側の利益についても，本来は現にその金銭を運用して利益をあげていることが前提になるが，この点も目的物の運用可能性から擬制されるものと考えている。

(2)　金銭の特殊性を重視する考え方

　(1)とは異なり，金銭の特殊性から同様の結論を直接的に導き出そうとする

---

[65] 昭和49年の前掲最高裁判決（前々頁）では，CがAからの金銭を中間者Bから受領するにつき悪意または重大な過失がある場合には，Aとの関係においては，法律上の原因がなく不当利得となるものと解するのが相当であるとしている（最判昭49・9・26前掲）。

[66] 〔設例22〕　AはBに対して債務を負っていると思ってその弁済をしたが，債務は不存在であったということが1年後に明らかとなった。AはBに対して支払った金額の返還と共にその利息についても返還請求することができるであろうか。

学説もある。なぜならば，金銭債務は，その不履行の場合に当然に法定利息が発生することになっていること（419条），解除の場合にも原状回復に際して金銭に受領のときから当然に利息を付けることになっている（545条2項）ことから考えても，金銭の返還を求める場合には当然に法定利息を付することは一般化してよいと解されるからである（好美「不当利得法の新しい動向について（下）」判タ387号32頁）。

2 類型論

類型論の立場においても，判例や上記の学説と大きな違いはないが，給付利得の返還請求の場合には，給付自体の返還を求めることになるから，原則として704条が適用になると解すべきである。したがって，返還者がとくに善意であること（703条の要件）を立証しない限り，704条により給付された金額を法定利息付で返還しなければならない。

利得者が善意の要件を充足している場合においても，金銭の利得の場合には，前述のような金銭の特殊性により法定利息を付して返還すべきである[67]。給付利得の場合には，果実をも合めて返還の対象とすべきであるという考えを前提とすれば，利息を付して返還するということはむしろ当然である[68]。

④ 因果関係に関するまとめ

1 類型化

金銭の不当利得をめぐる最も困難な問題は，3当事者間における不当利得の問題である。その特殊性を明らかにするために，金銭以外の3当事者間の不当利得の問題を，判例を基礎にして，以下の3つのタイプを比較しつつ検討しておこう。

---

[67] 704条の利息に関する部分は注意規定であり，703条の現存利益には金銭の利息も含まれるので，現存している限り返還すべきである。

[68] 契約が無効であったり，取り消されたりした場合の原状回復の関係は，基本的には不当利得（703条以下）の関係として理解するのが通説であると考えてよいが，原状回復請求の範囲等が詳細に議論されるようになると，契約の解除における効果としての原状回復の問題に似た面（利息に関する545条2項など参照）が生じてくる。つまり，利息の問題を含めて703条以下の規定（善意の場合には利息に関する規定がない）の適用のみでは妥当な結論が導き出せない場合も多くなってきている点には注意が必要である。

68　第3部　第2章　不当利得

①　騙取された金銭（所有権）の移転に関するもの（注62）②判例参照）
②　盗品の売買等財産権の侵害にかかわる事例（〔設例14〕注48）参照）
③　契約上の給付が契約の相手方以外の第三者の利益に帰している場合（後述，転用物訴権に関する「第2」参照）

2　第1のタイプ

学説・判例において金銭の所有権を問題にしなくなったことにより，中間者のもとで金銭所有権がどうなったか（混和等）によって因果関係の有無を判断することはなくなった。つまり，その金銭が中間者の所有に帰したのであれば，因果関係の直接性はないというような判断は不可能となったので，社会通念上の因果関係論を導入して判断することになった。その結果，因果関係という要件を欠くことを理由として不当利得の返還請求権に限定を加えることは事実上難しいこととなった。法律上の原因により判断する以外にない。

3　第2のタイプ

X-M-YにおいてYに過失があり，購入動産を即時取得できない事例において，Yが同動産を第三者Bに売却してBが即時取得した（注48）〔設例14〕参照）。そこでXがYに対して不当利得の返還を求めた（不法行為も成立しているが）という事例において，判例はXの請求を肯定した。[69]

不動産の例を挙げておこう。Mに対する一番抵当が既に被担保債権の弁済により消滅しているYが，「抵当権」の実行により弁済を受けたので，二番抵当権者XがYに対してその侵害利得の返還を求めた。判例はXの請求を肯定した（41頁も参照）。[70]

4　第3のタイプ

中間者の介入により「利得」と「損失」との間の因果関係が切断されるか

---

69)　大判昭12・7・3民集16・1089
70)　最判昭32・4・16民集11・4・638　Yが利得者であることについては異論はないが，①損失者がM（所有者）であるのか，②X（一番抵当権者）であるのか，については，学説の対立があったが，本件判決では，MもXも損失者であると判示した。Xが損失者であると言えるためには，703条の「他人の財産」に関する一定の理解が前提になる。本判決では「他人の財産」とは，既に現実に他人の財産に属しているものだけでなく，当然に他人の財産としてその者に帰属すべきものを含むと解している。
　MとXからの不当利得返還請求権を認めた結果，両債権は「不真正連帯債権」となる。
　X ── M ── Y

否かという問題と，因果関係はあるように見える場合でも，それぞれの間に有効な契約関係があるため，各当事者間における契約危険（当事者の支払い能力の突然の喪失など）の問題として考察すべき場合も少なくない。[71]

5 類型論的考察と因果関係の直接性

因果関係の直接性の問題は，類型論の立場においては，次のように整理される。

(1) 給付利得の場合

給付利得についてはその返還請求権は給付受領者に対してのみ成立するから，因果関係の直接性の理論はなんら役に立たない。むしろ，給付には直接的給付も間接的給付もありうるから誤解のないようにしなければならない。

(2) 侵害利得の場合

補償を求める請求は，その利得の取得によって権利（例えば，所有権）を侵害された者のみに生ずる。例えば，所有物を無断で利用して収益をあげられてしまったような場合の所有者である。この意味においてのみ因果関係の直接性を論ずることができる。

6 3者間の不当利得のまとめ——類型論的私見

3者間に2つの契約関係が成立している場合（第1類型）と1つの契約関係しか成立していない場合（第2類型）とがある。

(1) 第1類型の場合

各当事者の私的自治の観点が重要である。

X-M，M-Yとの間にそれぞれ契約関係が存在する場合（後に取消・解除さ

---

71) この点で，次の2つの判決が参考になる。
　①ブルドーザー修理事件（後述注73）〔設例23〕を参照）。
　②Y会社が振り出したA手形を所持するXが，銀行Mにその割引を依頼したところ，Yが倒産したので，MはXに対する手形上の権利を行使せずにYのMに対する預金債権と相殺した。その結果，XはA債権については全額の満足を受けた。その後XがYに対するB債権を行使したところ，Yの破産管財人が，A債権に関するXの不当利得（満額と破産手続きでの配当額との差額）についての返還請求権との相殺を主張した。判例（最判昭53・5・2判時892・58）によれば，Xの利得とYがMによる相殺によって失った預金債権の損失との間には因果関係はない。

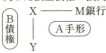

れてもよい)には，廃棄されることのある各別の契約関係を通じて清算がなされるべきであり，XとYとの間の直接的な利得の調整は行うべきではない(注62)〔設例21〕参照)。

(2) 第2類型の場合

侵害利得の問題となる。

(イ) X-M間においてなんら契約関係がない場合 (例えば窃取の場合)

〔設例14〕の場合のように，その目的物を中間者MがYに売却したときは，原則としてX-Y間において直接的な利得調整が問題となる。すなわち，XはYに対して侵害利得の返還を請求することができる。ただし，Yに動産の即時取得のような権利取得を正当化する事由がある場合はこの限りではない。

(ロ) 金銭の移転に関する事例

金銭の特殊性に配慮すべきである。M-Y間に有効な契約関係があれば，即時取得等を問題とすることなく，金銭の特殊性(所有権を問題としない)に鑑みてYは保護されるべきである。ただし，Yの悪意または善意・重過失の場合には，Yの不当利得を肯定すべきである。Xとの関係(とくに損失)において，M・Y間は通常の法律関係としての意味をもちえないからである[72](最判昭42・3・31前掲参照)。

第2　転用物訴権と不当利得

1 基本的問題点

〔設例23〕[73]に即して問題点を検討してみよう。

1 事例の特殊性

転用物訴権をめぐる問題にはその内容上の難しさに加えて，設例のような問題[74]〔Aの保護〕がそもそも不当利得の体系の中に正当な地位を占めうるものであるのか，という点での難しさもある(後述2参照)。

また，通常の給付不当利得においては，その利得の返還請求権は，財貨移

---

72) このことは，M・Yの契約がMとYを拘束するものであるか否かとは関係ない。M・Y間の契約はX〔の損失〕との関係においては法律上の原因としての意味を持ちえないということである。

73) 〔設例23〕　Bが，Cから賃借中のブルドーザーが故障したので，BはAに依頼して修理してもらった後，Cに返還したが，その修理代金が未払いである。

転秩序に瑕疵がある場合にそれを正し，財貨秩序を回復することを目的としている。例えば，無効や取消の場合には，その結果生じている財貨秩序を「契約」前の状態に回復するために不当利得の返還請求権が用いられる。これに対して，転用物訴権の場合には，設例のブルドーザー修理事件でも分かるように当該財貨移転秩序（B・C間とB・A間の法律関係）には瑕疵がないという点に特徴がある。

2 不当利得の体系と転用物訴権

設例と基本的に類似したブルドーザー修理事件（最判昭45・7・16民集24・7・909）をめぐって議論がなされているので，そこでの議論を参考にしつつ，転用物訴権の体系的位置づけについて検討してみよう。

判例と伝統的学説によれば，利得と損失との間の因果関係は不当利得の成立要件であり，かつ直接の因果関係が必要であると解されている。このような考え方からすれば，〔設例23〕におけるCの利得とAの損失との間には直接の因果関係はないと考えるのが自然のように思われるが，すでに述べたように，判例はこの点に関しては緩かな判断をする傾向にある（前掲最判昭49・9・26民集28・6・1243参照）。前頁のブルドーザー修理事件においても，判例は因果関係の直接性の法理に従って判断しつつも，AからCに対する不当利得に基づく返還請求権を認めている[75]。

類型論の立場では，因果関係は一般に独立の要件とされていないので，転用物訴権の取扱いも別個の観点からなされている。類型論の論者の中には転用物訴権は不当利得の領域の枠組の外においてであれば承認することができるとする者もいる（後述 **3** まとめの学説参照）が，ここでは，不当利得論の要

---

74) 転用物訴権という概念　本来は，AはBに対して修理代金請求をすべきであるが，Bが無資力であるという場合にAの損失においてCが利得していると考えて，AがCに対して不当利得の返還請求をする場合に，この請求権を転用物訴権と呼んでいる。転用物訴権という表現は，訴権と請求権の未分離を前提としたローマ法に由来するものであるから，両者が分離している今日の状況においては，「契約外の第三者が契約関係から受益した場合の利得引渡請求権」（加藤雅信・前掲703）という方が正確であり，そのような表現によりこの権利は訴訟上行使しなければならないのか，といった誤解も避けることができる。しかし，転用物訴権という短い表現で，このような意味を表わすという了解が成り立つのであれば，慣用に従う方が混乱を生じさせないということはいえよう。その意味では，物権法の領域において占有訴権とはいうものの，その実質は占有請求権であるというのに似ている。

件との関連において取り上げて，関連問題についても検討しておこう。

② 転用物訴権と法律上の原因の欠如
1 法律上の原因

前述の判例〔設例23〕の事案においては，ＡＢ間には修理請負契約が有効に成立しており，Ｂ・Ｃ間においても賃貸借契約が有効に存在しているから，賃貸人ＣがＣ・Ｂ間の賃貸目的物の返還を受けたことがＡとの関係において法律上の原因を欠く利得にあたるという考え方は一般的には説得力をもちえない。それぞれ有効な契約（法律上の原因）に基づいた給付行為だからである。従来，因果関係の直接性が問題となった判例の事案はＢ・Ａ間において詐取または騙取が介在していたが，ブルトーザー事件の場合にはそのような要素がないという点が重要な相違点である。

ただし，伝統的な学説の中には，Ａの保護を不当利得論の枠組において図るために，法律上の原因を相対的にとらえ，Ｂ・Ｃ間の契約関係は，Ａとの関係においては法律上の原因とはならないと解する立場があり（谷口・不当利得の研究　再版234，松坂・不当利得論251），解釈技術としてはこれによって一応の説明は可能であると言われている[76]。

2 債務者の無資力との関連

前述の転用物訴権の典型的事例において，ＡのＣに対する不当利得返還請求権が問題になるのは，実際上は，Ｂが無資力になった場合に限られる。判

---

75)　しかし，「直接の因果関係」に関する判例のこのような理解（とくに前掲昭和49年判決）に対しては，この理論の沿革に鑑みて正当なものとは思われないとの有力な意見も主張されている（好美清光・前掲論文387・29）。前掲判例の考え方は，そもそもこのような事例においてＡのＣに対する不当利得返還請求権を排除するために生まれてきた「直接の因果関係」概念を用いてＡのＣに対する請求を認めるものであり，いわば逆の用い方をしている。好美教授は，この点につき「学問上の共通の土俵ともなるべき学術用語を無用に混乱させないようお願いしたい」とまで述べている（同「不当利得の新しい動向について」判タ386・25）。

76)　しかし，上のような考え方は，その有効性の点では問題のないＢ・Ｃ間の賃貸借関係に対して，第三者Ａが法律上の原因を欠く場合の制度である不当利得返還請求権（転用物訴権）を用いて介入しようとすることになるのであり，法体系上もやや無理があるように思われる（加藤・前掲書714）。つまり，Ａに損失が生じているとはいっても，Ａの修理代金に相当する損失は，Ｂ・Ｃ間においてはＢのＣに対する費用償還請求の問題であるから，ＣにとってはＡの介入を受ける理由はないともいえるわけである。

例もAのBに対する「代金債権が無価値である限度において」AのCに対する不当利得返還請求が可能になると判示している（最判昭45・7・16前掲）。

このような場合でも，Aの転用物訴権を認める見解に対しては，まず，Aはあくまでも契約の相手方Bを信頼して修理をしたのであり，かつ信頼したからこそ留置権や同時履行の抗弁権を行使せずに修理済みの目的物を引き渡したのであるから，その後にBが無資力になったからといって，第三者Cに対する不当利得返還請求権によってAが救済されるのは不合理であるとの批判もある。資本主義的取引では，このようなことは一般的にいつでも起こりうることだからである（好美・前掲387・29）。

確かに基本的にはBの財産に由来するCの利得が，Bが無資力になったとたんにAの財産に由来することになるというのでは理論的にも説得力を欠くことになる。上記の最高裁判決に対するこのような批判は，類型論に立つか否かとは関係なしに成り立つものである。

3　一般債権者の地位と転用物訴権

さらに，Bの一般債権者との関連でも転用物訴権の機能に疑問が呈示されている。AのCに対する転用物訴権が行使されてAが満足すると，BのCに対する費用償還請求権が消滅することになる。しかし，Aも留置権を失った後は，Bの一般債権者の一人であったのだから，本来，他の債権者と同等の立場でBのCに対する費用償還請求権等を差し押さえて配当加入することができるにすぎなかったはずである。にもかかわらず転用物訴権を認めるとAは他の一般債権者に優先する立場を獲得することになってしまう。この結論にどれ程の合理性があるのか，という点が問題にされている（加藤・前掲書716）。確かに，ある動産がA⇒B⇒Cと転売され，それぞれ代金が未払いである場合に，Bが倒産したからといってAがCに対して不当利得の返還を請求できるというのは不合理である。[77]

---

[77] この場合と転用物訴権の場合との間にどれ程の本質的違いがあるだろうか。この問題を考える際のヒントとして動産上の先取特権に関する規定（311条6号，333条）をあげておこう。上の例で，AのBに対する債権は動産売買の先取特権によって保護されているが，目的物が第三取得者Cに譲渡されて，引渡されてしまうと，先取特権は消滅してしまうことになっている。Aの保護は，物上代位（304条）によるほかはない。

4 他の法制度との関連
(1) 債権者代位権

もっとも、転用物訴権の行使によるAの優先的立場を批判するなら、後に述べる債権者代位権をAが行使する場合においても、Aは事実上、他の債権者に優先する立場が与えられていることをどう説明するのか、との反論も成り立つ。しかし、これは債権者平等の原則を実現しうるための手続が欠落していること（これは立法上の不備と解するか、または、そのために破産手続きがあると解されている）に由来する問題であるから、解釈論上の問題である転用物訴権とは次元が異なる問題であり、比較の対象とすべきではない。

(2) 費用償還請求権

設例の場合に転用物訴権を用いないとすればAの救済手段としてどのようなものが考えられるであろうか。

AはBの無資力を前提としてBに代位してBのCに対する費用償還請求権（これが発生しているか否かが問題であるが）を行使することが考えられる（423条）。そのさい、Aが代位権を行使してCから受領した金銭のBに対する返還債務とAのBに対する修理代金債権との間で相殺をすれば、AはBの他の一般債権者に優先して保護される結果となる。[78]

(3) 留置権等

もちろん修理請負人Aの救済に関する一般論としては、Aは、修理代金の支払いまでは、目的物を留置しておくことは可能であるが（留置権または同時履行の抗弁権）、転用物訴権は、Aがこの権利行使を放棄して（または単に行使しないで）目的物を返還した場合に問題となる。したがって留置権等はAの救済手段としては、転用物訴権と同次元で論じられるべき問題ではない。

③ 関連学説

類型論の立場に立つ学説が転用物訴権について否定的ないし消極的態度で

---

[78] ただし、B・C間において通常の修理費はBの負担とし、それに対応して賃料が割安になっていた等の事情があれば、Bが自己の費用で修理しても、BのCに対する費用償還請求権は発生しないから、Aの代位権行使に対して、Cはその旨抗弁（代位の対象の不存在）することができる。

あることは既に述べたが，その点を簡潔に紹介して転用物訴権に関するまとめに代えたい。

(1) 加藤(雅)説

限定的承認説とでもいうべき学説であり，①中間者Ｂの無資力，②ＡのＢへの給付がＢＣ間の無償行為によりＣのもとにあり，ＢがＣに対して反対債権（例えば費用償還請求権など）を有していないことを要件として不当利得の返還請求権を承認するが，③Ｃの利得の評価は客観的市場価値によるべきであるとしている。[79][80]

(2) 否定説(四宮・広中説)

否定説の考えの基本にあるのは，契約関係自律性の原則である。すなわち，ＡはＢとの請負契約に基づいて修理したのであり，代金支払いについてのＢの無資力のリスクはＡが自ら引き受けるべき契約リスクである（四宮・242）。広中説もドイツの類型論の代表的学者であるケメラーの学説を引用しつつ同趣旨を述べている。[81]

四宮説では，ＢＣ間が無償である場合に転用物訴権を肯定する加藤(雅)説は無視できないとしつつも，修理による費用の負担者は，Ａと有効な請負契約を締結した相手方Ｂ以外にはありえないとして，無償の場合にも転用物訴権を否定している（四宮・242）。

(3) 鈴木説

ＡのＣに対する直接の請求権を厳格な意味での不当利得返還請求権として説明することは困難であるとの基本的考えに立っている。そのうえで，議論の土俵を費用償還請求権の発生時期（要件）の問題にまで戻して考察している。すなわち，多くの学説のように，ＢのＣへの請求権をＢのＡへの代金支払い前に認めてしまうと，Ｃは任意にＢに支払ってしまうことが可能となり，その場合には，Ａの犠牲においてＢの一般債権者が事実上利益を受けること

---

79) 無償の場合に限られる点につき，最判平7・9・19民集49・8・2805参照。
80) 加藤雅信・財産法の体系と不当利得法の構造（有斐閣，1986年）
81) 「『人は，自己の給付の代償のためには契約の相手方にかかってゆくべきであり，・・・給付物あるいは信用が間接に利益を与えた第三者に対して請求しようと望むべきではない。・・・』という『健全な考え方』が働いている（ケメラー）。」（広中・債権各論382）。

になる。したがって「賃借人が……必要費を支出したとき」(608条1項) という文理に即して解釈して、BはAに修理代金を弁済した後に初めてCに対する費用償還請求権を取得すると解している。[82]

(4) まとめ

以上述べたところから明らかなように、転用物訴権は、一般的には不当利得論の領域で不当利得返還請求権の一種として扱われてきたが、類型論の立場では、これを否定する説が有力であり、限定的に肯定する場合でも不当利得法の枠外において認めようとする傾向が顕著であるということができる。

上に述べた例のようにA・B、B・C間が契約の鎖によって連なっており、それが有効である場合においては、不当利得の成否を問題とせず契約関係を前提とした法制度を優先的に適用すべきである。これは必ずしも、不当利得は他の制度が利用できない場合に最後の手段としてしか利用できない制度だからという趣旨ではない。A・C間に直接の契約関係は存在していないが、A・B、B・C間の契約関係は存在するのだから、それらを前提として問題の解決に当たるべきであるという意味である。特別な関係（契約関係）と一般的な関係（不当利得関係）との間における規範構造上の関係から考えても、このように解すべきである。

第3 不法原因給付

① 90条違反と不法原因給付

1 不法原因給付の意義

不法の原因とは、原因行為が公序良俗に反する事項を目的とする場合をいい、法律の規定に反する場合をすべて含むものではない（大判明41・5・9民録14・546）。708条は、不法原因給付、すなわち、社会の倫理、道徳に反する醜悪な行為にかかる給付については、不当利得返還請求を許さない旨を定め、

---

82) これを前提としたうえで、Bが未だAに修理代金を支払っていない状態では、BはCに対して代弁済請求権（650条2項準用）のみを有しているので、AはBに代位してCに右代弁済請求権を行使することができると解すべきであると主張している（鈴木・733）。

同条ただし書の場合を除き，法律上保護されないことを明らかにしたものである（最判平20・6・10民集62・6・1488）。また，給付とは，公の秩序もしくは善良の風俗に反してなされた給付を意味する[83]。その原因行為が単に強行法規に違反しているだけではなく，その社会において要求される倫理，道徳を無視した醜悪なものであることを必要とする[84]。給付が不法原因に基づく以上，不法が受益者にのみ存する場合の他は，当事者が不法であることを知ると否とにかかわらず，その返還を請求し得ない（大判大8・9・15民録25・1633）。〔設例24〕[85]に即して検討してみよう。

2 不法の原因——要件その1

(1) 90条違反説

設例におけるX・Y間の贈与契約の効力は，民法90条違反として無効である。従って，ほんらいは当該贈与契約に権利移転的効力はない。708条の不法とはこのように90条違反の場合を意味する。

(2) その他の学説

①強行法規違反を含むとする説（谷口・不法原因給付の研究〔第3版〕，有斐閣，1970年，190），②90条違反の中の一部に限定する説（ドイツ等の学説）等がある。

(3) カフェー丸玉事件との比較

708条を適用する際に90条違反を前提とするのであれば，いかなる場合が90条違反に該当するかという点についても検討しておかなければならない。〔設例25〕[86]に即して検討しておこう。

判例は，この事件において，債務者Aが任意に履行するのは構わないが，強制することのできない特殊な債務関係が発生すると判示した（大判昭10・4・25新聞3835・5）。この判例は自然債務（90条違反は自然債務的効果を生ずる

---

83) 最判昭27・3・18民集6・3・325
84) 最判昭37・3・8民集16・3・500
85) 〔設例24〕 Xは，妾Yとの不倫な関係を維持する目的で家屋をYに贈与し，未登記のまま引き渡したが，その後，XとYとは不仲となり，XはYを相手として家屋の明け渡しを求めて訴えを提起した。Xは訴訟の途中で同家屋につき保存登記をした。
86) 〔設例25〕 Aは，「カフェー丸玉」の女給Bの関心を買うために将来の独立自活の資金として400円（同時代に発生した宇奈月温泉事件での植林可能な土地が坪28銭の時代）を贈与すると約束した。

という理解になる）を認めたものとして理解すべきではなく（90条違反の行為は完全に無効であるが），本件の場合には，本人の効果意思の存否ないし内容の問題として理解すべきである。つまり，法的効果を生じさせるだけの効果意思は存在しなかったと解すべき事案である。

3 「給付をした」の意義——要件その2

給付は完了していることが必要である。一部の給付の場合に708条の適用を認めると，残存給付についての裁判所の助力の可否が問題になり，これを否定すると極めて不安定な法律状態が発生するからである。

(1) 未登記建物の場合

未登記不動産については引渡が給付に当たる（最大判昭45・10・21民集24・11・1560）。その時点で可能な給付が完了しているからである。

(2) 既登記建物の場合

不動産の引渡だけでは，給付には当たらない（最判昭46・10・28民集25・8・1069）。この場合は，不動産につき移転登記を必要とする（注91）参照）。

4 708条ただし書——要件その3

(1) 一方にのみ不法性がある場合

〔典型判例——芸妓マツヨ事件〕芸妓稼働契約を中途解約した芸妓が指南料，違約金を支払った場合において，芸妓置屋の主人にのみ不法性があるとして，その返還請求を認めた（大判大13・4・1評論3・民414）。

(2) 不法性に大きなアンバランスがある場合[87]

返還請求権者と返還請求を受ける者との間の不当性について比較した場合に，返還請求権者の側の不法性が遥かに小さいときは，不法原因給付の制度

---

[87] 708条ただし書の類推適用の場合　(1) 女性が，男性に妻のあることを知りながら情交関係を結んだとしても，情交の動機が主として男性の詐言を信じたことに原因している場合で，男性側の情交関係を結んだ動機，詐言の内容，程度及びその内容についての女性の認識等諸般の事情を勘酌し，女性側における動機に内在する不法の程度に比し，男性側における違法性が著しく大きいものと評価できるときには，貞操等の侵害を理由とする女性の男性に対する慰籍料請求は，許される（最判昭44・9・26民集23・9・1727）。

(2) 不当訴訟のかつての共謀者との間で，真実の証言に対して対価を支払う旨の約定をしても，右契約は公序良俗に反するものである。それに基づいて弁済金を支払った者は，不当訴訟者に対して不法行為に基づく損害として，その支払を求めることもできない（最判昭45・4・21判時593・32）。

(イ) **ただし書の具体例**　給付者Xの側に微弱の不法性があるにすぎない場合には返還請求を認めるべきである。判例も別の事案において，証券会社の従業員が顧客に法令で禁止されている利回り保証の約束をして株式等の取引を勧誘し一連の取引をさせて損失を被らせた場合において，顧客の不法性に比し，同会社の従業員の不法の程度がきわめて強いものと評価することができるときは，同会社は不法行為に基づく損害賠償責任を免れないというべきであって，このように解しても，本来の趣旨に反するものではない（最判平9・4・24判時1618・48）としている。

(ロ) **実質的判断**　給付者の不法性に対する制裁が過酷にならないよう判断すべきである。判例は密輸に使用することを契約の内容としたわけでなく，単に密輸の資金に使用されるものと告げられながら貸与した事案につき，貸与の経路において多少の不法があってもそれは微弱で，相手の不法に比べて問題にならないから，90条も708条も適用にならないと判示した（最判昭29・8・31民集8・8・1557）。この場合には，両条とも適用されるとした上で，708条ただし書が適用されると解することも可能であった。

5　不法な目的と消費貸借

酌婦としての稼働契約が公序良俗に反し無効である場合には，これに伴って消費貸借名義で交付された金員は不法原因給付であるから，その返還請求は許されない（最判昭30・10・7民集9・11・1616）。また，いわゆるヤミ金融の組織に属する業者が，借主から元利金等の名目で違法に金員を取得し，多大の利益を得る手段として，年利数百％から数千％の著しく高利の貸付けという形をとって借主に金員を交付し，これにより，当該借主が，弁済として交付した金員に相当する損害を被るとともに，右貸付けとしての金員の交付によって利益を得たという事情の下では，当該借主から右組織の統括者に対す

---

88)　〔設例26〕　YはXに対して密輸により大きな利益をあげることができる旨を説き，その結果，Xは双方で15万円ずつを出資することを約束した。しかし，Xは家族の反対もあり約束の解消を申し出たが，Yはもはや準備を進めたと偽ってXから15万円を借り受けた。Yが返済しないのでXが返還を求めた。

る不法行為に基づく損害賠償請求において，同利益を損益相殺ないし損益相殺的な調整の対象として当該借主の損害額から控除することは，本条の趣旨に反するものとして許されない（最判平20・6・10民集62・6・1488）。

② 不法原因給付と物権的請求権

前述の〔設例24〕の場合において，Xの不当利得に基づく返還請求が否定される場合に，Xは建物所有権に基づいて返還請求することができるであろうか。

1 返還の拒絶と所有権の帰属

X・Yのこのような契約は民法90条に違反して無効である。給付をしたXは「あの契約は無効であり，法律上の原因を欠いているから，自分が給付した物を返してくれ」と言えるというのが一般不当利得論の結論であるはずである。さて，この場合に民事法の一般原則としてはXの返還請求に対してYが返さない場合には，Xが訴訟を起こして，その力を借りて給付したものを自分のところに戻させるという段取りになるのであるが，〔設例24〕の場合に，もし，これを許すとしたら，国家権力が90条に違反した無効な契約の後始末について力を貸したということになってしまう。法廷における裁判官は国家権力の代表者であるから，公序良俗違反を犯した汚れた手で自分のした給付の返還を求めている者を救済すべきではない。これが708条の趣旨である（クリーン・ハンドの原則という）。

2 708条の位置付け

(1) 708条の法構造上の特殊性

他の不当利得の規定は債権編の中にあるという基本的な性格を前提にして理解してよいが，708条だけは民法典の構成からいって若干問題がある。この場合にXがYに対して，X・Y間の契約は90条に違反して無効なので不当利得として返してほしいと言ったとしても，708条に規定されているとおり，それは認められない。

(2) 目的物の物権関係

ところが，XはYに給付してある有体物の所有者である。[89] 債権契約が公序良俗違反で無効であれば，無効の効果は物権行為も受けるので，所有権はX

にあるということになる。従って，この場合にXが所有権に基づいて返還請求すると汚れた左手をかくして右手（物権的請求権）の方だけ差しのべて裁判所に訴訟を提起するということになる。つまり，物権的請求権を行使した場合のXの右手の主張としては，自分は所有者であり，Yは権限がないのにそれを占有しているから返して欲しいというだけで足りるため，その限りではXの右手は全然汚れていないので返還請求が認められることになる。そうすると物権的請求権を行使する場合には708条が完全に潜脱されてしまう結果になる。すなわち，708条の位置から考えて，不当利得に基づく返還請求権のみを否定しているものと解することもできるが，それでは708条の意義は半減してしまう。従って，708条の立法趣旨から考えて，所有権に基づく返還請求権も否定されるものと解すべきである（この場合は不法＝90条違反説を前提とする）。

(3) **90条と708条の関係**

このような理解を前提とすると，90条は民法総則編にあり708条は債権編にあるが，西の横綱と東の横綱のようなもので，90条の無効を前提として給付したものはすべて708条で返還請求ができないと解すべきことになる。つまり，東の横綱である民法総則の規定（90条）は物権法についても債権法についても適用されるから，西の横綱である708条も単に不当利得の返還請求だけでなく，物権的請求権を行使する場合についても適用され，AはBに返還請求はできないと考えるべきであるということになる。[90]

3　708条の反射的効果

不当利得に基づく返還請求は否定されるけれども物権的請求権ならば行使できるという考えであれば，結果の良し悪しは別にして，上記のような所有と占有の永久的分離という不幸な事態は発生しないが，それではやはり理論的におかしいことになる。そこで，所有と占有の永久の分離という事態を避

---

89) 民法の物権変動論についてフランス法的な意思主義の立場に立つ場合であれ，独自性を認める立場であれ，現在ではすべての学説が有因説をとっているからである。
90) X・Y間の贈与契約は無効であるから建物の所有権はXのもとに留まっていることになるが，Xはその占有の返還をYに請求することはできない。このような状態を永久的なものとすることは近代的所有権概念を前提とする限り認めることはできないので，この問題を如何にして解決するかが，次の課題である。

けつつ理論的にも妥当な解釈を展開する方法を考えなくてはならない。

ここから先は多様な説に分かれるが，一言で言えば，XのYに対する返還請求が拒否された時点で，708条に基づいた反射的な効果として，それまでXにあった所有権がYに移転してしまうと解する説が有力である。厳密にいうと，拒絶の反射的効果なのか，708条自体のいわば法定反射効果なのか，その点も考え方の分れるところであるが，私は708条に基づく拒絶の反射的効果というように考えてよいと解している。つまり，贈与契約は債権契約であり，無効原因はそれについて生じているが，債権契約と物権契約とは因果関係を有しているから，債権契約の無効は物権契約の無効をもたらすことになると解すべきである。その無効原因が公序良俗違反であるために708条により返還請求が否定されるのであるから，その効果は物権関係にも及び，反射的効果として所有権はYに移転すると解すべきである。

4 具体的検討

以上に述べたところを設例を用いて検討してみよう。前述の〔設例24〕のXからYへの家屋の返還請求の可否について，所有権の帰属に配慮しながら補足しておこう。

(1) 給付の完了

X・Y間の贈与契約は，公序良俗に反し無効であるから（90条），家屋の所有権移転の効果は生じていない。しかし，引渡が済んでいるから，本来であればXはYに対して無効な契約に基づいた給付すなわち家屋の返還を求めることができるはずであるが，民法は，不法な原因に基づいて行った給付の返還を求めることはできないと定めている（708条）から，Xの請求は認められない。この点についての判例は，当該家屋が未登記であれば引渡によって「給付」は済んだものとし，Xは返還請求することはできないと解している（最大判昭45・10・21民集24・11・1560）[91]。

---

[91] ただし，既登記建物については，引渡のみでは不十分であり，移転登記を基準とすべきであるとしている（最判昭46・10・28民集25・8・1069）。未登記建物の場合には，引渡によって給付の主要部分が相手方の支配下に移ったと考えられるが，既登記建物の場合には，不動産取引における登記の重要性に鑑みて引渡だけでは未だ給付の主要部分が完了したとはいえないと解すべきであるから判例の結論は妥当なものといえよう。

(2) 反射的効果としての所有権の移転

すでに物権変動論との関連で簡単に述べたように、債権契約が 90 条により無効になれば、物権契約も無効になる（有因説）。債権契約と物権契約の上記のような関係は、単にそのような有効・無効の因果関係のみならず、708 条により返還請求が否定される結果生じる財産法秩序の混乱（所有と占有の永久の分離）を正すためにも機能し、所有権の X から Y への移転という反射的効果を生じさせると解すべきである。つまり、伝統的学説は、708 条は所有権に基づく返還請求にも適用されるという前提をとったうえで、その反射的効果として所有権の移転を説明しているのである。

5 物権的請求権を問題にしない学説

これに対して、類型論に属する代表的な学説である広中説は、「通説・判例……は所有権に基づく返還請求についても 708 条の適用の可能性を肯定するという仕方で解決を与える。この解決そのものは妥当であるが、しかし、この解決は、給付利得が問題となる処では所有権に基づく返還請求権は問題にならないと解する仕方で導かれるべきであろう」（広中・各論 408）としている。[92]

6 私見

確かに、「契約」当事者である X・Y 間においては、上の 2 つの学説のような説明でよいと思われる。しかし第三者 Z がその目的物に対して侵害を行った場合には、所有者として Z に立ち向うのは、X か Y かという問題が生じる。[93] これに対する解答を用意するためにも、全財産法秩序の観点から、X が Y に対する不当利得の返還請求権を行使しえないことにより（708 条）、その反射的効果として所有権は Y に移転すると解すべきだ、と私は考えている。[94]

---

[92] 好美教授も、前述の不法原因給付に関する最高裁判例の事例を前提としたうえで、「男は贈与契約の無効を理由としてはその逆清算のために機能すべき給付利得返還請求権のみを主張することが許され、そしてそれは 708 条本文で否定される」と説き、続けて「所有権の『反射的帰属』が問題にされるべきではありません」（同「不当利得の新しい動向について」判タ 386・25）とも述べておられる。

[93] 逆に、第三者 Z が上記の建物（土地工作物）によって負傷した場合にも、誰を相手にして損害賠償を請求できるか、という問題も生じる。

[94] なお、この点に関する四宮説については、同教授の『事務管理・不当利得・不法行為・上巻』の 187 頁、または同教授の『請求権競合論』166 頁以下を参照。

③ 返還特約の効力

1 給付の返還

XがYに不法な原因に基づいて給付したものを，YがXに任意に返還した場合には，YもXに対してその返還を求めることはできないと解すべきである(708条)。国家権力が返還に助力すべきでないという意味では普通の不法原因給付と同様だからである。

2 返還特約と708条

では，不法原因給付の返還特約の効力についてはどう解すべきであろうか。不法な目的等をもった契約の締結の際の特約を含めて，これを無条件に認めてしまえば，708条を潜脱することになるから，特約は無条件に認めるべきではない。すなわち，給付前になされた特約は無効と解すべきであるが，目的物給付後になされた特約は，当事者が任意に応じる以上，脱法の恐れはないから，その効力を認めてよいであろう（最判昭28・1・22民集7・1・56)。

3 判例

判例も，YがXからの給付を受領後，Xに対してその返還を約束した場合には，その特約は有効であると解している（最判昭28・1・22前掲)。特約は事後的になされた場合にのみ有効と解すべきである。[95] 双方ともに不法性を有するのであり，法がとくにどちらかに権利を帰属させようとする趣旨はないのであるから，返還特約の有効性を認めてよいからである。

第4 利得返還請求権の制限

ほんらいは不当利得の返還請求権が発生すべき場合について，民法は，狭義の非債弁済（705条)，期限前の弁済（706条)，他人の債務の弁済（707条）について規定している。

---

[95] 返還のための代物弁済も給付後になされるものであるから認めてよい（最判昭28・5・8民集7・5・561)。これを認めても，708条の潜脱にはならないし，もともと同条は受益者を積極的に保護することを目的としたものではないからである。

1 狭義の非債弁済

債務の弁済をなした者が，その当時債務の存在しないことを知っていた場合には，その給付したものの返還を請求することができない（705条）。これは狭義の非債弁済と呼ばれている。

1 狭義の非債弁済（705条）の要件

(1) 債務が存在しないこと

これは前提となる要件である。

(イ) 最初からその債務が存在しない場合と，いったん有効に成立した債務が弁済等によって消滅した場合とを含む。[96]

(ロ) 停止条件付き債務につき弁済がなされた場合において，後に条件が成就してその効力が遡及するときは，非債弁済とはならない。条件成就の効力が遡及しない場合には，706条を適用すべきである（**2**参照）。条件が不成就になるときは，非債弁済となり，705条が適用される。

(ハ) 解除条件が付されていた場合には，債務は存在しているものとして処理すべきである。条件が成就したときは，705条を類推適用して処理すべきである。

(2) 弁済として給付すること

特定債務との関連と弁済の任意性が重要である。

(イ) 弁済の際の客観的事情から，特定の債務についての弁済であることが明らかにされうる場合でなければならない。

(ロ) 債務の不存在を知りながらあえて弁済をする者には返還請求を認めないという立法趣旨に鑑みて，任意な弁済に限られる。従って，強制執行の場合、を含まない。[97] 任意であれば，代物弁済でもよい。

(3) 債務の不存在を知らないこと

弁済者が不知であれば，それについて過失があっても705条は適用されないから，返還請求は可能である（大判昭16・4・19新聞4707・11）。

---

96) 法律行為が無効または取り消された場合をも含む。大判明43・9・26民録16・568は，権利株の売買が無効（商法旧149条）であることを知らずに支払った事例である。
97) 大判大6・12・11民録23・2075〔強制執行を免れるためにまたはその他の事由によりやむを得ず給付をした場合には705条の適用はない。〕

なお，利息制限法所定の制限を超える利息・損害金を任意に支払った場合において，判例は，制限超過部分の元本充当により計算上元本が完済となったときは，債務者はその後に債務の不存在を知らないで支払った金額につき返還を請求することができるとしている（最大判昭43・11・13民集22・12・2526）[98]。

2 立証責任

(1) 請求者側

3つの要件のうち，①その債務の不存在，②特定の債務を弁済したこと，については，不当利得の一般的成立要件であるから，請求する者が立証すべきである。

(2) 被請求者側

債務の不存在を知っていたことは，返還を請求された者が立証すべきである。

3 705条の適用範囲

債務者が第三者として弁済する場合も本条を適用してよい[99]。

② 期限前の弁済

1 意義

期限前であっても債務は存在しているから，厳密には非債弁済ではない。従って，基本的には不当利得としての返還請求を認める必要はない（706条本文）。期限前の弁済について返還請求が否定された場合には，弁済が有効になったと考えられるが，多数当事者の債権関係が前提となるときは，他の債務者への求償権の期限前の行使の可否が問題となる。判例は期限前の弁済について連帯保証人が主たる債務者の同意をえた場合に限って期限前の求償を認めている（大判大3・6・15民録20・476）。しかし，同意を得なくても求償権の期限前の行使を認め，一定の不利益（443条，463条）を受けるに留めるべきであるとする見解が有力である。

---

[98] ただし，貸金業者については，貸金業の規制等に関する法律43条（旧法）参照。
[99] 第三者弁済（474条）の有効要件を充足する場合には，弁済として有効なのであるから705条の適用の余地はない。ただし，弁済者が，第三者の意思に反することを知りながらあえて弁済する場合には，本来705条の適用範囲にはないが，類推適用すべきであるとされている（我妻V41127頁）。

2 中間利益

債務者が錯誤によって弁済し，かつ債権者がそれによって利得を得ている場合には，債務者にその利得を返還しなければならない（706条ただし書）。期限前の弁済が期限の利益の放棄を含む趣旨である場合には，中間利益の返還を認めるべきではない。[100]

③ 他人の債務の弁済

債務者でない者が錯誤によって他人の債務の弁済をした場合において，債権者が善意で証書を滅失させもしくは損傷し，担保を放棄しまたは時効によってその債権を失ったときは，弁済者は返還を請求することができない（707条1項）。

1 他人の債務の弁済の要件

(1) 誤信による弁済

他人の債務を自分の債務と誤信することが必要である。この場合には，弁済は，本来，無効である。その結果，不当利得の返還請求が可能であるが，債権者も同様に錯誤する場合があるので，以下のような配慮が必要となる。

(2) 証書の滅失もしくは損傷

証書とは債権の存在を証明する書面を意味する。滅失もしくは損傷とは，債権者が自由に立証方法に供することができなくなる状態を意味する。[101]

(3) 担保の放棄

全部弁済の場合等にありうるであろう。

(4) 時効による債権の喪失

これは，身元保証人でない者が身元保証人であると誤信して損害を賠償した事例において，使用者の被保証人に対する損害賠償請求権が時効により消

---

100) 大判昭13・7・1民集17・1339〔判決確定後に弁済猶予の特約が成立したにもかかわらず，その判決に基づいて転付命令を得たとしても，中間利息に相当する利益は別として，不当利得は成立しない。〕
101) 最判昭53・11・2判時913・87〔証書の毀滅（滅失もしくは損傷——注）とは，証書を必要に応じて自由に立証方法に供えなくなることであり，債権者において証書を弁済者に返還してその支配を失う場合を含むが，手形と引き換えに弁済した者が不当利得として右手形金の返還を求めるにあたり，右手形を返還すべく提供しているときは，特段の事情の立証がない限り，証書の毀滅にあたらない。〕

2 他人の債務の弁済の効果

(イ) **利得の最終的保有**　弁済受領者は707条1項により利得（弁済）を終局的に保有することが認められる。

(ロ) **償還請求**　弁済者が返還請求できなくなった場合に，債務者はそれによって利益を受けるから，弁済者は債務者に対して償還請求ができる（707条2項）。

3 707条の適用範囲

弁済者が自分を債務者と誤信した場合以外には，本条を適用すべきではない[102]。弁済者が心神喪失者（事理弁識能力を欠く者）（7条）であるときは，「錯誤」の要件を欠くから，本条の適用はない（大判昭11・11・21新聞4080・10）。

〈本章の参考文献〉
〈第1節の参考文献〉
石田喜久夫「非債弁済と自然債務」前掲谷口還暦（3）209頁
遠藤浩「無能力者保護と不当利得」前掲谷口還暦（3）109頁
白羽祐三「留置権，同時履行の抗弁権と不当利得」前掲谷口還暦（1）97頁
高梨公之「社会的債務」前掲谷口還暦（1）高梨公之31頁
田村精一「不当利得の準拠法の適用範囲について」前掲谷口還暦（3）337頁
土田哲也「不当利得の判例総合解説」判例総合解説シリーズ5643（信山社，2003年）
浜上則雄「不当利得返還請求権の『補助性』」不当利得・事務管理の研究・谷口還暦記念論文集（昭和45年〜47年）（3）1頁
山田錬一「不当利得の準拠法の決定」前掲谷口還暦（3）313頁

---

[102] 大判昭17・11・20新聞4815・17　なお，供託官が供託金取戻請求権についてされた無効な転付命令を有効なものと誤信して同転付命令の取得者に供託元利金の払渡をした場合には，同転付命令の取得者が同転付命令の執行債権につき証書の毀滅，担保の放棄等の事情を生じさせたとしても，当該払渡に係る供託元利金の不当利得返還請求権につき，本条1項を類推適用すべきではないとしている（最判昭62・4・16判時1242・43）。
　この場合に，執行債権は，供託官の払渡によってではなく，転付命令によって消滅している。

〈第2節の参考文献〉
加藤雅信「不当利得の要件としての『法律上ノ原因』」ジュリ民法の争点Ⅱ，140頁
倉田彪士「不当利得の要件としての受益と損失」前掲谷口還暦（1）1頁
関口晃「不当利得における因果関係」前掲谷口還暦（3）25頁
中馬義直「盗品，遺失物等の売買に伴う不当利得の返還―『現存利得』の概念に関連して」前掲谷口還暦（1）16頁
德本鎮「非債弁済と不当利得の成否」前掲谷口還暦（3）195頁
福地俊雄「法人の不当利得と悪意」前掲谷口還暦（3）123頁
松坂佐一「不当利得における因果関係」総合判例研究叢書（13）（有斐閣，昭和34年）1頁
松坂佐一「法律上の原因なきこと」総合判例研究叢書（13）前掲49頁
松本保三「担保権実行と不当利得」前掲谷口還暦（1）128頁
山田幸二「不当利得における因果関係の直接性」ジュリ民法の争点Ⅱ，144頁

〈第3節の参考文献〉
明山和夫「婚外関係における不当利得」前掲谷口還暦（2）163頁
上野雅和「過去の婚姻費用と不当利得」前掲谷口還暦（1）145頁
右近健男「事実上の契約関係と不当利得」前掲谷口還暦（2）109頁
江南義之「契約無効・取消と物の返還請求？　善意占有者の果実収取権（fructus percepitio）について」ジュリ民法の争点Ⅱ，148頁
小野昌廷「特許登録前の発明侵害行為と不当利得」前掲谷口還暦（1）228頁
鍛冶良堅「相続人の寄与分」前掲谷口還暦（1）206頁
下森定「債権者取消権と不当利得」前掲谷口還暦（3）171頁
高島平蔵「失踪宣言の取消と不当利得」前掲谷口還暦（2）55頁
高橋忠次郎「離婚による財産分与と不当利得」前掲谷口還暦（1）165頁
椿寿夫「予約担保における清算請求権と不当利得」前掲谷口還暦（3）143頁
中井美雄「不法行為による利得と不当利得」前掲谷口還暦（2）145頁
中島一郎「建物（造作）買取請求後の土地・建物の占有利用」前掲谷口還暦（1）114頁
藤原正則『不当利得法と担保物権法の交錯』成文堂，1997年

〈第4節の参考文献〉
上田徹一郎「騙取判決の既判力と不当利得」265頁
甲斐道太郎「代償請求権と不当利得」前掲谷口還暦（3）159頁

小室直人「不当利得請求権の主張・立証責任」前掲谷口還暦（2）177頁
田中整爾「善意占有者の返還義務と不当利得」前掲谷口還暦（2）91頁
船越隆司「不当利得返還請求訴訟の訴訟物—訴訟物序論」前掲谷口還暦（2）199頁
馬瀬文夫「特許の無断実用化と不当利得」前掲谷口還暦（1）245頁
山木戸克己「任意競売と配当手続 — 任意競売における配当と不当利得 —」前掲谷口還暦（3）285頁
山下末人「契約解除における原状回復義務と不当利得」前掲谷口還暦（2）125頁

〈第5節の参考文献〉

石外克喜「民法七〇八条と民法七〇五条」前掲谷口還暦（2）41頁
川井健「執行免脱のための仮装売買と七〇八条—虚偽表示の「無効」の一考察を兼ねて」前掲谷口還暦（1）291頁
瀧久範「三角関係型不当利得における事実上の受領者の保護（一）—（三・完）」法学論叢163巻4号，165巻4号，166巻1号
田中実「民法七〇八条における不法原因 — 近時の判例を中心に」前掲谷口還暦（2）19頁
土田哲也「転用物訴権」ジュリ民法の争点Ⅱ，156頁
松坂佐一「不法原因給付」総合判例研究叢書（13）前掲，95頁
三島宗彦「七〇八条適用の要件」前掲谷口還暦（2）1頁
水本浩「不法原因給付と所有権の帰属」前掲谷口還暦（3）225頁
森泉章「利息制限法違反利息と不法原因給付」前掲谷口還暦（1）314頁

第4部　不法行為法

第1章　不法行為の基礎理論

第1節　不法行為の意義——法構造

① 序説
1　社会生活と不法行為

　私達は社会生活抜きには生きていけないから，様々な形で他人との関係をもつことになるが，その場合には，契約ないし契約的合意を媒介とする場合が圧倒的に多い。すでに，契約法においては，正当な理由なしに契約に違反すると相手方から損害賠償を請求されることになる，と説いてきた。その当事者間に損害賠償請求権を発生させうる法規範が契約によって設定されているからである。しかし，契約関係にない他人の物を誤って壊してしまう場合もあるし，自分のミスで交通事故を起こして他人を負傷させてしまう場合もありうる。このような場合にも，責任のある人が被害者にその損害を賠償すべきであることは，当然であろう。ところが，事故が起きた場合でも，はたしてどちらが被害者であるのか分からない場合もあるし，明らかに双方に責任がある場合もある。また，現に生じている被害のうちどの範囲までが賠償の対象とされるべきかについても明確であるとは限らない。このように契約に媒介されない市民相互の間において損害が発生した場合に，どのような要

---

1) **不法行為責任と債務不履行責任の競合**　契約関係に立っている者の間において，契約違反以外の原因により損害を生じさせた場合には，債務不履行の成立の可能性とは別に，不法行為責任も発生する。この場合の「原因」が事実としては債務不履行を構成していてもよい。従って，取引行為的不法行為の場合には，不法行為の要件と債務不履行の要件とを同時に充足することがしばしば生じる。

件に基づいて損害賠償等の請求を認めるべきであるか，について一定の規範を定めているのが不法行為法の諸規定なのである（特に，本章第4節参照）。

2 不法行為法の複雑さ

(1) 社会の複雑さと理論への反映

現代日本社会は，資本主義国として高度に発展した段階にあるが，それに伴って社会の仕組み自体が極めて複雑になってきている。そのため様々な場面で生じる不法行為も複雑化し，それに対応するために理論面でも制度面でも研究は急速な発展を遂げた。とりわけ，理論面における研究の発展には凄まじいものがあり，それは多くの理論的対立を生み出し，その結果，混沌（カオス）とも言うべき状態にある。この点は特に，過失の理論的位置づけや共同不法行為の基礎理論等において顕著である。これは一面では好ましいことであるが，初歩から不法行為法を勉強しようとする者にとっては，好ましい状況ではない。だからこそ，基本理論をしっかりと理解することが重要であると言えよう。本書があえてオーソドックスな体系に従って叙述しているのも，そうした点に対する配慮からである。

(2) 事実的不法行為と取引的不法行為

不法行為に関する一般規定は709条であるが，そこでは，交通事故のような事実的不法行為と，取引において相手方に損害を与えた場合のような取引的不法行為とを区別していない。このことは，同条に基づいて損害賠償の請求をする場合だけでなく（損害の範囲について，416条を類推適用するとすれば，特別事情の認識可能性など），715条の解釈（「事業の執行について」に関する外形標準説等）においても，新たな問題点を提起している（179頁，247頁以下）。

② 近代社会の発展と不法行為責任

近代社会においては，各市民は社会の構成単位として，その市民生活や生産活動において独立の地位が認められているが，その反面において，すべての活動は一人ひとりの市民の責任においてなされる。市民は，具体的には，資本家であり，労働者であり，消費者である。従って，各市民の活動の自由は，生産活動に従事する資本家としての行動においても，労働者としての行動においても，さらには消費者としての行動においても保障されており，自

己の過失に基づかない限り，原則として民法上の損害賠償責任を負うことはない（過失責任主義）。この原則は，自然人のみならず，法人においても妥当する。資本主義の興隆期においては，株式会社等の発展にとって，この原則の果たした役割[2]は大きかった（大判大5・12・22民録22・2474——大阪アルカリ事件参照）。

③ 刑事責任・行政責任との比較

近代資本主義社会は，商品交換が全面的に展開する社会である。従って，各市民の生活関係は本質的に商品交換（等価交換）の論理によって規定されている。それは，各市民間において商品交換がなされる場合に限らず，全ての生活関係において妥当する。市民Aが契約関係を媒介として他の市民Bに損害を与えた場合には，Aの故意または過失を前提として，AはBに対してその損害を賠償しなければならない（債務不履行責任——415条）。

AがBの所有物を過失により壊してしまった場合のように，契約関係によって媒介されていない場合にも，Aは故意または過失を前提として，Bに対して損害を賠償しなければならない（不法行為責任——709条）。

上の両者をあわせて民事責任と呼ぶこともあるが，刑事責任との比較において民事責任を問題にするときは，不法行為責任を指すことが多い。民事責任は，被害者のもとにおいて生じた損害を加害者をして塡補（原状回復または金銭による塡補）させ，両者の間の公平を図ろうとするものであり，被害者に対する加害者の個人的責任を問うものである。これに対して，刑事責任は，加害者に対する応報であるとともに，加害者の社会に対する責任をも問うものである[3]。

---

2) **企業活動と不法行為**　企業の営業活動の自由も，他の市民の権利ないし利益を侵害してよいわけではないが，一定の分野での企業の育成が国家的な政策として展開されていた時代においては，その活動の結果としての被害に対しては法的保護は不十分になりがちであった。このことは，当時全国各地で発生していた鉱毒事件に象徴的に現れている。大阪アルカリ事件はこのような問題を民事の損害賠償の問題として考えるための恰好な素材である（第2節も参照）。

3) **損害の発生と責任**　民事責任においては，被害者に損害が発生しなければ，不法行為責任は成立しないが，刑事責任では未遂も処罰されることがあるから，この場合には被害者に実害がない場合にも責任が問われることになる。このような差は両者の制度趣旨の違いから来るものである。

さらに、不法行為責任を生じさせる事実から、民事・刑事の責任以外に、行政上の責任が生じることもある。交通事故の場合に、損害賠償や業務上過失傷害罪などの責任の他に、運転免許の停止・取消等の行政処分がなされる場合がこれに当たる。

④ 不法行為と制裁的機能

民事責任と刑事責任の分化は、前者が損害の塡補を中心として機能し、後者は主として制裁を担うという役割分担をもたらす。これは以下のような理由によって説明されている。①2つの責任の制裁性の強弱は加害者側の事由により決定されるが、損害賠償はほんらい被害者側の損害を塡補することが目的である。制裁性（懲罰性）を強調すると、被害者の損害以上の賠償（特に高額な慰謝料）を認めることになる。②代位責任を前提とする損害賠償義務（715条等）の場合には、慰謝料は行為者本人のみが負担するのが理論的には正しいことになり、妥当ではない。③債務不履行についても慰謝料を認めうることを考えると、制裁性を強調するのは適当ではない（一般に債務不履行の違法性は弱いとされている）。④法人の不法行為責任の場合に、制裁をどのような意味において考えるべきかという問題も生じる。⑤ただし、加害者の過失と制裁額とを対応させることは困難である。[4]

⑤ 不法行為責任の法構造上のタイプ——立法主義の違い

不法行為責任の法構造を比較法的にみると、個別的な不法行為（殴打、詐欺、横領、生活妨害等）についてそれぞれの構成要件と効果が定まっており、それらの規範の集合が不法行為法を成している場合（個別的構成要件主義）と、不法行為の要件と効果に関する一般的な法規範を設定している場合（一般的構成要件主義）とがある。日本民法の709条は、後者のタイプに属する。[5]

---

[4] 注釈民法(19)（有斐閣、1965年）4頁〔加藤一郎〕／植林弘・慰謝料算定論（有斐閣、1962年）131頁以下参照。

[5] **不法行為の成立要件と権利侵害** 709条の「権利」を厳密に理解すれば、「○○権」として市民権を得ている権利でなければ、「権利侵害」として法的保護を受けられないことになり、その結果、同条は一般的構成要件主義に属するとは言えないと解された時代もあった。しかし、後に述べるように（第3節）、早くから「権利侵害」は違法性と置き換えて理解されてきた。また、2004年には、709条が改正された。

個別的構成要件主義のもとでは，個別の構成要件に該当しない限り，不法行為責任を負わないという点では，法的安定性に寄与するが，その反面，社会生活の新しい要請に充分に対応できないという欠点を有している。一般的構成要件主義のもとでは，不法行為の成立範囲を限定するために立法や解釈において適切な基準を設定することが必要となる。特に一般的構成要件を定めた規定の解釈においては類型的考察が必要である。

第2節　過失責任主義

1　歴史的意義
1　責任の基礎
　近代法においては，加害者は，その主観（故意または過失）に存する倫理的な非難性の故に，損害賠償責任を負うべきものとされている。従って，故意の場合に責任を負うのは当然であって，最小限度過失があれば民事責任を負うべきであるという意味において，このような責任の捉え方を一般に過失責任主義と呼んでいる。

　歴史的には，他人に損害を与えた者は，その原因または結果に基づいて常に責任を負うという考え方が採られていた（原因主義または結果主義）。しかし，経済の領域において個人の自由が徐々に確立するようになると，個人の活動の自由が真に保障されるためには，自己の故意または過失に基づかない行為については責任を負わないという原則（過失責任主義）が要求されるようになった。近代資本主義社会の確立期においては，商品の生産と流通の過程における自由競争（これを直接的に保障するのは契約自由の原則）を間接的ないしは側面から保障するために，「過失なければ責任なし」の原則が，きわめて重要な機能を営むこととなった。[6]

2　過失責任主義
　これのメリットは，具体的にいえば，第1に，各市民はその活動にあたって不測の賠償責任を回避することができるという点にある。自分に過失がなければ，ある損害について予測もつかないような損害賠償責任を追及されることはないという意味で，自己の企業活動においても，利益と損失について計算が可能となるからである。第2に，損害賠償の請求を受けたくなければ，自己の活動にあたって充分に注意を払って，注意義務違反が生じないようにすればよいという意味で一般的に注意義務を喚起することになり，警告的機

　6）　この点につき，民法修正案理由書は次のように述べている。「原因主義ガ厳ニ失シテ各人活動ノ妨害ヲ為シ実際ノ生活ニ適セサルコトハ多数ノ立法例ニ於テ確認スル所」と。（広中俊雄編著・民法修正案〔前3編〕の理由書670頁）。

能も営むと言われている。

2 無過失責任の意義と発展
1 無過失責任の意義と基本思想
(1) 資本主義の発展と過失責任主義

近代資本主義の発達が，法的には過失責任主義によるバックアップを必要としてきたことは，各国の歴史において立証済のことであるが，同時に過失責任主義によっては救済しきれない損害（被害者）をも生み出してきたことも事実である。科学の発展，従って生産手段の発展が，その時々の発展段階においては予想もできなかったような損害を引き起こしたり，ある程度の危険を承知のうえで利用せざるをえない生産施設や大型機械などの不可避的な利用も生じてきている。また，科学の発展により，機械や科学物質のメカニズム等が複雑化・高度化し，加害者の過失の立証自体が困難な場合が多くなってきた。

(2) 修正原理としての無過失責任主義

このように，伝統的な意味での過失が存在しない場合やそれが存在しても立証が極めて困難であるというような場合について，それでも加害者に損害賠償責任を課するのが望ましいと思われる場合については，民法および特別法において例外として過失の存否を問うことなく損害賠償責任が認められるに至っている（無過失責任）。わが国で初めて無過失責任を認めた特別法は，昭和14 (1939) 年制定の旧鉱業法であり，それは基本的に現行の鉱業法（昭和25年制定）に承継されている（109条）。同条によれば，鉱物の掘採のための土地の掘削，坑水もしくは廃水の放流，捨て石もしくは鉱滓の堆積または鉱煙の排出によって，他人に損害を与えたときは損害発生時の鉱業権者が責任を負い，その時点で鉱業権が消滅しているときは消滅時の鉱業権者が，賠償責任を負うものとされている。

しかし，無過失責任を如何なる理論的根拠に基づいて認めるかについては，次に述べるように，いくつかの考え方がある。

(3) 原因責任説

損害はその原因を作りだした者が責任を負うべきであるとしている。これ

に対しては，原因について帰責事由がないのに何故責任を負うのか，また，原因とは何か，について充分な説明がなされていないとの批判がある。例えば，土地工作物責任（717条）についても，原子力損害賠償法（昭和36年制定，原発事故後には平成24年と平成26年に改正）についても，原因者にほとんど無過失責任を負わせていると考えられるが，その理由を検討していくと，双方とも危険（後述(5)）に行き着くことになるのである。

(4) 公平説

公平を基準として当事者の損害の負担を決定すべきであるとしている。これに対しては，確かに帰責事由がない者に損害賠償を負担させることが公平に適するという場合は存在しうるが，実は，公平かどうかの基準が問われているときに，公平という基準を持ち出したにすぎないとの批判がある。従って，この説に立つとしても，実際の解決にあたっては公平の内容が明らかにされるべきであると言われている。

もっとも，この批判は無過失責任を生ずる不法行為一般に関するものであるから，特定の無過失責任については，具体的基準が呈示されることによって公平の内容が明らかになっている場合もある。例えば，独占禁止法（昭和22年制定，平成12年に改正）によると，「私的独占若しくは不当な取引制限をし，又は不公正な取引方法を用いた事業者」（旧規定）は，被害者に対してその損害を賠償しなければならない（同法25条1項）とされており，その際，故意または過失がなかったことを証明しても免責されない（同条2項）から，一種の無過失責任である。これは危険を理由として説明すべきではないし，また報償責任よりも，公平説による説明が自然である。[7]

(5) 危険責任説

危険な施設や物を管理する者は，その危険物から生じた損害について責任を負うべきである。危険な物を設置し管理する者は，その物から生じる危険については帰責事由がなくても損害賠償責任を負うことが社会に対する責任

---

[7] この規定は，公益保護の立場から同法の違反状態を是正することを主眼とするものであるから，独占禁止法25条1項に定める違反行為によって損害を被った者は，その行為が民法上の不法行為に該当する限り，同法の規定に基づき損害賠償の請求をすることができる（最判平元・12・8民集43・11・1259）。

である。その危険が特定の個人のもとにおいて具体化したときは、その者に対して損害賠償の責任を負うべきである。土地工作物責任（717条）は、この思想の現れである。しかし、この原理だけでは、危険と無関係な独禁法上の責任（前述）については、説明がつかないであろう。

(6) 報償責任ないし利益責任

利益を受ける者は危険をも負担すべきである。すなわち、利益を生み出す経済活動において他人に損害を与えた場合には、その利益の中から賠償をさせるべきである、としている。そうすることが、結局は公平に適すると解すれば、(4)の公平説につながるし、危険を伴いつつ利益をあげるのであれば、(5)の危険責任説にもつながることになる。使用者責任（715条）は、この思想の現れである。

大気汚染防止法（昭和43年制定、最新の改正は平成26年）や水質汚濁防止法（昭和45年制定、最新の改正は平成26年）等は、工場や事業所における事業活動に伴う一定の健康被害物質の排出等により、人の生命または身体を害した場合の責任を定めており、無過失であっても責任を負う。一般に事業は営利活動としてなされると考えれば、これは報償責任主義に基づく責任であると考えられる。

(7) まとめ

公平の原理は、民法の解釈全体を支配する原理であるから、無過失責任についてもこれが前提とされることは、当然である。従って、無過失責任の根拠の説明としては、それを大前提とした上で、さらに具体的な根拠を挙げるべきである。その意味では、挙証責任の転換の場合を含む具体的な無過失的責任（例えば、使用者責任、土地工作物の占有者・所有者の責任等）について、それぞれの根拠を検討すべきである（各制度に関する説明参照）。

---

8) **過失責任と無過失責任の競合**　これに関連して理論的には「請求権競合」の問題がある。この点についての一般的説明は、「不法行為と債務不履行」の関連において行う。過失責任規定と無過失責任規定との適用上の関連については、両者の要件が充足されている場合には、実際上は立証上の有利さ等のために圧倒的に後者が利用されることになると思われるが、被害者があえて加害者の過失責任を明らかにしたいと考える場合には、過失責任規範の適用が可能であると解すべきである。その意味では、不法行為における過失責任と無過失責任の競合の問題は、一般の請求権競合の場合とは異なる要素を含んでいる。

2 過失責任と無過失責任の体系的関連

無過失責任が成立するということは，そのような事例においては過失責任に基づく規範が機能しないということではなく，加害者に過失がなくても損害賠償責任を負うという無過失責任原理が機能していることを意味しているのである。従って，1つの事実に対して2つの規範が同時に機能していると解してよい[8]。

第3節　権利侵害論

① 権利侵害の意味
1　709条の立法趣旨

　不法行為の一般原則を定めた709条は，前述のように，その成立要件として故意または過失（主観的要件）と共に権利の侵害（客観的要件）を掲げている。民法修正案理由書はその理由を次のように述べている。「不法行為ニ関スル規定ハ，之ニ依リテ，既ニ存在セル他人ノ権利ヲ保護スルモノナレハ，或事業上他人ト競争シテ此者ニ損失ヲ被ラシメタル場合ノ如キ，未タ権利ヲ侵害シタルニ非サレハ，賠償ノ責任ヲ生スルコトナシ」（広中編著・前掲書670頁）と。

　この考え方に従って709条を理解するならば，同条は資本主義的自由競争を側面から支援するものであることが明確にうかがえる。互いに同種の物を制作中においては自由に競争すべきであり，その途中において他人の努力が水泡に帰するようなことがあっても，それによって生じた損害を賠償する必要はないということになる。このような規定が資本主義の発展にとって基本的に重要な役割を果たした点については，すでに述べた通りであるが，ここでいう権利を，既に確立し○○権と呼ばれているものに限定するということになると，不法行為の成立する場合があまりにも限定されてしまうことになる。

2　権利侵害論の発端

　この点に関して2004年改正前の709条の文言を前提として，問題提起をすることになったのが，桃中軒雲右衛門事件（大判大3・7・4刑録20・1360）であった。[9]この事件においては，次の点が主として問題になった。

　浪曲師に著作権が認められるか。本判決によれば，著作権が成立するためには「先人未発ノ新ナル旋律ヲ包含スル」とともに「其創意ニ係ル新旋律カ一種ノ定型ヲ成ス」ことが必要である。浪曲は，演奏の都度，客の興味を繋

---

9)　**雲右衛門事件**　　当時有名な浪曲師であった雲右衛門が，古人の事蹟を叙した文句に，創意にかかる音階と曲節を配して演述した浪曲を，Aがレコード（蠟盤）に吹き込んだ。これを，Bが勝手に複製して販売したので，Aは著作権の侵害を理由にして損害賠償を請求した（原告敗訴）（大判大3・7・4刑録20・1360）。

ぐため，多少音階曲節に変化を与え，臨機応変に瞬間創作をもなすのを常とし，その旋律は常に必ずしも一定するものではないから，著作権は成立しない。従って，著作権侵害による不法行為は成立しない。

○○権が存在しなければ，不法行為は成立しないのか。上の判決では，浪曲に著作権が成立しない以上，他人の蝋盤を写し取って製造販売しても，その行為は正義に反する行為ではあるが，不法行為を構成する行為ではないと判示したため，不法行為の要件としての「権利侵害」の内容が問われることとなった。

② 権利侵害から違法性へ

不法行為の要件としての「権利の侵害」を上のように厳格に理解する判例の態度には，学説は批判的であった。すなわち，権利を他人に対して行使して，その内容を実現するのであれば，権利の内容は明確なものでなければならないが，不法行為の場合には，他人により不当な侵害を受けた場合に，それによって生じた損害の賠償を請求するに過ぎないのであるから，必ずしも法的に権利としてオーソライズされている必要はないと解すべきである（権利概念を緩やかに解する方向）と主張された。これに応じて，その後，大審院も，大学湯事件の判決[10]において，権利概念を厳格に解する態度を放棄した。

この事件においては，不法行為の成立要件として必要なのは「権利侵害」か「違法性」か，ということが主要な問題点となった。上記判決の要旨は，理論的に整理すれば，不法行為の成立要件としては，○○権の侵害は必要ではなく，法的保護に値する利益に対する違法な侵害があればよい，とするものであった。この判決は，権利概念の拡大によってではなく，違法性の概念の導入によって被害者を救済したという点に極めて重要な理論的発展を含んでいた。[11]

---

10) **大学湯事件** 甲は，その先代の時代から乙所有の湯屋業建物を賃借するとともに，大学湯という老舗を買受けて，京都大学前において湯屋を営んでいた。甲・乙間の賃貸借の解除後に乙は丙に同建物・造作を賃貸し，丙は勝手に大学湯という名称で湯屋業を営んだので，甲は乙と丙に対して損害賠償を請求した（大判大 14・11・28 民集 4・670）。

11) このような違法性の理論の樹立にもっとも功績があったのは，末川 博・権利侵害論（弘文堂書房，1930 年，日本評論社，1944 年）所収の論文であった。

その後，違法性の判断基準に関する通説的見解は，違法性の有無の問題は「被侵害利益の種類と侵害行為の態様との相関関係」において考察すべきである，と主張した（我妻前掲書 123 頁）。被侵害利益の種類とは，通常は権利の種類・性質のことであり，物権，債権，無体財産権等による区別である[12]。しかし，この場合の侵害行為の態様には，加害者の害意，禁止法規の知・不知，防止措置等が重要であり，従来，漫然と故意・過失の要素として考察してきたものが含まれていた[13]。

③ 合法的行為による不法行為

ある企業が工場を建てて操業を開始した場合において，そこからの煤煙，排水，廃棄物等によって他人に損害を与えたときは，たとえその企業が営業に関して必要な許可等を取得していても，被害者に対しては，不法行為が成立しうる。この企業は行政的取締りとの関係では適法な営業を営んでいたが，被害者に対しては違法な侵害行為をなしうるのである。

もう 1 つ，自動車の運転をしていて通行人にケガをさせた者の例を挙げておこう。その事故の発生について過失がある限り，運転免許を有していたか，無免許運転であったかという事実は，道路交通法違反や刑事責任（業務上過失傷害等）との関係では重要であるが，不法行為の成立要件に関する限り重要ではない。

企業の営業行為としてなされる場合には，加害行為が権利濫用との関連で問題となることがある。信玄公旗掛松事件（大判大 8・3・3 民録 25・356）はまさにそのような事例であった[14]。大審院は，汽車の運転（鉄道の営業）に際し，権利行使の適当な範囲を超越した方法で害を及ぼして松樹を枯死させたとき

---

[12] 被侵害利益が物権である場合には，これは絶対権であるから，原則として不法行為が成立するが，債権であれば，債務者以外の第三者による債権侵害の成立は，帰属を侵害する場合以外は慎重に検討されなければならない（詳しくは，後述 155 頁以下）。
[13] このような理論的発展段階においても，なお違法性と故意・過失は不法行為の独立の成立要件として位置づけなければならないのであろうか。判例においても，過失は意思の態様（心理状態）ではなく，結果回避のための客観的義務違反であると解されるようになり，ますます違法性と過失の要件論上の区別が困難になってきた。この点を捉えて，違法性概念はわが国においては役割を終えたとの評価（平井 21 頁以下）も現れている（過失概念の客観化については，本書 134 頁以下）。

は，不法な権利侵害となるから，侵害者は賠償責任を免れない，とした。

　この判決の主要な意義は，2点あると言われている。第1は，権利絶対の思想の対抗原理として権利濫用理論により権利行使の制限が認められたことである。第2は，正当な権利の行使は，伝統的には，単純に違法性阻却事由と解されていたが，権利の濫用をも含めて，違法性判断の1基準とされるようになった。この点は，不法行為の成立要件につき，「権利侵害から違法性へ」の転換がなされたことと密接な関連を有していると言われている。つまり，「違法性理論」においては，違法性阻却事由としての権利行使も違法性判断の諸基準（権利侵害，法規違反，公序良俗違反等）の1つとして機能するに過ぎないと解せられるようになったからである。

　なお，退職後の競業避止義務に関する特約等の定めなく会社を退職した従業員の競業行為が，社会通念上自由競争の範囲を逸脱した違法なものとはいえず，不法行為に当たらないとされた事例（最判平22・3・25民集64・2・562）がある。

④　法律上保護される利益

　良好な景観に近接する地域内に居住し，その恵沢を日常的に享受している者は，良好な景観が有する客観的な価値の侵害に対して密接な利害関係を有し，その良好な景観の恵沢を享受する利益（景観利益）は，法律上保護に値する。─国立の高層マンション訴訟上告審─（最判平18・3・30民集60・3・948）

　放送事業者または制作業者から素材収集のための取材を受けた取材対象者が，取材担当者の言動等によって，当該取材で得られた素材が一定の内容，方法等により放送に使用されると期待し，あるいは信頼したとしても，その期待や信頼は，原則として法的保護の対象とはならないが，取材対象者が取材に応じることによりその者に格段の負担が生ずる場合において，取材担当者がそのことを認識した上で，取材対象者に必ず一定の内容，方法により番

14）　**信玄公旗掛松事件**　　戦国時代の武将武田信玄が戦旗を立て掛けて休息したとされる由緒ある松のすぐ近くを鉄道が通ることとなったが，蒸気機関車から排出される煤煙に対する配慮が不十分であったために，その松を枯死させてしまった。そこで，松樹の所有者が鉄道に対して損害賠償を請求した。

組中で取り上げる旨説明し，それが取材対象者が取材に応ずるという意思決定の原因となったときは，法律上保護される利益となりうる。(最判平20・6・12民集62・6・1656)

第4節　不法行為責任と契約責任

1　序説 —— 請求権の競合

契約責任は，契約によって結ばれた者相互の関係において発生するものであるが，不法行為責任は誰との間でも発生しうる。従って，理論的には，契約責任が成立する場合には，契約上の利益に対する侵害として不法行為責任も競合して生じうることになる。そこで，この両者の関連をどのように解したらよいか，が問題となる。従来の学説の対立を示せば，概ね次のようである。

(1) 請求権競合説

債務不履行の要件と不法行為の要件とを充足すれば，それぞれに基づいて損害賠償請求権が発生し，被害者である損害賠償請求権者は，契約責任か，不法行為責任か，いずれか自己に有利と思う方を選択して主張することができる。この説は，実体法上の請求権の競合を認めるため，請求権競合説と呼ばれる。

(2) 請求権不競合説（法条競合説）

この説では，不法行為責任を一般法的規範（誰との間においても適用される規範）に基づく責任，契約責任を特別法的規範（特定の人との間において適用される規範）に基づく責任と考えるため，ある行為が形式的には2つの要件を充足していても，特別法的規範が一般法的規範に優先して適用される結果，実際には，契約責任のみが問われる。

2　請求権競合論の実益と体系的思考

1　実益比較論

契約責任と不法行為責任との関係をどう捉えるかは，単に理論体系上の問題ではなく，次のような解釈論上の実益を伴っている。

(1) 帰責事由に関する立証責任

債務不履行の場合には，債権者は履行期に債務の履行がないことを主張・立証して損害賠償を請求すればよい（債務者は自己の責めに帰すべき事由がな

いことを主張・立証しなければ責任を免れることはできない)。不法行為の場合には，損害賠償請求をする者が，相手方の故意または過失に基づく損害であることを主張・立証しなければならない。民事訴訟においては，一般的に立証責任を負う側が不利であると言われているから，この点については，債務不履行的構成の方が被害者にとって有利である。ただし，この点については，給付の不完全については，債権者が立証責任を負っているとする見解も有力である。この見解によれば，給付不完全と帰責事由とは紙一重の差であるから，債務不履行責任の方が特に有利ということは言えなくなる（國井和郎「安全配慮義務違反の主張立証責任」民法判例百選Ⅱ債権〔第2版〕14頁）。

(2) **過失相殺（418条と722条2項）**

契約責任に関する418条によれば，加害者の賠償責任まで免除することが可能であるとともに，賠償額を必ず減らさなければならない（415条が条文上過失を要件としていない点に関連するとの理解もある）。これに対して，不法行為に関する722条2項によれば，加害者の賠償責任を免除することはできないとともに（709条が過失責任であることに関連しているとの理解もある），賠償額を減らさないこともできる。ただし，実際の解釈にあたっては，415条も過失責任に基づいて理解されているのであるから，このような差が生じないように配慮されるべきであり，実際にも多くの学説によって，そのように解釈されているが，少なくとも条文上は不法行為責任の方が被害者にとって有利である。

(3) **遺族の慰謝料請求の可否**

不法行為によって他人の生命を害した者は，被害者の父母，配偶者および子に対して慰謝料を支払わなければならない（711条）。しかし，債務不履行についてはこれに相当する規定がない。損害賠償の請求にあたって契約責任的構成をとった場合には，契約関係に立たない者については本条は類推適用されないというのが判例（最判昭55・12・18民集34・7・888）の態度であるから（反対説も有力であるが），判例を前提とする限り，不法行為責任の方が被害者にとって有利である。

(4) **失火責任法適用の有無**

失火による不法行為については，故意または重過失がなければ責任を負わ

ない。しかし，この法律は立法の趣旨から考えて，債務不履行には適用されないから，この点では債務不履行の方が被害者にとって有利である（第4章第8節第1参照）。

(5) **消滅時効の期間**

債務不履行に基づく債権の消滅時効期間は10年であるが（167条1項），不法行為に基づく債権の消滅時効は3年である（724条）。この点では債務不履行の方が被害者にとって有利である。

(6) **相殺の可否**

契約責任については特に規定はないが，不法行為責任については，不法行為によって発生した債権を受働債権とする相殺〔加害者からの相殺〕は禁止されている（509条）。不法行為の誘発の防止と被害者の現実の救済等のためである。この点については，不法行為責任の方が被害者にとって有利であると解される。

(7) **遅延損害金の発生時期**

同じ損害賠償であっても，債務不履行の場合には，履行利益の賠償という観点から損害を把握するから，遅延損害金の発生は催告時以降（412条3項）ということになるが，不法行為の場合には，原状回復という観点と被害者保護の観点の重視により不法行為時からの利息を支払わなければならないと解されている。この点では不法行為責任の方が被害者にとって有利である。

2　請求権競合に関する体系的思考

請求権競合は民法の各分野で生じる問題である。一般的に言えば，ある事実が実体法上の複数の要件を充足しているときは，どの要件との関連で必要な事実を主張・立証するかは，当事者の自由であると解する説は，基本的には請求権競合説となる。このような基本的思考をする場合には，不法行為と債務不履行との関係も「競合論」の立場に立つのが自然であろう。

しかし，複数の要件を充足する場合に必ず競合となるわけではない。財産法秩序との関連に留意しなければならないからである。例えば，不法行為と債務不履行は双方とも債権法（財貨移転秩序）の領域の問題であるから，請求権競合を認めてよいが，善意占有者の果実取得権に関する189条（財貨帰属秩序）と不当利得に関する703条（財貨移転秩序）の要件を双方とも充足した場

合には，単純に競合を認めるわけにはいかない。その場合の事実がいずれの財産法秩序に属するかにより結論は異なるとの説が有力になりつつある。すなわち，契約の後始末としての不当利得（例えば，無効な契約の買主が果実を取得した場合）であれば，703 条を適用して解決すべきであるし，隣地との境界を誤解して隣地から竹の子を採取してしまったような場合であれば，財貨帰属秩序の問題であるから，189 条を適用して解決すべきである。すなわち，このような場合には，同時に 2 つの要件を充足していると考えるべきではない（詳しくは第 2 章不当利得 32 頁以下参照）。

3 請求権競合に関する私見

純理論的にみて，請求権競合説と不競合説のいずれが妥当であるかを判断すること自体が極めて困難な課題である。しかし，請求権不競合説に立つ場合には，①非専門家である被害者にも正しい法条の適用を要求するか，訴訟の場面では裁判官に常に正しい釈明権の行使を要求することになってしまう。また，②当事者にとって被害の具体的状況は様々であるから，常に特別法的規範の適用が妥当であるかは問題である。[16] 従って，各財貨秩序を超えた競合は認めるべきではないが，各財貨秩序の範囲内においては請求権の競合を認めるべきである。

③ 取引行為的不法行為

不法行為は，取引に関連して発生するもの（多くの場合に債務不履行との競合が生じる）と，交通事故のように全く無関係な他人との間で発生するものとがある。前者の場合には，請求権の競合を生じることになるので問題点も多いが，詳しくは後に（246 頁以下），使用者責任との関連で検討する。

---

15) **財産法秩序** 近代法における財産法秩序は，財貨帰属秩序と財貨移転秩序とから構成されているとの認識が近時有力になりつつある。この考え方によれば，物権編の規定の多くは財貨帰属秩序（いかなる利益が誰に帰属するかに関する秩序）に関するものであり，債権編の規定の多くは財貨移転秩序（財貨が契約等により誰に移転すべきかに関する秩序）に関するものである。
16) 例えば，宅配便の荷受人が運送会社に対して運送中の荷物の紛失を理由として運送契約上の責任限度額を超えて不法行為に基づく損害の賠償を請求することは，信義則に反し許されない（最判平 10・4・30 判時 1646・162）とした判例がある。

第5節　不法行為責任と保険制度

　不法行為の領域における保険とは，不法行為によって生ずる損害の分担の社会化を意識的に行うものである（労災補償保険，自動車損害賠償責任保険，原子力損害賠償責任保険など）。すなわち，この制度を通じて，特定の人について発生した損害を保険に加入している多くの人に分散する制度である。

1　責任保険
(1)　事故と保険
　不法行為の分野において最も重要な保険制度は，責任保険である。これは，損害保険の一種であって，被保険者（加害者）が第三者（被害者）に対して一定の財産的給付をなすべき法的責任を負担したことにより受ける損失の塡補を目的とする保険である。通常の損害保険における損害は，既存の利益の滅失（火災保険における家屋や家財道具の焼失）であるが，責任保険の場合には，新たな負担の発生（損害賠償）である点に最大の特徴点がある。

　被保険者と保険者の他に，第三者である被害者がいることが第2の特徴である。保険契約において，保険金支払いの条件として特定された偶然的な事実を保険事故と呼ぶが，責任保険における保険「事故」概念については，損害事故説，請求事故説，責任確定説がある。これらの学説の対立は，直接的には保険事故の捉え方をめぐる見解の対立であるが，保険金請求権の発生時期と直接的な関連を有している。

(2)　損害事故説
　これによれば，現に事故が発生すれば，損害は発生しているから，保険金請求権も発生していると解する。ただし，具体的金額は明確になっていない。

(3)　請求事故説
　これによれば，事故が発生して被害者が損害賠償を請求したら，それが損害であり，従って，この時に保険金請求権も発生する。ただし，請求額としての損害額は保険者を拘束しない。

(4) 責任確定説

これによれば，前2説によったのでは，保険会社はいくら支払ったらよいか分からないから，加害者の責任が法的に確定した時点で，その額の保険金請求権が発生すると解する。

(5) 各説の意義と制度の有用性

この問題は，被害者が加害者に代位して（423条）保険金請求権を行使する場合に理論構成上の相違をもたらす[17]。

責任保険が不法行為の領域で機能するようになると，加害者自身が損害金を支払うという損害賠償制度の制裁的機能を失わせることになると同時に，一種の安心感から行為者の注意力が減退して事故（危険）が多発するのではないか，さらには，自らの過失に基づく損害賠償から免れる結果となるので，公序良俗に反するのではないか，等の批判がかつては有力になされたが，現在では，責任保険制度の法的有効性と実際上の有用性を疑う者はいない。

② 責任保険の必要性

不法行為の領域において，無過失責任が発達してきたことについては既に述べたが（95頁以下），無過失責任の発展は，責任保険制度によって補完されてきたと言っても過言ではない。加害者の側からみれば，自己の過失に基づかない損害についてまで責任を負わなければならない以上，なんらかの形でこれに対する防衛手段を講じなければならないのである。そのためには，責任保険制度は適当な制度である。また，被害者の側にとっても，無過失責任制度によって加害者の責任が認められても，加害者に支払い能力がなければ，実際の救済を受けることができないから，極めて重要な制度である。

---

[17] **保険「事故」概念と債権者代位権**　被害者Aが加害者Bに代位して保険会社Cに保険金を請求する場合に，上に述べた各説により理論構成が異なる。つまり，①説によれば，事故発生後は，被保全債権も，代位の対象である債権も存在しており，金額が未確定であるにすぎない。②説によれば，Aが損害賠償請求をした後に初めて2つの債権が存在するに至るから，その時点で代位行使が可能となる。③説によれば，示談や判決により損害額が確定するまでは，代位権の行使はできないことになる。また，いずれの説に立っても，金額確定前の債権を被保全債権となしうるか，代位の対象となしうるか，という問題には答えなければならないが，債権総論の問題である（田山・債権総論〔第3版〕84頁以下参照）。

加害者側の理由だけであれば、責任保険の締結は任意に任せておいてよいが、被害者の現実の救済もということになると、一定の場合に限定して（例えば、自動車を運行の用に供する場合のように）保険契約の締結を強制することが必要となる。

③ 責任保険の具体例
1 自動車損害賠償責任保険

自動車の運行によって人の生命または身体が害された場合の損害賠償を補償する制度が、自動車損害賠償保障法によって確立されているが、自動車損害賠償責任保険は、これを前提として、自動車を運行の用に供する者に締結が義務づけられている強制保険である。同法は、自動車の運行によって他人の生命または身体を害した場合（人身事故）に関して、自動車を自己のために運行の用に供する者に無過失責任に近い重い責任を課している。

同法3条によれば、自動車の保有者その他自動車を自己のために運行の用に供する者は、①自己および運転者が自動車の運行に関し注意を怠らなかったこと、②被害者または運転者以外の第三者に故意または過失があったこと、ならびに、③自動車に構造上の欠陥または機能上の障害がなかったこと、の3点をすべて立証しなければ、損害賠償責任を負うものとされている。

これを保険の構造の面から見れば、自動車の保有者および運転者を被保険者とし、民間の保険会社を保険者とする（政府が再保険する）責任保険である。[18] この責任保険が強制保険とされているのは、前述のように、第三者である人身事故の被害者の確実な救済を図るためである。その意味で、公保険的性格を有し、保険金額は、政令により定められ、被害者は、加害者の加入している保険者に対して直接に損害賠償の請求をすることができる（自賠16条）。

2 自動車保険人身損害条項

自動車保険人身傷害条項の代位条項にいう「保険金請求権者の権利を害さない範囲」とは、被保険者である被害者の過失の有無、割合にかかわらず保

---

[18] 損害賠償（危険）を引き受けた保険者（民間会社）が、その危険の実現によって保険金支払い義務を負担することを自己の危険として、他の保険者（政府）にそれによる損害の塡補を引き受けてもらうことを再保険という。

険金の支払いによって民法上認められるべき過失相殺前の損害額（裁判基準損害額）を確保することができるように解することが合理的であり，そうすると，保険金を支払つた保険会社は，保険金請求権者に裁判基準損害額に相当する額が確保されるように，保険金の額と被害者の加害者に対する過失相殺後の損害賠償請求権の額との合計額が裁判基準損害額を上回る場合に限り，その上回る部分に相当する額の範囲で保険金請求権者の加害者に対する損害賠償請求権を代位取得すると解するのが相当である（最判平24・2・20民集66・2・742）。

3　労災保険[19]

　これは，労働者災害補償保険法に基づく保険であるが，形式的には責任保険ではない[20]。しかし，同法に基づいて保険給付がなされると，使用者は，その限度で労働基準法上の災害補償（労基第8章・75条以下）の責任を免れるから（災害補償をしたときは，その限度で民法の損害賠償の責任を免れる），実質的には責任保険の性質を有するとされている（加藤（一）44頁）。民法上の損害賠償額が災害補償額を上回るときは，使用者はその超過分について損害を賠償（過失責任）しなければならない。慰謝料の賠償も災害補償には含まれていないから，民法に基づいて別個に請求することになるが（710条，711条），その場合には，故意・過失の立証が必要である。

　これらの問題点は，近時，安全配慮義務違反に基づく労災民事訴訟として注目を浴びている。すなわち，労働災害において，民法上の債務不履行責任（雇傭契約上の義務違反）または不法行為責任の要件を立証して，労災補償給付（労働者災害補償保険法7条，12条の8以下参照）によっては填補されない損害について，被害者が損害の賠償を請求するケースが多くなってきている。

---

19) この制度の目的については，労働者災害補償保険法1条参照。
20) 責任保険とは，被保険者が第三者に対して財産的給付をなすべき法的責任を負担したことによって被った損害の填補を目的とする一種の損害保険である。

〈本章の参考文献〉
〈第1節の参考文献〉
尾島茂樹「わが国における『法と経済学』研究と不法行為」(森島還暦前掲) 47頁
新美育文「不法行為基礎理論の素描──『法と経済学』理論」(森島還暦前掲) 27頁
西原春夫「民事責任と刑事責任」(賠償法講座1)
藤倉皓一郎「不法行為責任の展開──『損害負担』理論にかんする一考察」(同志社法学107号)
前田達明「不法行為法の制度と理論」(ジュリ691号, 1979年)
三島宗彦「損害賠償と抑制的機能」(立命館法学105＝106号)
山田卓生「不法行為法の機能」(森島還暦・不法行為法の現代的課題と展開, 日本評論社, 1995年)
山田卓生「不法行為法の基礎」(『新・現代損害賠償法講座1』所収)
山田卓生「不法行為法の機能」(森島還暦前掲) 3頁
山中康雄「刑事責任と比較してみた不法行為責任論」(我妻還暦(上))

〈第2節の参考文献〉
石本雅男『無過失損害賠償責任原因論』第1巻～第4巻(法律文化社, 1984～1993年)
宇佐美大司「災害における被害者救済」(森島還暦前掲) 331頁
浦川道太郎「無過失損害賠償責任」(民法講座6)
岡松参太郎『無過失損害賠償責任論』(京法発行会, 1916年, 有斐閣, 1953年)
小川由美子「公害と被害者救済制度」(森島還暦前掲) 311頁
加藤一郎『不法行為法の研究』(有斐閣, 1961年)
平井宜雄『現代不法行為理論の一展望』(一粒社, 1980年)
森島昭夫「損害賠償責任ルールに関するカラブレイジ理論」(我妻追悼・私法学の新たな展開, 有斐閣, 1975年)
山田卓生「過失責任と無過失責任」(賠償法講座1)

〈第3節の参考文献〉
末川　博『権利侵害論』(弘文堂書房, 1930年, 日本評論社, 1944年)
末川　博『権利侵害と権利濫用』(岩波書店, 1970年)
瀬川信久「民法709条(不法行為の一般的成立要件)」(『民法の百年Ⅲ』所収)

〈第 4 節の参考文献〉
大久保邦彦「請求権競合」(『新・現代損害賠償法講座 1』所収)
奥田昌道「債務不履行と不法行為」(民法講座 4)
四宮和夫『請求権競合論』(一粒社, 1978 年)
高森八四郎「取引行為と不法行為」(森島還暦前掲)
中舎寛樹「消費者信用と不法行為」(森島還暦前掲) 439 頁
深谷格「詐欺的商法と不法行為 —— マルチ商法の違反性を中心に」(森島還暦) 469 頁

〈第 5 節の参考文献〉
加藤雅信「損害賠償制度の将来構想」(『新・現代損害賠償法講座 1』所収)
小町谷操三「保険制度が民事責任に及ぼす影響」(『保険法の諸問題』有斐閣, 1974 年)
野村・伊藤・浅野『不法行為法』(学陽書房, 1981 年)
平井宜雄『現代不法行為理論の一展望』(前掲)
平野克明「民事責任と保険制度とに関する基礎的考察 —— 企業責任究明の一視角」(静岡大学法経研究 15 巻 3 号)
藤岡康宏「自動車事故による損害の補償」(北大法学論集 24 巻 3 号, 25 巻 1 号)

第2章　不法行為の一般的成立要件

序

　民法は，前述（94頁）のように，不法行為の成立要件について一般的構成要件主義をとっている（709条）。しかし，これによって不法行為のすべての場合が処理できるわけではない。民法709条が定めているのは一般的成立要件であり，その他にも特別な成立要件のもとで不法行為が成立することがある。それは民法自身において定められている場合（715条，717条など）と，特別法において定められている場合（鉱業法109条，失火責任法など）とがある。前者については第4章第1～7節で，後者については第4章第8節で説く。

　709条の定める一般的成立要件は，次のように整理することができる。

1　責任能力（自己責任の原則）

　近代市民社会においては，すべての市民は自由であり，平等である。このことは，各市民の行為には固有の責任が伴うことを意味している。ただし，この原則が適用されるためには，その市民がその行為につき責任を問われうるだけの精神的判断能力（責任能力）を有していることが必要である。責任の意味を理解できる能力を有しない者に対して責任を追及することは法規範的には無意味だからである。

2　損害の発生

　典型的には，ある市民の経済活動が他の市民に損害を与える場合に，不法行為責任が発生するが，経済活動以外の一般の市民生活上の行為（交通事故や喧嘩など）においても不法行為責任（損害）が発生することがある。

　行為には，人を殴るような行為（1回的行為）と工場の煙突から日常的に数年にわたって煤煙を排出するような行為（継続的行為）とがある。損害の発生を不法行為の要件と考える以上，この区別は，損害賠償債務の消滅時効の起算点を考える場合等に実益がある。

3　故意・過失に基づくこと（過失責任の原則）

近代社会においては，自己の責めに帰すべき事由（行為）に基づく損害以外に対しては賠償責任を負わないのが原則である（709条）。ある人に対して不法行為責任を追及するには，そのための根拠（帰責根拠）が明確でなければならない。資本主義的な経済活動を自由に発展させるためには，それを契約自由の原則により側面から法的に保障することが不可欠であるが，不法行為における過失責任主義は，いわばこれを裏面から保障するものである。

主観的要件（故意・過失）は，客観的要件（違法等）と同時に充足されるのが通常であるが，後から充足される場合もある。例えば，客観的違法事実に故意・過失の要件が加わった事例として，動産の購入代金を立て替え払いした所有権留保権者が，当該動産が第三者の土地を妨害している事実を告げられるなどしてこれを知ったときは，不行為責任を負うとされた例がある（最判平21・3・10民集63・3・385）。

4　行為の違法性（権利の侵害）

709条は他人の権利を侵害したことを不法行為の要件としているが，既に述べたように，他人の法的保護に値する利益を違法に侵害したことが不法行為の要件と解されるようになっている（同条の新文言も参照）。

例えば，放送事業者または制作業者から素材収集のための取材を受けた取材対象者が，取材担当者の言動等によって，当該取材で得られた素材が一定の内容，方法等により放送に使用されると期待し，あるいは信頼したとしても，その期待や信頼は，原則として法的保護の対象とはならないが，取材対象者が取材に応じることによりその者に格段の負担が生ずる場合において，取材担当者がそのことを認識した上で，取材対象者に必ず一定の内容，方法により番組中で取り上げる旨説明し，それが取材対象者が取材に応ずるという意思決定の原因となったときは，法律上保護される利益となりうる（最判平20・6・12民集62・6・1656）。

5　行為と損害との間の因果関係

因果関係概念は多義的であるが，ここで問題となるのは，いわゆる相当因果関係である。甲という行為がなければ，乙という結果は生じなかったであろう，という関係がある場合にも「因果関係がある」という表現を用いるが，

これは自然的ないし条件的因果関係として，相当因果関係とは区別されている。相当因果関係は責任の範囲を限定するために用いられる点に特徴がある。

　以下では，節を改めて，各要件についてさらに詳細に検討することとしよう。

第1節　行為と責任能力

1　行為

1　行為の意義

(1)　行為と自己責任

　行為とは，損害賠償義務等の不法行為責任を負わせるか否かという法的評価の対象としての人間の挙動である。人が他人の被った損害について賠償責任を負うのは，それが自己の行為に基づいて生じた場合に限る（自己責任・個人責任の原則）。これは，近代社会の基本原理としての個人主義の法的反映である。すなわち，近代社会の市民は，すべて独立の個人としての地位を与えられ，行動の自由を有するが，その反面において，自己の故意または過失に基づく行為によって他人に損害を与えたときは，その損害を賠償すること（原状回復）によって責任をとらなければならない。

　しかし，上に述べた原理が妥当するには，人の精神的判断能力についての一定の前提が必要である。すなわち，自己の判断能力に基づいて通常の注意義務を尽くせば，損害発生という結果を回避できたという非難可能性が成立しうる（責任能力を有する）人の行為についてのみ，上のような責任の追及が法的に可能となると解されている。つまり，市民個人の不法行為責任を追及するには，責任能力が前提要件となるのである。

(2)　行為と代位責任

　特別な不法行為責任のうちで，他人（責任無能力者や被用者）の行為について責任を負うように見える場合（714条，715条）があるが，これは自己の監督義務違反という行為や選任監督上の義務違反という行為に対する責任である（ただし，立証責任の転換により責任は厳しくなっている）。この場合には，確かに責任能力を有しない本人が責任を負わないので監督者や使用者が代位責任を負うという側面はあるが，同時に上のような意味における自己責任の基礎の上に成り立っている責任であるということができる。なお，被用者の不法行為責任に関連して，これと並行して使用者自身の不法行為責任（709条）が問われる場合がありうるが（加藤（一）190頁は共同不法行為が成立しうるとす

る)，その場合の使用者の責任は，通常の自己責任である。

なお，誰かが飼育している動物の「行為」はここでいう行為ではない。散歩中の犬が通行人に嚙みついてケガを負わせた場合には，犬の管理者の管理行為についての過失等が問題にされるのであり，犬の「行為」は問題にならない。

(3) 不作為による不法行為

行為は，通常は人間の積極的挙動であるが，消極的行為（不作為）である場合（保護義務者による遺棄の場合など）もある。後者の場合には，犯罪の場合と同様に作為義務（保護義務）が前提となる点で積極的行為の場合と異なる。不作為による不法行為も成立しうる。この場合には，作為義務が論理的前提となると解してよい。作為義務は具体的法規に基づいて，発生する場合と先行行為に基づく場合とがある。作為義務を媒介として不作為との因果関係も認識可能となる。判例に現れた事例を紹介しておこう。数人で鉄道軌道上に置石をした事案において，数人中の1人Yは置石自体については他の行為者と共同の認識ないし共謀がなく，また事前の認識がなかったとしても，仲間が置石をしたのを現認した時点において，その事故回避のための措置を講ずることが可能であったといえるときには，その措置を講じて事故を未然に防ぐべき義務があるとし，これに違反した場合には，不作為による不法行為が成立しうる，と判示している（最判昭62・1・22民集41・1・17）。

2 行為の主体

(1) 複数の関与者と責任の主体

複数の人間が不法行為に関与した場合に，誰が不法行為の主体となるかが問題となる場合がある。個人経営の医院において，医師が患者に特定の薬を渡すように看護婦に指示したが，看護師が誤って別の薬を患者に渡したため，これを服用した患者が死亡した場合には，不法行為の主体は医師である。看護師は医師の補助者であり，独立した行為の主体として考えるべきではない（大判昭2・6・15民集6・403は，医師が同居の父の使用人に薬の給付を委託した事例）。契約理論（診療契約を前提として）においても履行補助者の過失として医師が責任を負うものとされている。

(2) 法定代理人による不法行為責任

法定代理人が未成年者を代理して行為をする際に不法行為を行った場合には、未成年者は不法行為責任を負わない（大判昭15・10・10新聞4627・12）。しかし、法定代理人に支払能力がなく未成年者には支払能力がある場合には、被害者救済の観点から、一定の法的制度の適用が検討されるべきである。そのような意味で、715条の類推適用も問題になりうる（その場合の責任能力については、後述126頁以下）。

未成年者が責任能力を有する場合であっても（714条の適用はないが）、監督義務者の義務違反と当該未成年者の不法行為によって生じた結果との間に相当因果関係を認めうるときは、後述のように（244頁以下）、監督義務者につき709条に基づく不法行為が成立する。

(3) 純無過失責任と責任主体

鉱業権のように、相続その他の一般承継、譲渡、滞納処分、強制執行、仮差押え、仮処分の目的となる以外には権利の目的となることができないもの（ただし、採掘権は抵当権および租鉱権の目的となりうる）の権利者は、その管理の任に当たる第三者が管理上他人に与えた損害を賠償する責任がある（大判大2・4・2民録19・193）。

(4) 法人の「不法行為能力」

理事等の法人の代表機関が「その職務を行うについて」他人に対して不法行為を行った場合には、法人が損害賠償責任を負う（一般法人78条、198条）。この規定が法人の不法行為能力を定めたものか、単に一定の場合に法人が代表機関の行為について損害賠償責任を負う旨を定めたものであるかについては、民法旧44条に関してではあるが、争いがある。

法人が不法行為法の領域で権利義務の主体となる場合は、上の場合には限られない。すなわち、法人の被用者の行為を媒介とする場合（715条）、土地工作物の所有者としての責任（717条1項ただし書）、自動車の運行供用者としての責任（自賠法3条）などがある。

2 責任能力

1 意義

責任能力とは，その行為の責任を弁識するに足りる知能のことであり[1]（712条参照），前述のように，不法行為につき過失責任を問うための前提要件である。この要件は，法律行為の有効要件として表意者に意思能力が必要とされていることと，帰責の前提要件としては，本質的に同じ意味である。しかし，法律行為の場合には社会的類型行為や生活必需品契約の場合等については極めて低い精神的判断能力でよいと解されているのに対して[2]，不法行為の場合には，違法な行為によって他人に損害を与えることの意味をある程度理解できる精神的判断能力[3]が必要であるから，一般的には12〜13歳以上の者が有する判断能力が必要とされている[4]。

2 責任無能力者

後述（137頁）のように，不法行為における過失責任を一種の信頼責任と解すると，その例外となるべき人を別の原理（監督者の責任）に基づいて承認しなければならない。民法は責任無能力者として，未成年者（712条）と責任弁識能力を欠く者（713条本文）について規定している。

(1) 未成年者

(イ) 責任弁識能力 未成年者が不法行為を行った場合には，その行為の責任を弁識するに足りる知能を有していないときは，損害賠償の責任を負わない（712条）。これは，その行為をすれば，法律上なんらかの問題が生じるこ

---

1) この知能とは，道徳上不正行為であることを弁識する知能ではなく，法律上の責任を弁識する知能のことである（大判大6・4・30民録23・715）。
2) **刑事責任能力との関係** 刑事責任を負うのに必要な弁識能力のある者は，同一行為から生ずる民事責任に対する弁識能力があると認められる（大判明34・12・27刑録7・11・139）。
3) この場合の責任無能力者は不法行為の責任能力を有しない者であって，法律行為における制限能力者をいうものではない（大判昭8・2・24新聞3529・12）。
4) **弁識能力と年齢に関する判例** ① 満11歳11カ月の営業使用人が印刷用インキを背負い主人の用事のために自転車に乗り往来を通行していた事実があるときは，その年齢および業務の性質から判断して責任能力を具備していたといえる（大判大4・5・12民録21・692）。② 小学校2年生が鬼ごっこ中，他の幼児におぶさる際にその幼児を負傷させた場合において，その小学生は特段の事情のないかぎり，自己の行為の責任に対する弁別能力がなかったとされた判例（最判昭37・2・27民集16・2・407）がある。③ なお，未成年者の監督者の責任に関する後述（242頁以下）の最判昭和49年3月22日により，責任能力を有する年齢が事実上低下する可能性がある。

とを弁識しうる能力であり，責任弁識能力と呼ばれている[5]。

　例えば，16歳になる少年Aが父親Bの空気銃を持ち出し，友達Cと遊んでいたが，操作を誤って暴発させてCの左眼を失明させてしまったとしよう。Cは誰に対して損害賠償を請求することができるであろうか。

　①　CはAまたは父親Bに対して損害賠償の請求を検討するであろう。Aに責任能力があればAに請求できるが，Aに責任能力がないと判定されれば，その親Bに対して監督者としての責任(714条)を追及することになる（監督者の責任については後述〔242頁以下〕）。

　②　Aが社会人であったときには，責任能力の点で何か相違が生じるだろうか。裕福な家庭で何不自由なく成長した子供と義務教育を終了すると同時に社会に出て色々と苦労している子供とを比較すると，後者の方が責任能力を有すると判断される可能性が高いのではないかという点が問題にされたことがある。実際上の配慮としても，親が裕福な子供については，その子供の責任能力を否定して親の監督責任を認める方が被害者の救済になるとの見解もあった。しかし，監督者の責任を認めるためには行為者の責任能力を否定しなければならない，との見解は最近の判例によって否定されたから（最判昭49・3・22民集28・2・347[6]），親の責任を導くために行為者（子供）の責任能力を否定する方がよいという配慮は不要となったと解してよい。

　③　Aが18歳であればどうか。精神的判断能力の発達について障害がない限りは，通常は責任能力はあると解してよい年齢である。18歳により成年に達するとしている立法例も少なくない。

　㈣　**責任能力と意思能力・行為能力との関係**　　責任能力と意思能力とが別ものであることは，すでに「1」で述べた通りであるが，17～18歳の者（制限行為能力者）の行う法律行為の取消しが，不法行為を構成することがあるであろうか。制限行為能力者が取消可能な行為を過失に基づいて行うことが考

---

[5]　712条の「知能」の意義については，大判大6・4・30前掲参照。なお，未成年者の責任能力の有無については，次の判例が参考になる。①大判大4・5・12前掲，②最判昭37・2・27前掲。

[6]　当判例によれば，未成年者が責任能力を有する場合であっても，監督義務者の義務違反と当該未成年者の不法行為によって生じた結果との間に相当因果関係を認めうるときは，監督義務者につき709条に基づく不法行為責任が成立する（242頁も参照）。

えられるからである。
　未成年者を保護するために取消権が「権利」として与えられている以上，原則として不法行為にはならないと解すべきである。なお，詐術を用いた場合には，取消権自体が成立しない（21条）。

(2) **責任弁識能力を欠く者**
　責任弁識能力を欠く間に他人に損害を加えた者も損害賠償の責任を負わない（713条本文）。ただし，故意または過失によって一時的に責任弁識能力を欠く状態を招来させた者は，自ら責任を負わなければならない（同条ただし書）。

3　責任能力制度の妥当範囲
　無過失責任の妥当領域では，後に論ずるように原則として責任能力は問題とならない。しかし，この問題とは逆に，過失責任が妥当する領域においては，一義的な責任能力概念を適用してよいか，については慎重な検討が必要である。注意義務を尽くしうる状態にある者（通常の責任能力者）とおよそその状態にない者（通常の責任無能力者）との間においては過失相殺を含めていっさいの責任の調整ができないというのでは，不合理だからである。関連問題を取り上げておこう。

(1) **責任能力と「過失」能力**
　712条によれば，自己の行為の責任を弁識するに足りる能力を具えない加害者は損害賠償責任を負わない。しかし，被害者（債権者）に客観的な意味における過失がある場合において，債務者が過失相殺を主張するときも，被害者の責任能力を前提とするかについては規定がない。過失相殺を加害者の過失と被害者の過失を相互に相殺することと解するのであれば，双方の過失を問題にする前提として責任能力が必要になる。判例はかつて基本的には責任能力を要すると解し，これを支持する学説（末川，我妻等）もあった。しかし，これを前提とすると，客観的には被害者の過失が極めて大きい場合にも，被害者に責任能力がないためにその過失が斟酌されないことになり，加害者に極めて過酷な責任を負担させることとなる。そこで，右のような考え方を批判する学説が登場してきた。過失相殺において被害者の過失（722条2項）が加害者の過失（709条）よりも軽いものでよいとすれば（従来の学説もこれを認

めていた。後述215頁以下参照)，責任能力についても，不法行為の加害者の責任能力のように行為の結果として責任が生ずることの認識能力がある必要はなく，損害の発生を避けるのに必要な注意をするだけの能力があれば十分であるとの見解も有力に主張されていた（加藤（一）247頁等）。近時，判例も，過失相殺の問題は，不法行為者に対し積極的に損害賠償責任を負わせるのとは異なり，責任を負うべき賠償額を定めるにつき，公平の見地から損害発生についての被害者の不注意をいかに斟酌するかの問題に過ぎないのであるから，過失相殺をするには，未成年者が事理を弁識するに足りる知能を有していれば十分であり，行為の責任を弁識するに足りる能力を具えていることを要しないと判示した（最判昭39・6・24民集18・5・854）。責任の公平な分担という過失相殺の果たすべき役割に鑑みて妥当な見解と言うべきである。

(2) 土地工作物責任と責任能力

717条に基づく責任は，ほぼ完全な無過失責任であるから，所有者等の責任能力は問題とならないと解されている（通説）。土地工作物の設置・保存に対する責任であるから，一時的な責任能力の喪失は問題とならない。長期的な責任能力の喪失の場合には，法定代理人によって責任能力が補充されているものと考えてよい。ただし，後見人を欠いている責任無能力者については（そのような状態の発生は極力防止されるべきであるが），瑕疵ある物の価値（例えば建物の価格）を限度とする物的有限責任のみを負担すると解すべきであろうか（建物の価格を超えた損害が発生していてもその責任は負わない）。これは法の欠缺の領域の問題であるが，このように解することにより，制限能力者の保護と無過失責任制度による被害者保護との調和が図られるからである。

(3) 使用者責任等と責任能力

使用者が長期にわたって意思無能力の状態にある場合等に問題となる。この点については，報償責任原理に基づいて，その事業による利益が帰属している限り，責任能力の有無に関係なく715条が適用されると解すべきである。[7]

---

7) 専門的な業務に従事する者は，その業務を遂行するのに適した判断能力を自ら保証したのであり，責任無能力を自ら援用できない，との説もある（四宮384頁，澤井181頁）。

(4) 自動車損害賠償保障法3条の責任と責任能力

　運行供用者が責任無能力である場合には，運行供用者の無過失の立証あり（＝免責）として扱うべきとの見解も成り立ちうるが，責任保険の限度では，その制度趣旨（被害者の確実な救済）と公的保険のシステム（110頁以下参照）に鑑みて，責任能力を問題にすべきではない。なお，前述の注7）と同様の説明も可能である。実際には，行為無能力者の介護のために，その資金で自動車を購入した場合であって，介護者が運転している場合が多いのではないかと思われる。

(5) 法定代理人の不法行為と責任無能力者本人の責任

　一般論として代理制度は法律行為のためのものであり，不法行為には適用されない。また，あえて適用を検討するとしても，法定代理の場合は，代理人の選任につき本人に帰責事由を考えることはできないから，それを理由として責任を負わせることもできない。報償責任を認めるべき前提も存在しないから，715条の類推適用も無理である。問題は財産を有する制限能力者の場合である。例えば，後見人が身体障害をも伴う制限行為能力者のために乗用車を購入して通勤のために利用していた際に交通事故を引き起こしてしまったとしよう。前述のように，損害保険の限度において責任能力を認めるとしても，保険金額を超えた損害部分についても責任能力を認めるべきか否かという点が問題として残る。[8]

---

8) この問題を考える場合には，まず法定代理人の財産管理（859条1項参照）の場合と身上監護（858条1項）の場合とを明確に分けなければならない。法定代理人の加害行為が本人の財産の管理・運用に関して発生した場合には，法人の責任に関する旧44条（一般法人78条，198条参照）を類推適用して本人の責任を認めるべきであるとの説が有力になりつつある（服部栄三「法人の不法行為能力」後掲論文530頁，幾代＝徳本56頁，前田66頁等）。しかし，身上監護の際の事故については，後見人の固有の事務・職責に関して生じたものであるから，後見人が自ら責任を負うのみで，本人の責任を問うことはできない。法定代理人が本人のために乗用車を購入して本人の通勤に利用していた場合には，財産管理と身上監護と両要素が認められるが，本人が仕事（社会的自立）のために利用しているのであり，前者の要素が強いから，本人の責任を肯定せざるをえないだろう。したがって，任意保険への加入を含む十分な配慮をしておくことが望ましい。

第2節　行為と損害の発生

1　要件としての損害
1　損害の現実性の原則

損害が現実に発生しなければ、賠償責任は発生しない。英米法にいう名目的損害賠償[9]は認められていない。発生した損害を填補して、被害者を原状に回復することが不法行為責任制度の本来の目的である。

現に不法行為が行われており、同一態様の行為が将来も継続されることが予測される場合であっても、それが現在と同様に不法行為を構成するか否かおよび賠償すべき損害の範囲等をあらかじめ一義的に明確に認定することができず、具体的に請求権が成立したとされる時点においてはじめてこれを認定することができ、かつ、同権利の成立要件の具備については債権者がこれを立証すべきものと考えられる場合には、かかる将来の損害賠償請求権は、将来の給付の訴えを提起することのできる請求権としての適格性を有しないと解されている（大阪空港公害訴訟—最大判昭56・12・16民集35・10・1369）。

2　侵害と損害

不法行為の制度は侵害によって生じた損害を填補することが目的であると解するならば、侵害と損害は明らかに異なる概念である。近時、不法行為によって生ぜしめられた不利益な事実そのもの（例えば死傷損害）を損害と考える説（実体的価値説）も有力に主張されている[10]。しかし、金銭賠償を原則とする民法のもとでは、賠償の対象としての損害とは不利益な事実それ自体ではなく、その金銭的に評価されたものであると解すべきである。

2　損害の種類と態様
1　古典的な損害概念

被害者のもとで発生した損害を填補して被害者を原状に回復することが、損害賠償制度の目的であると解するならば、「もし侵害行為がなかったなら

---

9)　英米法では、現実の損害が発生していない場合でも、違法な侵害があれば、わずかな金額の名目上の損害賠償 nominal damages を命じることが行われている。

ば存在したであろう利益状態と，現に侵害がなされた現在の利益状態との差」が損害であるという説（差額説）は，基本的には依然として一定の説得力を有している。しかし，この説は「現在」の理解の仕方により，不当な結論を導くことになるから，注意が必要である。「現在」とは損害賠償をする時点であるとするならば，その間に損害自体が他の要因によって増減していることがあり得るからである。例えば，建物の一部を破壊した者に対する損害賠償の請求をする前にその建物が大地震により滅失してしまった場合には，差額説的損害は存在しないとも考えられるからである。しかし，損害賠償の原状回復的機能を考慮するならば，差額的「損害」は原則として侵害行為の直後において捉えるべきである。

2　差額説に対する平井説からの批判

このような損害の理解に対しては，次のような批判がなされている。差額説的損害の概念は，ドイツの学説にならったものであり，①差額説が支配的であった当時のドイツにおいて細分化されていた損害概念を統一化するという歴史的意義を有し，②原則として，事実的（自然的）因果関係を有するすべての損害を賠償するという完全賠償の原則の法技術的表現であり，③原則として精神的損害がみとめられていないことの反映，という意味をもつもので

---

10)　**実体的価値説の損害概念**　この説においては，物の損害の場合には「毀滅」そのものを，人の場合には「死傷」そのものを損害とみる。伝統的通説・判例との違いは，例えば「死傷」の場合に，この説は，高額所得者が有利になるのは，人間の尊厳・平等などの点から考えて妥当でないとの立場をとるが，具体的には，①現実の所得減少によって損害を計算するのではなく，労働能力喪失割合（規範的損害評価）により計算すべきであるとする説（労働能力喪失説），または，②「死傷」それ自体を一つの非財産的損害とみて全体としての損害賠償を定めるべきであるとする説（具体的には，判例や示談により形成される「相場」による）（定額説）とに分れる（西原道雄「幼児の死亡・傷害と損害賠償」判例評論 75 号・判時 389 号，さらに第 3 章第 1 節，第 3 節も参照）。非財産的損害や就職前の者の労働能力は一般に平等と解すべきであるが，労働能力が具体化している場合には，財産的損害において差が生じても止むを得ないのではないだろうか。

11)　ドイツ民法の制定当時の，次の規定と日本民法の 416 条とを比較してみるとよい。
　　249 条　損害賠償の義務を負う者は，その義務を負担すべき事情が発生しなかったならば，存するであろう状態を回復することを要する。身体の傷害または物の棄損につき損害賠償をなすべきときは，債権者は原状回復に代え，之に必要な金額を請求することができる。
　　252 条　賠償すべき損害には，得べかりし利益を包含する。事物の通常の成り行きに従い，または特別の事情，特に既になした施設または準備に従い，予見することを得べかりし利益は之を得べかりし利益とみなす。

あるが，日本の民法の解釈としては，①を顧慮する必要はなく，②も（完全賠償の原則にたっていないから）③も（精神的損害の賠償が認められているから）意味を有しない，としている（平井74頁）。

上の批判のうち①は沿革的理由であるから，解釈論として用いるについてはそれだけで決定的理由となるものではない。批判の中心は②と③にあると考えてよい。②については日本民法が完全賠償の原則と縁遠い存在であるか否かについては疑問視する見解（大学双書135頁）もあるので，この点についてはしばらく議論の推移を見守る必要がある。③については，損害賠償の範囲や額について検討する際には重要な相違点であるから，当然に考慮しなければならない。しかし，重要な相違点が主としてこの点に絞られるのであれば，差額説を財産的損害に関する理論として用いるようにすれば弊害はないのではないだろうか。従来からも，明確に意識はしていなかったとはいえ，差額説的理解は主として財産的損害について用いられてきたと思われる。従って，上の点に留意しつつ差額説によって損害をとらえる伝統的な学説を支持すべきであると思う。

3　労働能力の減少と損害の発生

不法行為によって被害者の労働能力が減少したけれども，事故後の転職などの結果，実際には被害者の収入は減少していない場合（極端な場合には増加していることもありうる）には，損害はないと解すべきであろうか。

このような場合には，事故の前後における被害者の収入のみの比較により損害を評価すべきではなく，労働能力自体の財産的価値を評価すべきである。すなわち，収入の減少が生じていないのはその労働力が従事している職種に関連をもつもの（たまたま高収入の得られる職に就いたような場合）であるかぎり，労働能力の低下による財産的損害は発生しているものと解すべきである。事故前後の収入の格差，同職種に従事する者の平均を上回る収入があることなどは，同損害を評価し，損害額を算定するうえでの事情に過ぎないと解すべきである（東京高判昭50・3・31判時781・76参照）。

4　損害概念の種類

(1) 積極的損害と消極的損害（＝逸失利益）

自動車を破損されたので修理費がかかったというような損害は積極的損害

であり，不法行為がなかったならば得られたであろう利益が得られなかったことは消極的損害である。

現在では，消極的損害についても特別な要件（例えば，故意を要する）を必要としていないから，もはや積極的損害との区別をする必要はないとの主張もみられるが，損害の立証の困難性については，消極的損害の場合の方が遙かに大きい。例えば，交通事故の死亡者の「得べかりし利益」の計算については，ホフマン式，ライプニッツ式など（後述212頁以下参照）幾つかの方法が利用されている。これらの領域についても，単に裁判官の裁量に任せるのでなく，可能な限り多くの準則を解釈論として提示すべきである。少なくとも損害算出の方法として特殊な問題点を提示している以上，上記の損害に関する2つの概念を区別する必要はあると言えよう。

(2) **財産的損害・非財産的損害・精神的損害**

自動車の破損は財産的損害であるが，精神的ショックを理由とする損害は非財産的損害である。法人の社会的信用の喪失は精神的損害ではないが非財産的損害である。

後述のように，財産的損害にも精神的損害にも該当しない非財産的損害がありうることが承認されており，その特徴を明らかにする必要がある。精神的損害については，賠償請求権の相続性や行使上の一身専属性などについて議論すべき問題点が残されている。そのためにも，これらの区分は有用である。

なお，弁護士同士の争い（懲戒請求の呼びかけ等）において，このタレント弁護士の行為が弁護士会における自律的処理の対象として検討されるのは格別としたうえで，その態様，発言の趣旨，被害者である弁護士としての社会的立場と懲戒請求の呼びかけ行為により負うこととなった負担の程度等を総合考慮すると，被害者弁護士らの被った精神的苦痛が社会通念上受忍すべき限度を超えるとまではいいがたく，不法行為法上違法とはいえないとされた例がある（最判平23・7・15民集65・5・2362）。

(3) **直接損害と間接損害**

直接損害とは，第1次損害とも言われ，間接損害（第2次損害，後続損害）と区別される。一般的には，交通事故等の場合に事故自体による直接的損害

が生じ，その後に後続損害が生じることがある。この区別を損害の範囲の決定基準として用いる学説もあるが（第1次損害は不法行為の成立要件の問題であり，第2次損害の限界付けが損害賠償の範囲の問題であるとする——危険性関連説），これとは別に，一般的に説明の道具としても用いられている。

(4) **金銭的評価の問題**

前述のように，交通事故による怪我それ自体が損害なのではなくて，それを通して現在または将来にわたって収入が減少するという事実などが損害であると解すべきである（大判大5・1・20民録22・4，最判昭42・11・10民集21・9・2352）。つまり，その損害を評価することによって具体的損害額が決定されるのである。損害の評価には規範的評価の要素が入ることは確かであり，裁判官の裁量の余地が入ることも否定できないが，立証責任の範囲外の問題であると解すべきではない。当事者はその評価準則について主張・立証できると解すべきである。もちろん裁判官は当事者の主張する損害額に拘束されないが損害も評価準則に関する立証の対象であると解すべきである。

第3節　故意・過失

1　故意と過失の意義
1　故意・過失の基本的概念
(1)　故意と過失の古典的・心理学的区別

　故意とは，行為の結果を認識し，その発生を認容してあえて行為を行う心理状態であり，[12]過失とは，結果発生を知りうべきであったのに不注意のために知りえずまたは知らないままある行為をする心理状態である。刑事責任においては，この区別は決定的に重要であるが，民事責任の成立においては，何れかの存在が責任の要件であり，その意味においてこの区別は基本的に重要性がない。

　両者の区別は不法行為の成立要件としては重要ではないが，①債権侵害の成立要件としては故意が必要であること，②故意の場合の損害の範囲は過失の場合に比べて拡大する場合があること，③慰謝料の請求が問題となる場合には，故意責任の場合の方が賠償額が大きくなりうること，は一般的に承認されている。しかし，それは通説によれば，故意責任と過失責任の本質的差から導かれるものではなく，「相当因果関係の適用上の差異」や，「非難可能性における連続した程度の差」から導かれるものであるとされている（澤井166頁等）。このような理解に対しては近時有力な異論がとなえられている。[13]

---

12)　不法行為が成立するためには，加害者において他人の権利を侵害すべき意思あることを必要とせず，権利侵害となるべき事実を認識していれば足りる（大判昭5・9・19新聞3191・7）。また，ある特定の人に損害が発生することについて故意・過失のあることを必要としない（大判昭7・5・3民集11・812）。

13)　通説は次の点で矛盾しているとする。①　故意のみによる不法行為（第三者による債権侵害等）を認める以上，解釈論として故意と過失の区別を明確にすべきであり，両者の差異に否定的であるのは矛盾である。②　故意と過失とは非難可能性の差と解するのも，過失に関する判例の準則を無視するものである。ここでいう判例の準則とは，「709条所定の『過失』とは，その終局において，結果回避義務の違反をいうのであり，かつ，具体的状況のもとにおいて，適正な回避措置を期待しうる前提として，予見義務に裏づけられた予見可能性の存在を必要とする。」との準則である（平井72頁以下，28頁）。

(2) 過失の意義

これまでも実際に過失の有無が問題にされたのは，過失の主観的態様（認識ある過失か否か等）をめぐってではなく，損害発生の防止に必要な注意義務を尽くしたか否かをめぐってであった。判例も，過失は，その行為が違法の結果を生じ得べきことを認識しながら，その結果を生ずることはないであろうとの希望をもって相当の注意を欠く場合（認識ある過失）にのみ存するわけではなく，違法の結果が生じ得るとの認識がなくても相当の注意をすればこれを認識し，かつ，避けえた場合にも存する（大判大2・4・26民録19・281）としていた。

なお，契約締結に際しての説明義務が不十分であったことが相手方に対する不法行為に当たるとした判例がある。契約の一方当事者が，当該契約の締結に先立ち，信義則上の説明義務に違反して，当該契約を締結するか否かに関する情報を相手方に提供しなかった場合には，当該一方当事者は，相手方が当該契約を締結したことにより被った損害につき，不法行為による損害賠償責任を負うことがあるのは格別，債務不履行による賠償責任を負うことはない（最判平23・4・22民集65・3・1405）。当該注意義務は当該契約により発生したものではないからである。

2 注意義務の程度

上に述べたような意味で過失の有無を決めることになる注意義務の程度は，普通の注意をなしうる者が事物の状況に応じて通常なすべき注意をすれば足りるから，その程度に相当する注意をしていさえすれば，仮に一層周到な注意を尽くせば損害の発生を防止しうべき場合であったとしても，過失の責任は負わない（大判明44・11・民録17・617）（詳しくは，後述 ❸ 2 参照）。

3 過失の客観化とその具体的検討

上に述べたように過失を客観的義務違反に対する責任として捉えることを過失の客観化と呼んでいる。

---

14) 事案は，簡略化すれば，次のようなものであった。亜硫酸ガスを製造し，これを凝縮して硫酸を製造し銅を精錬する等を業とするA化学工業会社の工場から排出された亜硫酸ならびに硫酸ガスによって，Bの農作物が害されたので，BがAに対して，709条に基づいて損害賠償を請求した。

(1) リーディングケース

過失の意義が問題とされた「大阪アルカリ事件」を例にしてこの点について検討してみよう。事案は、簡略化すれば、前述（注14））のようなものであったが、ここでの主要な問題点は次のようなものであった。

(2) 予見可能性か結果回避義務か

過失とは、結果発生に対する予見可能性があったにもかかわらず、予見の前提としての調査研究義務の懈怠により当該行為を行ったことと解すべきか（予見可能性説）、それとも結果回避のために最善を尽くすべき義務に違反したことと解すべきか（結果回避義務違反説）、という点が問題となった。この点につき、原審は前説に立ち、予見可能性を前提として同義務の懈怠による過失ありとして、被告の損害賠償義務を認めた。

(3) 判例と学説

これに対して、大審院は、後説に立ち、過失を結果回避義務違反と解して、そのための相当な設備をなしたか否かを原審は審理していないとして、破棄差し戻した（大判大5・12・22民録22・2474）。予見可能性説によれば、調査研究義務を尽くして結果発生を予見した場合において、防止義務をつくしても結果発生を防止できないときは、その行為を中止すべきであるから、その防止義務が最善のものであったか否かは問題とならないが、判例理論によれば、最善の防止義務を尽くせば、結果発生に至ったとしても過失はないことになるから、この点は理論的にも重要な相違点である。

(4) 過失概念のまとめ

判例理論に従う場合でも、結果発生の「防止義務」や「回避義務」について「最善ないし相当な」ものでなければならないと解することによって、結果的には予見可能性説に近づくことができる（差戻し後の高裁判決では、A会社は相当な設備をしていなかったとして、原審におけるA会社の過失認定を維持して損害の賠償を認めた）。その意味では上記いずれの説に立っても結論的にみてそれ程大きな違いが出るとは思われない。

② 過失概念の変遷
1 過失概念の規範化とその成立範囲

過失は，前述のように，本来主観的な内容を有する概念である（意思の緊張を欠くという点に非難可能性の根拠を求める）が，学説・判例がこれを調査研究義務違反または結果回避義務という行為義務違反と解するようになったことにより，過失概念はなすべき行為をしなかったという規範的評価を内容とするものに変化してきたということができる。

過失を結果回避義務違反と解するときは，過失は行為の構造自体の要素ではないから，過失行為ではなく，過失ある行為と呼ばれる（前田・帰責論215頁）。このような考え方に立つと，様々な作為義務違反を想定した不法行為を認めやすくなるということができよう（最判昭57・9・7民集36・8・1572参照）。一定の結果に対する予見可能性を前提とした結果回避義務違反に限らず，関連作為義務違反を前提とした過失を要件として不法行為の成立を認めることが可能となるからである。上記判例の事案は，闘犬の飼主が危険防止のための十分な措置をとらなかったために事故が続発していることを知りながら，飼主に対して飼育場所を提供し，かつ，日頃から飼育に協力するなど多大の便益を提供していた者が，飼主が不在のため自ら同闘犬の保管にあたっていながら，第三者が同闘犬を容易に連れだせる程度の施錠装置しかない犬舎を路上に置いたまま漫然外出し，その間に飼主の雇人が酒に酔って右犬舎から犬を連れだし，同闘犬が幼児を襲い死亡させたというものであった。判例は，その便益の提供者には「事故防止のための高度な注意義務」に対する違反があったとして，幼児の死亡について709条の責任を認めた。ここでも注意義務違反を伴った行為の責任が問われている。闘犬が幼児を襲わないようにする注意義務（予見義務とその結果回避義務）は，直接的には，闘犬を連れだした者にあると言うべきであるが，保管者には，簡単には誰でも連れだせないようにすべき高度な注意義務（一種の予見義務）があったと解すべきである。後述③4の輸血事件も参照。

2 過失概念の再構成

判例のように，結果回避義務違反を重視して過失概念を把握するとしても，結果発生に対する予見可能性がなければ結果回避義務の内容も分からないの

であるから，その意味では予見可能性が前提であると解すべきである（前述の大阪アルカリ事件の原審では，予見可能性があったということのみで過失ありと判断したのであり，この説とは異なる）。このような立場から過失を定義すれば，過失とは，違法な結果の発生を不注意によって認識せず，その発生を予見して防止すべき義務を怠ることである（幾代＝徳本38頁）。また，近時の学説の到達点を条文化したものとも言うべき「日本不法行為法リステイトメント」（リステイト8頁）が「行為をする者が，その種類の行為をする者に通常期待される予見の義務または結果回避の義務に違反したことにより，法律上保護されるべき他人の利益を侵害した場合には，その損害を賠償する義務を負う」としているのは，右の議論をさらに1歩進めて，予見義務を前提としているのである。

3 まとめ

本来純粋に主観的な要素である過失概念が，実際の法の適用場面において，結果回避義務を媒介として，次第に規範的内容を有するようになり，その判断基準との関連で考えるならば，極めて客観的なものとなってきた。その結果，違法性に関する判断と過失に関する判断は極めて近似することとなった。これを共通の基盤としたうえで，①違法性に関する判断は過失の判断に吸収されたと解するか，[15] ②709条の過失を具体的過失と解することにより責任の領域において独自の意味を持たせるか（後述❸1(1)(b)参照），または，③一般標準人としての行為基準（一般的抽象的基準）に違反することによって社会に対する信頼を裏切ったことに対する責任を負うと解するか，いずれかになろう。過失理論の変遷を構成要件論の枠組の中で受けとめている点で，③説が最も妥当であると思われるが，詳細は違法性の判断に関連して後に述べる（138頁）。

[15) **違法性を過失に統合する説**　①新過失論　権利侵害（709条）の要件が拡大された以上，違法性論はその機能を果たし終えて存在理由を失い「過失」へと論理必然的に転化したから，不法行為の一般的成立要件としては過失で十分であるとする。この場合の過失の判断を規定するのは，当該行為から生ずる損害発生の危険の程度ないし大きさ，被侵害利益の重大さ，および損害回避義務を負わされることによって犠牲にされる利益と上記二つの因子との比較衡量であるとする。
　②新受忍限度論　受忍限度をこえた損害を他人に与えた場合には，予見可能性の有無に関係なく「過失」があると解する。この場合の過失は，主観的心理状態の問題から完全に切り離されて，純粋に客観的な問題（侵害防止措置を講じたか否かという問題）として捉えられている。

③ 過失をめぐるその他の問題点
1 注意義務とその対象

過失とは，損害の発生を予見し，その発生防止のための手段をとることについての注意義務に違反することであるが，これには違法性の認識についての注意義務違反も含まれるであろうか。この場合には，さらに，①法規範の存在を知らないために法秩序に違反した場合と，②結果の発生を認容している場合であっても違法性の認識がない場合とが問題となる。

例えば，前者は行政上定められた一定の基準の存在を知らない場合などであり，後者は形式的基準を守っているために違法性の意識がない（このこと自体に過失があれば過失責任を負う）場合である。

(1) 法規範の不知

法規範の存在を知らないために法秩序に違反した場合（例えば，煤煙排出に関する一定の基準の存在を知らない場合）は，さらに2つに分けられる。

(イ) その規定の規範内容が明白である場合には，知らないで行為をしたことに関して過失を推定し，反証がなければ過失があると解してよい。

(ロ) これに対して，その規定の解釈について争いがある場合のように，規範内容が明白でない場合には，過失を認めるに足る特別の事情がない限り，無過失と解すべきである。法規範の理解の難易度に関係なく，それを知らずに行為したことの責任を問うべきではないからである。

(2) 違法性認識の欠如

形式的な規範の存在を知っており，それを守っているから違法でないと考えている場合も問題となる。例えば，煤煙の排出基準を守っている場合である。特に，結果発生を認容している場合が問題である。前述(1)(b)の場合にもこれに該当することがありうる。通常人が違法を認識しうる場合であれば，過失を認定すべきである（参照判例，最判昭46・6・24民集25・4・574）。これを端的に故意とする見解もある（澤井165頁）。

2 注意義務の基準

過失は，軽過失と重過失とに分けられるが，軽過失はさらに具体的過失と抽象的過失に分けられる。

(1) 軽過失

(イ) 通説　軽過失のうちで、加害者の個人的能力を基準として判断する過失（659条、827条）を具体的過失という。通説によれば、709条が前提としている過失はこれと異なり、加害者が属する職業、社会的地位等における通常人に対して一般的に要求される注意義務、すなわち、善良なる管理者の注意義務（400条参照）を怠ることである（抽象的過失）。例えば、加害者は責任能力を有してはいるが、注意力の点では通常人の基準より低いという場合がある。後述(ロ)の具体的過失説によれば、本人の能力が基準となるから過失がないとされる場合であっても、抽象的過失説によれば、通常人が基準となるから過失が認定される場合もありうる。

(ロ) 通説に対する批判　通説が709条の過失を「抽象的過失」と解するのであれば、過失の認定において、具体的な加害者の心理内容ないし行為義務を問題にする余地はないはずである。すなわち、責任能力については、個々の行為者の能力に即して個別具体的に判断するのに、同じく主観的要素である過失については、抽象的・客観的に高い注意能力を要求するのは矛盾であるとの批判がある（石田・再構成32頁）。

この説は、少数説ながら、709条についても、具体的過失を要件と解している。その要点は、次のとおりである。①過失責任主義を前提とするならば責任（要素）は主観的なものであるべきである。②通説も一般的責任要件については、加害者を基準としている。③違法性の判断要素に客観的注意義務違反が要件として取り入れられている以上、責任要件の中に再び客観的注意義務違反を取り上げる必要はない（大学双書127頁〔石田　穣〕など）。

(ハ) 通説からの反論　これに対する通説側からの反論は、必ずしも論理的に批判点に対応させつつ答えたものではないが、次のような説明がなされている。我々が円滑な社会生活を営みうるためには、各人が一般標準人としての行為基準を守って行為することが期待されており、そのことに対する信頼が存在している。過失ある行為を行った者は、この信頼を裏切ったことになる（前田・帰責論212頁）。つまり、一般標準人としての行為基準（客観的要素）に違反した者は、それが遵守されるとの一般的信頼を裏切ったことに対する責任（主観的要素）を負うことになる。従って、責任である以上、その内

容は具体的なものであるが，その判断基準は客観的なものであるから，これは抽象的過失であると解すべきである。

(2) **重過失**

これは，相当の注意をしなくとも違法有害な結果の予見が容易である場合に，これを看過して回避防止行為をしないことをいう（大判大 2・12・20 民録 19・1036，最判昭 32・7・9 民集 11・7・1203）。すなわち，善管注意義務を著しく欠くことである。

3　注意義務と取締法規の関係

取締法規を遵守していれば過失がないとはいえないが，これを守っていれば無過失が推定される，と考えてよい。逆に，これに違反した場合には，法規の内容が不合理なものでない限り，故意または過失が推定されると解すべきである（貸借対照表公告義務違反の事例——大判明 45・5・6 民録 18・454 参照）。

4　結果回避義務違反と予見義務違反

具体的に，どのような注意義務を果たせば過失がないと言えるのであろうか。この点について，前述の大阪アルカリ事件では，大審院は，予見可能性があっても，結果回避義務違反がなければ過失はない，と解している。しかし，判例においても，過失は常に結果回避義務違反として把握されているわけではない。例えば，国立大学の付属病院の医師が職業的給血者から輸血用の血を採取するに際して「売春婦と接したことがあるか」との問診をしなかったことが過失にあたるとしたが（最判昭 36・2・16 民集 15・2・244），この場合には，特定人の血液の採取行為の具体的危険性の程度を確認すべき義務に違反したことを以って過失と認定している。ここで問題となっているのは，結果回避義務違反というよりも一種の予見義務違反の要素が強い場合である。

5　故意・過失の阻却・軽減事由

電車の線路を横断する者につき，立入禁止の告示を無視した過失があっても，そのことは反対側面（停車位置修正のため逆行する場合）に対する注意を怠った車掌の過失を阻却することにはならない（大判大 11・10・7 彙報 34・上 1）。過失者のとった措置がなかったならば，さらに多くの災害を生じたであろうことは，過失責任の軽減事由とはならない（大判昭 8・7・31 民集 12・2421）。

6 故意・過失の擬制と709条の適用

悪意が法律上擬制される場合がある。例えば，189条2項による悪意の擬制は，善意占有者としての保護を与えないための時期を定めた擬制であるから，これよって709条の故意・過失が擬制されるわけではない（大判昭18・6・19民集22・491）。従って，係争物件を自己の所有と信じて占有していた者が，本権の訴えにおいて敗訴したからといって直ちにその者に故意または過失があると判断することはできない（最判昭32・1・31民集11・1・170）。

④ 故意・過失の立証

1 原則

故意・過失は，不法行為の積極的要件であるから，不法行為（709条）の成立を主張する者が，その立証責任を負う（大判明38・6・19民録11・992参照）。故意または過失が要件であるから，原告が故意を主張していても，裁判官は過失を認定して不法行為を認めてよいし（大判明40・6・19民録13・685参照），責任を最終的に否定するには，故意のみならず過失の有無をも判断しなければならない（大判大3・4・2刑録20・438参照）。

故意・過失に関する被害者の立証は一応行為者の故意・過失を推定させる事実の提出で足りるが，提出した事実がこの推定に不足なときは，立証責任を尽くしたことにはならない（大判大4・3・24民録21・412）。過失を推定すべき事実があれば，故意・過失のないことを主張する者に無過失の事実を証明する責任がある（大判大7・2・25民録24・282）。

2 立証責任の転換

(1) 法律の規定に基づく場合

故意・過失のように人の心理状態に関すること（古典的概念を前提としている）の立証を求めることは，被害者の救済を事実上困難にする恐れがある。過失を結果回避義務違反と解する説においても，その困難さについては同様であろう。そこで，一定の場合について，民法は，立証責任の転換を図っている（714条，715条，717条，718条等）。例えば，使用者Aの被用者Bの不法行為（709条）により損害を受けたCは，Bの不法行為責任を前提として，Aに対して損害賠償を請求することができるが，その際にAの故意・過失を立

証する必要はない。むしろ，Aが「Bの選任およびその事業の監督につき相当の注意をなしたこと，または相当の注意をなしたけれどもその損害が生じたこと」を立証しなければならないのである。

(2) **解釈に基づく場合**

(イ) 製造物責任（不法行為）が問題になった場合においては，製造物責任法の成立までは，消費者側が製造者の過失を立証しなければならなかった。しかし，立証に必要なデータは製造者のもとに存在している場合が多かったから，特にそのような場合については，製造者の過失を推定すべきであるとの見解が有力であった。これを受けて，同法が無過失責任を認めた結果（3条），その適用がある事例（動産の製造物責任）については問題は解決された。

(ロ) しかし，公害事件や医療過誤事件（145頁以下参照）においては，予見義務の内容やその義務を尽くしたか否かが依然として重要な問題となる。これを原則通りに被害者の立証責任としたのでは，損害賠償請求が事実上困難になってしまう。そこで，このような場合については，加害者側の予見可能性を推定すべきであるとの見解が有力に主張されている。

5 故意・過失の具体的事例

1 交通機関の運転（自動車と電車の場合）

軌道上を相当な速度で走る電車の運転手の前方注意義務と，道路上を自由に走る自動車の運転手の前方注意義務とでは，その程度・範囲が異なるのは当然である。

(1) **自動車の場合**

(イ) **自動車と市街電車** 自動車の運転手は，一時停車した市街電車に接近するには，停車するか少なくとも徐行する等適切な操車方法をとって，不用意な降車客に対する危害を避けられるようにしなければならない（大判大11・5・11刑集1・274参照）。自動車が混雑した市街電車の停留所を通過する場合には，運転手は警笛を鳴らし，いつでも急停車できるように徐行しなければならない（大判昭2・1・19刑集6・1参照）。

(ロ) **前方注意義務** 幼児が突然前方を横断しようとしたので，自動車の運転手はその後方に出ようとしたところ，幼児が急に後方に戻ったために衝

突したときは，運転手に過失はない（大判大15・4・15新聞2541・5参照）。自動車の運転手は，横断者を認めたときは，その者が自動車の疾走によって逃避して度を失うことのあるのを考慮して，徐行その他応急の措置をとらなければならない（大判昭6・4・28新聞3272・15参照）。自動車の運転手は先行する自動車の行動に注意し，もし，先行車が事故を避けるため急停車した場合には，自らも急停車または徐行できるよう，速力の調節および車両の間隔等に注意すべく，追い越す場合にはなおさら操車方法に注意しなければならない（大判昭8・7・7刑集12・1184参照）。自動車の運転手は，交差点を通行する者が信号にかかわらず停止線を突破して進行してきたため，その状況から衝突の危険を認めたときは，これを未然に防止する義務を負う（大判昭9・7・12刑集13・1025参照）。

(ハ) **後方注意義務** 自動車の運転手が，助手に命じて後方の遠距離を注意させクラクションを鳴らしただけで，自動車の直後に危険がないか否かを確認しないで後退したために，車の後部に児童が接するようにして停立しているのに気づかず，これに傷害を与えた場合には，運転手に注意義務違反の過失がある（大判昭9・12・10刑集13・1709参照）。

(ニ) **その他の運行上の義務** 貨物自動車の運転手は，助手または荷主が同乗している場合でも，積荷の転落によって通行人に危害を及ぼさないよう，相当の注意をする業務上の義務を負う（大判昭9・9・10刑集13・1158）。すでに先行車に続いて追い抜き態勢にある車は，特別の事情がない限り，並進する車が交通法規に違反して進路を変えて突然，自車の進路に近寄ってくることまでも予想して，それによって生ずる事故発生を未然に防止するため，徐行その他避譲措置をとるべき業務上の注意義務までは負わない（最判昭43・9・24判時539・40）。明らかに通行優先権（道路交通法36条）を有する道路を通行する者は，見通しのきかない交差点であっても，徐行義務を負わない（最判昭45・1・27民集24・1・56）。

(ホ) **管理義務** 自動車の所有者は，自動車運転による損害について賠償義務を負うのであり，自動車そのものは直接に他人の権利を侵害することはないから，動物占有者のような特別な注意をもって保管する義務を負うことはない（大判昭2・12・23評論17・民法642）。

(2) **汽車・電車の場合**

(イ) **横断に際しての注意義務**　電車の線路を横断しようとする者は衝突の恐れのない時を選ぶべきである（大判大3・3・11刑録20・278参照）。ふだん人が線路を横断する場所が，機関手の席からは見えないが助手席から見える時は，警笛をならすほか，助手に指示して前方を注視させ，危険のあるときは速報させるべきである（大判大14・6・4新聞2432・12）。

(ロ) **踏切に関する注意義務**　電車の運転手は，通行人が踏切に向かってくるというだけで停止する必要はないが，危険の恐れがあるときは，徐行または停止して危険を未然に防ぐ処置をとらなければならない（大判大8・2・7民録25・179参照）。列車が踏切の手前370メートルに来れば認識できる場合には，列車の乗務員が通行人を踏切突破する者と予想しなかったとしても，過失があるとはいえない（大判昭10・11・22評論25・民法826）。電車の運転手に過失なくして踏切事故が生じた場合でも，その踏切に番人を置かず自動警報機を設備しなかった経営者につき，どのような責任を生ずるかは別問題である（大判昭5・9・22新聞3172・5は，自動警報装置を設置しなかった経営者の責任が問題となりうることを示唆する）。鉄道のような公共施設（踏切）に対しては，公衆も協力すべきであるから，午後10時以降は番人を置かず，またその掲示を明認するための燈火がなかったことから，直ちに過失があるとはいえない（大判大15・12・11民集5・833）。踏切番人は列車の通過の障害をなくすると同時に，通行人の生命身体等に対し危害の生ずることを防止すべき義務がある（大判大10・1・17刑録27・1）。踏切番人がやむをえず自ら任務に当たることができないときは，相当な時機に相当な代人を立てて代用させることによって完全にその義務を果たさなければならない（大判大10・9・5刑録27・585）。

(ハ) **営業上の注意義務**　鉄道の車掌は，発車前も運転の前途に支障がないかどうか，特に規定の標識を確認して危害を未然に防止する義務があり，駅長・助役の発車合図があるからといって，この義務を免れることはできない（大判大3・5・23刑録20・1011）。駅長その他鉄道係員は，列車運転の危険防止につき行政上の取締法規を守るばかりではなく，法律上・慣習上・条理上必要な注意義務を尽くすべきである（大判大14・2・25刑集4・125）。線路に故障のある場合には，番人は常に線路を看守し，夜も巡視しなければならな

い（大判大 9・6・17 民録 26・891）。

(3) **船舶の場合**

　運航委託契約により船舶の運航を受託した者は，船舶を自己の業務の中に一体的に従属させ，船長に対して指揮監督権を行使する立場にあり，船長から実質的に労務の提供を受ける関係にあった以上，信義則上，船舶の船主に雇われていた船長に対し，安全配慮義務を負っている（最判平 2・11・8 判時 1370・52）。海上物品運送業者が危険物であることを知って物品を運送する場合において，通常尽くすべき調査により，その危険性の内容，程度及び運搬，保管方法等の取扱い上の注意事項を知りうるときは，同危険物の製造業者および販売業者は，海上物品運送業者に対し，その危険性の内容等を告知する義務を負わない（最判平 5・3・25 民集 47・4・3079）。

2　医療過誤の場合（高度な注意義務，診療契約との関係）

　人の生命・身体に直接に係わる仕事に従事する者として，医師には特に高度な注意義務が課せられる。その意味では，医療行為には緊急事務管理の規定（698 条）は適用されないと解すべきである。また，原則として診療契約上の注意義務違反の責任と不法行為責任とが競合する。

(1) **治療行為一般**

　犬にかまれた患者の治療にあたった医師が，その狂犬でないことの推測が可能な程度の資料があったにもかかわらず，狂犬病の発病を恐れるあまり，まず予防接種をしておけばよいとの安易な考えのもとに，その接種による後麻痺症の危険について殆ど考慮を払わずに，これを継続施行する等の事情があるときは，同医師は後麻痺症の発生につき過失がある（最判昭 39・11・24 民集 18・9・1927）。血管腫に対する治療としてラジウム照射を行う際，同照射によって皮膚に永久的な醜状痕跡を残すことが予想される場合には，他の方法を検討すべきであるのに，漫然，照射を続けたために患者の顔面に醜状痕跡を発生させるに至った場合には，担当医に過失がある（最判昭 43・6・18 判時 521・50）。水虫治療のためのレントゲン照射が皮膚がん発生の主要原因をなしていると考えられる場合において，担当医師が対症療法にすぎないレントゲン照射を皮膚がん発生の危険を伴わないとされていた線量をはるかに超えて行い，しかも，他の医師により皮膚障害を発見されて初めて中止した等の

事実関係のもとでは，同担当医師は業務上の注意義務を怠った過失があるというべきである（最判昭44・2・6民集23・2・195）。開業医は，顆粒球減少症の副作用を有する多種の薬剤を長期間継続的に投与された患者について薬疹の可能性のある発疹を認めた場合においては，自院または他の診療機関において患者が必要な検査，治療を速やかに受けることができるように相応の配慮をすべき義務がある（最判平9・2・25民集51・2・502）。

治療行為につき，第三者に対する安全配慮義務を伴う場合もある。例えば精神病院に措置入院中の精神分裂病患者が院外散歩中に無断で離院して金員強奪の目的で通行人を殺害したことについて，病院の院長，担当医師，看護士らに無断離院を防止すべき注意義務を尽くさなかった過失があるとされた判例がある（最判平8・9・3判時1594・32）。

(2) **手術**

気管支形成手術において，気管支上にまたがっている肺動脈部分の3分の2は順調に剥離できたので，最も脆弱化が予想されるべき狭窄部に接する箇所についても，無事剥離することが可能であろうと即断し，漫然と剥離操作を進めた結果，肺動脈を損傷するに至った場合には，同執刀医には過失がある（最判昭43・7・16判時527・51）。

(3) **説明義務**

頭蓋骨陥没骨折の障害を受けた患者の開頭手術を行う医師には，同手術の内容およびこれに伴う危険性を患者またはその法定代理人に説明する義務があるが，そのほかに患者の現症状とその原因，手術による改善の程度，手術をしない場合の具体的予後〔病気の経過に関する医学的見通し〕内容，危険性について不確定的要素がある場合にはその基礎となる症状把握の程度，その要素が発現した場合の対処の準備状況についてまで説明する義務はない（最判昭56・6・19判時1011・54）。しかし，患者が宗教上の信念から輸血を伴う医療行為は拒否するとの明確な意思を有している場合には，このような意思決定をする権利は人格権の一内容として尊重されなければならないところ，医師が輸血以外にほかに救命手段がない事態に至ったときは患者およびその家族の諾否にかかわらず輸血するとの方針をとっていることを説明しないで手術を施行して輸血をしたときには，同人の人格権を侵害したものとし

て精神的苦痛を慰謝すべき責任を負う（最判平 12・2・29 民集 54・2・582）。乳がんに対する胸筋温存乳房切除と乳房温存療法のように一方が医療水準として確立され他方が未確立の療法につき，医師は常に後者について説明義務を負うとはいえないが，当該療法が少なからぬ医療機関において実施され，相当数の実施例があり，実施した医師の間で積極的な評価もされているものについては，患者が当該療法の適応である可能性があり，かつ患者が当該療法の自己への適応の有無，実施可能性について強い関心を有していることを医師が知った場合などにおいては，医師の知っている範囲で，当該療法の内容，適応可能性やそれを受けた場合の利害得失，実施医療機関名などを説明する義務がある（最判平 13・11・27 民集 55・6・1154）。医師が未熟児である新生児を黄疸の認められる状態で退院させる場合には，黄疸が増強することがありうること，さらに黄疸が増強して哺乳力の減退などの症状が現れたときは重篤な疾患に至る危険があることを説明し，黄疸症状を含む全身状態の観察に注意を払ったうえで，哺乳力の減退等の症状が現れたときは速やかに医師の診察を受けるように指導すべき注意義務を負っている，とした判例がある（最判平 7・5・30 判時 1553・78）。

　チーム医療の総責任者は，条理上，患者や家族に対し，手術の必要性，内容，危険性等についての説明が十分に行われるように配慮すべき義務を有するが，手術に至るまで患者の治療にあたってきた主治医が同説明をするのに十分な知識，経験を有している場合には，主治医に同説明をゆだね，自らは必要に応じて主治医を指導，監督するにとどめることも許されるものと解され，主治医の同説明が不十分なものであったとしても，主治医が同説明をするのに十分な知識，経験を有し，チーム医療の総責任者が必要に応じて当該主治医を指導，監督していた場合には，同総責任者は説明義務違反の不法行為責任を負わない（最判平 20・4・24 民集 62・5・1178）。

　なお，以前にストーカー等の被害を受けた被害者が医師の不適切な言動により PTSD（心的外傷後ストレス障害）を被ったと主張する場合において，医師のやや不適切な言動が，生命身体に危害が及ぶことを想起させるような内容ではなく，以前の外傷体験と主張されるストーカー被害と類似またはこれを想起させるものでもないときは，PTSD 発症との相当因果関係があるとい

うことはできないとされた判例がある（最判平 23・4・26 判時 2117・3）。

(4) 医療水準との関係

医師の医療行為が，その過失により，当時の医療水準にかなったものでなかった場合において，同医療行為と患者の死亡との間の因果関係の存在は証明されないけれども，医療水準にかなった医療行為が行われていたならば患者がその死亡の時点においてなお生存していた相当程度の可能性の存在が証明されるときは，医師は患者に対し不法行為責任を負うべきである（最判平 12・9・22 民集 54・7・2574）。極小未熟児に対する酸素供給の結果，未熟児網膜症を惹起せしめた医師がなした本症の予防ないし治療方法が，当時（昭和 42 年）の医学水準に適したものであり，特に異常ないし不相当と認められる処置がとられたとはみとめられない以上，酸素の投与による本症の発病を予見しえなかったことおよび眼科医に依頼して定期的眼底検査ををしなかったことをもって過失があったとは言えない（最判昭 54・11・13 判時 952・49）。昭和 51 年に出生した極小未熟児が，急激に進行する未熟児網膜症により失明した場合において，当該病院には当時一般的に認められるに至っていた光凝固等の手術のための機械がなく，また同児の眼底検査を担当した眼科医が未熟児網膜症についての診断治療の経験に乏しく，2 回の検査により眼底の状態に著しく高度の症状の進行を認めたにもかかわらず，直ちに同児に対し他の専門医による診断治療を受けさせる措置をとらなかったため，同児が適期に光凝固等の手術を受ける機会を逸し失明するに至った等の事実関係のあるときは，同医師には同児の失明につき過失がある（最判昭 60・3・26 民集 39・2・124 否定判例として最判平 4・6・8 判時 1450・70 がある）。医師が新生児を「新生児メレナ」に罹患しているものと判断し，その治療のために大腿部に注射したところ，大腿四頭筋拘縮症となった場合に，同行為は昭和 37 年当時の医療水準に照らし，必要かつ相当な医療行為であったということができ，当該医師に不法行為責任ないし債務不履行責任は認められない（最判昭 61・10・16 判時 1217・60）。

新規の治療方法の存在を前提にして検査・診断・治療等にあたることが診療契約に基づき医療機関に要求される医療水準であるかどうかを決するについては，当該医療機関の性格，その所在する地域の医療環境の性格等の諸般

の事情を考慮すべきであり，同治療に関する知見が当該医療機関と類似の特性を備えた医療機関において相当程度普及しており，当該医療機関において同知見を有することを期待することが相当と認められる場合には，特段の事情がない限り，同知見は当該医療機関にとって医療水準であるというべきである（最判平7・6・9民集49・6・1499）。

なお，患者が適切な医療行為を受けることができなかった場合に，医師が患者に対して，適切な医療行為を受ける期待権の侵害のみを理由とする不法行為責任を負うことがあるか否かは，当該医療行為が著しく不適切なものである事案について検討しうるにとどまるべきであるところ，左脛骨高原骨折の傷害を負い骨接合術および骨移植術の外科手術を受けた被害者が，手術から約9年を経過した時期に，左足の腫れが続いているなどを訴え，その後，3年余りの間に2回左足の腫れ等を訴えたが，医師としては，各診察時にレントゲン検査等を行い，皮膚科での受診を勧めるなどしており，また，当時，下肢の手術に伴う深部静脈血栓症の発症の頻度が高いことがわが国の整形外科医において一般に認識されていたわけでもないから，当該医療行為が著しく不適切なものであったとはいえないとした判例がある（最判平23・2・25判時2108・45）。

(5) **転送義務**

医師が，過失により患者を適時に適切な医療機関へ転送すべき義務を怠った場合において，その転送義務に違反した行為と患者の重大な後遺症の残存との因果関係は証明されなくとも，適時に適切な医療機関への転送が行われ，同医療機関において適切な検査，治療等の医療行為を受けていたならば，患者に重大な後遺症が残らなかった相当程度の可能性の存在が証明されるときは，医師はその可能性を侵害されたことによって被った損害を賠償する責任を負う（最判平15・11・11民集57・10・1466）。

(6) **立証責任との関係**

診療契約は準委任契約と解されているから，善管注意義務をもって債務を履行することが義務の内容であり（手段債務），その点で，請負契約の結果が設計図との違いとなっている場合のように，一定の結果をもたらすことが義務内容になっている場合（結果債務）とは異なる。そのために，患者が医師の

診療契約の不履行を主張する場合には、結局、医師の帰責事由までも立証しなければならないことになる。そこで、医師の過失につき、「一応の推定」則が働くと解すべきであると主張する説が有力に主張されている（中野貞一郎「診療債務の不完全履行と立証責任」賠償法講座4、71頁以下参照）。

医師側の具体的注意義務違反が直接に証明できなくても、およそ医師側になんらかの注意義務違反があったのでなければ、そのような事態は生じないという経験則が働く場合においては「一応の推定」を適用することができると解すべきである（最判昭51・9・30民集30・8・816）。この点は不法行為の場合にも同様に解すべきである。例えば、医師が医薬品を使用するにあたって医薬品の添付書類（能書）に記載された使用上の注意事項に従わず、それによって医療事故が発生した場合には、これに従わなかったことにつき特段の合理的理由がない限り、当該医師の過失が推定される（最判平8・1・23民集50・1・1）。

3　製造物責任等（食品，薬品，その他）

商品の製造過程での欠陥は、売買契約上の責任としては、瑕疵担保責任となるが、それでは真の責任者の法的責任を問うことができない。いわゆる拡大損害が議論の中心となるからである（後述、特別法上の不法行為責任〔301頁以下〕も参照）。

(イ)　**食品**　食用油に有毒物PCBが混入していた場合につき製造物責任を肯定した裁判例がある（福岡地判昭52・10・5判時866・21）。

(ロ)　**医薬品**　キノホルムによって重篤な副作用が生じた場合につき製造物責任を肯定した裁判例がある（福岡地判昭53・11・14判時910・33）。そのほかにも、サリドマイド、クロロキンなどの医薬品による被害が発生しており、社会的には薬害とよばれている。

4　労働災害等

実際には、労働災害補償によって塡補できない損害が問題となる。また、従業員の損害を企業の損害と解することができるか、といったことも問題となる（後述、個人的被害と企業損害286頁以下）。

(1)　安全配慮義務

伐採事業に従事する者は、伐木転落上危険な区域において、上方から木材を転落させるには、下方における人の出入等について特別周到な注意を払う

ことを必要とする（大判大8・12・22民録25・2348）。鉱山業者は，坑道の落盤の恐れのある場所については，危険予防のため支柱その他の設備をして危険予防の方法を講ずべきである（大判昭2・5・27新聞2709・12）。

(2) **安全配慮義務と証明責任等**

通説は，履行遅滞，履行不能と同様に，不完全履行についても，帰責事由の不存在についての立証責任は債務者にあると解している（我妻・民法講義Ⅳ153頁）。しかし，給付の不完全については，債権者が立証責任を負うと解する説（國井・百選Ⅱ債権〔第2版〕14頁）も有力に主張されている。特に，積極的債権侵害型の不完全履行の場合には，給付の不完全をいうためには，注意義務違反を主張・立証しなければならない。例えば，請負契約の結果の不完全が設計図との違いであれば，原則論通りでよいが，給付方法に瑕疵があり，そのために債権者のもとで損害が発生した場合には，その欠陥がどのようなものであるかを主張・立証しなければならない。それは給付の方法についての注意義務違反を主張・立証することにほかならない。その結果，給付不完全と帰責事由の立証とは殆ど差はないことになる。判例も「国が国家公務員に対して負担する安全配慮義務に違反し，右公務員の生命，健康等を侵害し，同人に損害を与えたことを理由として損害賠償を請求する訴訟において，右義務の内容を特定し，かつ，義務違反に該当する事実を主張・立証する責任は，国の義務違反を主張する原告にある。」としている（最判昭56・2・16民集35・1・56）（立証責任につき149頁以下も参照）。

なお，使用者の安全配慮義務違反を理由とする債務不履行に基づく損害賠償請求権は，労働者がこれを訴訟上行使するためには弁護士に委任しなければ十分な訴訟活動をすることが困難な類型の請求権であるから，労働者が，安全配慮義務違反を理由とする損害賠償を請求するため訴えを提起することを余儀なくされ，訴訟追行を弁護士に委任した場合には，その弁護士費用は，事案の難易，請求額，認容された額その他諸般の事情を斟酌して相当と認められる額の範囲のものに限り，安全配慮義務違反と相当因果関係に立つ損害というべきであるとした判例がある（最判平24・2・24判時2144・89）。

5 **学校事故等**

教師は教育活動から生ずる危険に対して生徒の安全を保持する義務を負う

ものであり，この義務には万一事故が発生した場合には，これによる被害の発生もしくはその拡大を阻止するという事後措置義務も含まれる（東京高判昭58・12・12判時1096・72）。小学校の体育の授業中にサッカーボールが眼に当たり，1年余りの内に失明した場合において，事故当時には外観上何らの異常も認められなかったうえ，担当教諭において被害生徒が異常を感じてもあえてこれを訴えないことを認識しうる事情もなかったときは，担当教諭は失明防止のため事故の状況等を保護者に通知してその対応措置を要請すべき義務があったものとはいえない（最判昭62・2・13民集41・1・95）。

なお，学校による教育内容の変更が不法行為となりうるか，が争われた事例がある（最判平21・12・10民集63・10・2463）。

6　スポーツ・レジャー

スポーツ・レジャーといってもその内容は多様であるが，中には相当に危険を伴うものがある。一般論としては，それぞれについて存在しているルールを守って参加している者が，結果として相手方に負傷を負わせるようなことがあっても損害賠償義務を負うことはない。その理由は，通常は，危険への接近や相手方の承諾の問題（いずれも違法性の問題）として説明できるが（第4節❹5参照），具体的行為について過失があれば賠償責任を負うと解すべきである。例えば，スキー場において上方から滑降する者は，前方を注意し，下方を滑降している者の動静に注意して，その者との接触ないし衝突を回避することができるように速度および進路を選択して滑走すべき注意義務（違法性との関係ではルールを意味している）を負っている（最判平7・3・10判時1526・99）。

7　司法書士の業務

登記義務者の代理人から登記済証に代わる「保証書」（旧不登44条）の作成を依頼されたのに対し，司法書士が代理権の有無を十分調査することなしに保証書を作成した場合には，過失がある（大判昭20・12・22民集24・137）。

8　建築士の業務

建築士には，建築基準関係規定に適合し，安全性等が確保された建築物を提供する等のために，建築物の設計および工事監理等の専門家として特別の地位が与えられているから，建築士は，その業務を行うにあたり，新築等の

建物の購入者に対して建築士法および建築基準関係規定による規制の潜脱を容易にする行為等，その規制の実効性を失わせるような行為をしてはならない法的義務があり，故意・過失によりこれに違反する行為をした場合には，これにより損害を被った建築物の購入者に対し損害賠償責任を負う（最判平15・11・14民集57・10・1561）。

建物の建築に携わる設計者，施工者および工事監理者（設計者等）は，契約関係にない居住者等に対する関係でも，当該建物に建物としての基本的な安全性が欠けることがないように配慮すべき注意義務を負っており，設計者等がこの義務を怠ったために建築された建物に基本的な安全性を損なう瑕疵があり，それにより居住者等の生命，身体または財産が侵害された場合には，設計者等は，不法行為の成立を主張する者が瑕疵の存在を知りながらこれを前提として買い受けていたなどの特段の事情がない限り，不法行為による賠償責任を負うべきであり，このことは，居住者等が当該建物の建築主からその譲渡を受けた者であっても異なるところはない（最判平19・7・6民集61・5・1769）。当該判決に言う「建物としての基本的な安全性を損なう瑕疵」をめぐって争いになり，第二次上告審において居住者等の生命，身体または財産（以下，生命等）を危険にさらすような瑕疵をいい，建物の瑕疵が居住者等の生命等に対する現実的な危険をもたらしている場合に限らず，当該瑕疵の性質に鑑み，これを放置するといずれは居住者等の生命等に対する危険が現実化することになる場合も，これに該当するとされた。この場合において，建物の所有者は自らが取得した建物に基本的な安全性を損なう瑕疵がある場合には，特段の事情がない限り，設計・施工者等に対し，当該瑕疵の修補費用相当額の賠償を請求することができ，同所有者が第三者に売却するなどしてその所有権を失った場合であっても，その修補費用相当額の補填を受けたなどの特段の事情がない限り，いったん取得した損害賠償請求権を当然に失うものではない点が明らかにされた（最判平23・7・21判時2129・36）。

9　訴訟・執行の場合

債務者の占有する動産の強制執行に際し，債務者または第三者が差押物件は債務者の所有ではなく第三者の所有である旨申し出たとしても，債務者または第三者においてその申出に沿う証拠資料をなんら提出しなかったとき

は，特別の事情のない限り，同執行の遂行につき債権者に過失があったものと推断することはできない（最判昭30・2・11民集9・2・164）。

　横領等を請求原因とした損害賠償請求（本訴）に対して，請求原因が事実に反するとして反訴を提起した場合において，本訴原告らが主張する権利または法律関係が事実的法律的根拠を欠くものであることを知りながら，または通常人であれば容易にそのことを知りえたのにあえて本訴を提起していたときは，不法行為となりうる（最判平22・7・9判時2091・47）。

10　金融機関などの義務

　金融機関がアレンジャーよりシンジケートローンへの参加の招へいを受けてこれに応じ，当該ローンが組成・実行されたが，借受人の決算書に粉飾があり，ローンの継続ができず，再生手続の開始決定がされた場合において，アレンジャーから交付された資料の中に，そこに含まれる情報の正確性・真実性についてアレンジャーは一切の責任を負わず，招へい先金融機関で借受人の信用力等の審査を行う必要がある旨記載されていたとしても，借受人の代表者が，アレンジャーの担当者に，シンジケートローンの組成・実行に係る判断を委ねる趣旨で，別件シンジケートローンにつき借受人のメインバンクが借受人の決算書に不適切な処理がある旨を借受人に指摘して専門家による財務調査の必要を強く指示し，かつそのことを参加金融機関に周知させたという情報を告げたなどの事実関係の下では，当該シンジケートローンのアレンジャーは，当該ローンへの参加を招へいした金融機関に対し前記情報を提供すべき注意義務を負うとした判例がある（最判平24・11・27判時2175・15）。

第4節　加害行為の違法性

1　序

　違法性の有無に関する判断を行うには，加害の事実を，被侵害利益の保護の観点と，加害者（債務者）の意思の自由（自由な意思の発現）ないし経済生活上の自由競争の観点から，具体的に検討しなければならない。特に非取引行為的不法行為の場合には意思の自由が考慮され，取引行為的不法行為の場合には経済的自由（競争）が考慮されなければならない。これらの自由は社会生活において尊重されなければならないから，そのこととの関連で違法性がないと考えるべき場合も少なくないからである。

　このような観点からは，絶対的権利としての物権に対する侵害の場合に不法行為が成立することについては問題はないが，本来，当事者間における相対的権利である債権においては，債務者の意思により債権の実現が妨げられただけでは債権に対する不法行為とはならない。すなわち，取引行為における競争の枠内にある限り債務不履行の成立要件としての違法性はあっても，不法行為の要件としての違法性はないことになる。

　また，人格権に対する干渉がどのような場合に侵害となりうるかという点も難しい問題を含んでいる。以下，順次，検討してみよう。

2　被侵害利益
1　債権侵害
(1)　債権の消滅

(イ)　**債権帰属の侵害**　　無権利者が債権の弁済を受けることは，債権者に対する不法行為となりうる。典型的な事例としては，無権利者が債権の準占有者として弁済を受ける場合（478条），受取証書の持参人として弁済を受ける場合（480条）がある。

　また，債権担保としての意義を有する代理受領を承認した第三債務者が，その債務を本来の債務者に弁済した場合には，債権者がその債権につき連帯保証人に履行請求権を有する場合であっても，複数の担保のうちの1個が失

われた場合と同様であるから，第三債務者に対してその債権自体の侵害による不法行為責任を追及することができる（最判昭61・11・20判時1219・63）。

しかし，通常の債権の二重譲渡は自由競争の帰結であって，債権侵害としての違法性がないので不法行為とはならない。ちなみに，債務不履行としての違法性は，契約違反から導かれるものであって，不法行為の要件としての違法性とはなりえない。

　(ロ)　**契約的給付と危険負担の問題**——被侵害利益の保護　　特定物の売買において，第三者が目的物を滅失させたときは，給付不能によって債権は消滅し，当事者間では危険負担の問題となる（534条等）。この場合に，買主が代金を支払っていたときは，買主は不法行為者に対してその損害の賠償を請求することができる。契約法の範囲で解決するならば，理論的には買主は売主の損害賠償請求権を代償として取得して行使することが可能であるが，不法行為の範囲で考えるならば，目的物の所有権が未だ移転していなければ，特定物債権に対する侵害として構成すればよいし（大判大11・8・7刑集1・401）所有権が買主に移転していれば特定の物の所有権に対する侵害として構成すればよい。

　(2)　**給付実現の妨害**

自由競争の結果，給付の実現が事実上妨害されても原則として不法行為にはならない。自由競争を根本原理とする社会にあっては，債権の給付内容の実現プロセスにおいても競争が認められることは当然であるから，そこにおいて不法行為が成立するためには，加害者に債権侵害の故意が必要であると解すべきである。

　(イ)　**債務不履行への加担**——自由競争との関連　　二重譲渡において，第2買主が債務者（売主）と共謀して第1買主との関連で債務の履行を妨害したときも，不法行為の成立が問題となりうるが，通常の二重譲渡の枠内にある場合には，自由競争の範囲内にあるから，違法性がない。ただし，それが強制執行妨害罪（刑96条の2）に該当したり，または公序良俗に反する目的を有する場合には，不法行為になりうる。

債務者が債務不払のまま会社（第三者）を退職し遠隔地に転居するに際し，その不払いの事実を知りながら同債務者の依頼により出発後にその家財道具

を荷造りして送ってやった同会社の係員の行為は，退職・転居が債務者の任意なもので同係員の積極的な働きかけによるものでない等の事情のもとでは，債権者に対する債権侵害とはならない（最判昭40・1・28判時400・19）。同係員の行為は違法性を欠くものと解してよいだろう。

　(ロ)　**詐害行為**　　債務者が自分の財産を他に売り渡し，債権者の共同担保を減少させても，当該債権者に対する不法行為とはならない（大判明39・7・9民録12・1106）。同債務者は本来，自己の財産を処分する自由を有しており，他方では当該債権者の債権も形式的には存続している点を考慮しなければならない。このような場合には，詐害行為取消権の行使を検討すべきである。手形債務に基づく強制執行を免れるために，債務者が会社を設立して自分の営業上の財産を無償譲渡した場合においても，会社の譲受行為は債権自体の存続または法律上の効力には影響がないから，債権侵害とはならない（大判昭8・3・14新聞3531・12）。

　(ハ)　**「引き抜き」等による債権侵害の場合**　　「引き抜き」等の手段との関連で，自由競争の範囲内の行為かどうかが問題になる。関係当事者の自由意思に基づいた「引き抜き」の結果，「引き抜き」にあった企業等が損害を被ったとしても原則として違法性はないと解すべきである。しかし，第三者が債務者を欺罔したり，監禁したりして，債務者の債権者への弁済を不可能にした場合（違法な手段を用いた場合）には，債権者に対して不法行為が成立しうる。債権者は，この場合に危険を負担することはないが(債務者主義)，得べかりし利益を失うことがあるから，第三者にその賠償を請求することができる[16]。

　(ニ)　**不動産賃借権侵害の場合**　　第三者が借地に妨害物を放置して借地人の権利行使を妨害した場合のように，不動産賃借権に対する侵害が行われたときは，単なる債権に対する不法行為の問題(損害の限度では不法行為の問題であるが)ではなく，直接に賃借権に基づく妨害排除請求の問題として論じられ

---

16)　この点で次の判例が参考になる。第三者丙の芸妓稼業を目的とする甲乙間の契約が，甲が乙に対し丙を強制して芸妓稼業をさせ，それから生ずる利益を丙の意思に関係なく乙の所得とする趣旨であれば，甲・乙間の契約は無効であるから，第三者丁が丙を誘拐しても乙の債権を侵害したことにはならないが，丙が乙と芸妓稼を契約し，それを履行することを甲乙間の契約の内容としたのであれば，乙は甲に対して債権を取得するから，丁が丙を誘拐すれば甲の債務の履行が不可能になるため，丁は乙の甲に対する債権を侵害したことになる（大判大7・10・12民録24・1954）。

ている。借地人に損害が生じていれば，もちろん不法行為も問題になる。

2　所有権の侵害

　所有権は典型的な物権であり，対世的権利であるから，これに対する侵害は原則として違法性を帯び，不法行為が成立する。判例において問題となった事例を取り上げておこう。

(1)　肯定例

　共有者の1人が共有物の上の権利を行使するにあたって，故意または過失によって他の共有者の権利を侵害（単独所有者として行為）すれば，不法行為となる（大判明41・10・1民録14・937）。賃貸借終了後に他人の物の不法占有によって所有者に損害を被らせた者は，占有に関する特則による場合の外は，709条によって賠償責任がある（大判大7・5・18民録24・976）。他人の所有に属する立木の売買において，買主が売主の所有権移転義務の履行前にこれを伐採したときは，他人の立木の所有権に対する侵害となる（大判大8・6・14民録25・1028）。不動産につき不法行為をなした者は，その所有者の損害賠償請求に対して，公示方法の欠缺をもってその所有権を争うことはできない（大判昭6・6・13新聞3303・10）。

(2)　否定例

　乙が甲から不動産を買い受けて登記を経ないうちに，丙が甲から同不動産を買い受けて登記をなし，これをさらに丁に売り渡して登記を経たため，乙がその所有権取得を丁に対抗することができなくなった場合において，丙が甲乙間の売買の事実を知って買い受けた者であっても，それだけでは丙は乙に対し不法行為責任を負うものではない（最判昭30・5・31民集9・6・774）。自由競争の範囲内の問題だからである。賃借権譲渡契約に基づく譲渡代金の支払いに代えて自己所有の不動産につき代物弁済契約を締結した債務者が，同不動産を第三者に二重に譲渡したとしても，賃借権譲渡契約が履行不能を理由に解除され，これによってその譲渡代金債務が遡及的に消滅した以上，代物弁済契約による所有権移転の効果も遡って失われたものというべきであるから，所有権侵害による不法行為も成立することはない（最判昭60・12・20判時1207・53）。

　処分清算型の譲渡担保権者が優先弁済権を実行するためには，目的物を換

価する以外に方法がないのであるから，その前提として目的物を搬出する行為は，同人の権利を実行するための必須の行為であって不法行為とはいえない（最判昭43・3・8判時516・41）。

3　占有権の侵害

占有者が占有の妨害者に対し占有保持の訴えにおいて行う損害賠償請求は，一般不法行為の原則(要件)に従って認められる（大判昭9・10・19民集13・1940）[17]。

4　担保権の侵害

担保物権の場合には，被担保債権との関連で侵害に2つの意味がありうる。1つは，担保物権に対する侵害があるので，その妨害を排除したいと考える場合である。担保物権の不可分性との関連で考えるならば，侵害の結果，目的物の担保価値が減少しさえずればその侵害行為の中止を請求することができると解すべきである(この場合にも被担保債権との関連を考慮する説もある)。しかし，侵害により，目的物の担保価値が減少しても，未だ被担保債権を十分に支払えるのであれば，損害は発生していないから，不法行為に基づく損害賠償請求を認める必要はない。

抵当権に基づく競売手続の進行を阻止するために，他人が競売手続停止の仮処分を申請して競売手続を故意に遅延させたため，抵当不動産の価格が下落し，抵当債権者が債権の完済を得ることができなくなった場合には，この他人に対して不法行為が成立する（大判昭11・4・13民集15・630）。債務者が抵当権の目的物について短期賃貸借（民法旧395条）を締結し，賃料の前払い等によって抵当権者に損害を及ぼしても，解除請求の理由となることは別として，抵当権を侵害したことにはならない（大判昭8・4・25民集12・924）。

5　知的所有権の侵害

知的所有権は，その権利の性質上物権に準ずるものであるから，それに対する侵害は原則として不法行為となる。例えば，カラオケ装置を設置したスナック等の経営者が日本音楽著作権協会の許諾を得ないで，カラオケ伴奏によりホステス等従業員や客に，同経営者の管理にかかる音楽著作物たる楽曲

---

17) Xが田を耕作していたところ，Yが無権限でXの占有を妨害したので，占有保持の訴えを提起し，併せて損害の賠償を請求した事例である。

を歌唱させることは，当該音楽著作物についての著作権の支分権たる演奏権を侵害するものであり，当該演奏の主体として演奏権侵害の不法行為を構成する（最判昭63・3・15民集42・3・199）。これらの経営者等にカラオケ装置をリースするリース業者は，相手方に対し，当該著作物の著作権者との間で著作物使用許諾契約を締結すべきことを告知するだけでなく，相手方が当該著作権者との間で著作物使用許諾契約を締結しまたは申込みをしたことを確認した上で装置を引き渡すべき条理上の注意義務を負う（最判平13・3・2民集55・2・185）。しかし，他人の競走馬の名称を無断で利用したゲームソフトを製作・販売した業者に対し，競走馬の所有者は，法令などの根拠なく，その名称等が有する顧客誘引力などの経済的価値を独占的に支配する財産的権利の侵害を理由として，当該ソフトの製作・販売等の差止請求または不法行為に基づく損害賠償請求をすることはできないとした判例（最判平16・2・13民集58・2・311）がある。

なお，著作権法6条各号所定の著作物に該当しない著作物の利用行為は，同法が規律の対象とする著作物の利用による利益とは異なる法的に保護された利益を侵害するなどの特段の事情がない限り，不法行為を構成するものではないとして，北朝鮮（未承認國）で制作された当該映画は著作権法6条3号所定の著作物に該当せず，当該映画を日本国内のテレビニュース番組の放送において利用することにより享受する利益は，単に日本国内における独占的な利用の利益にほかならず，法的保護の対象とならないから，不法行為を構成しないとした判例がある（最判平23・12・8民集65・9・3275）。

6　人格権の侵害

(1) 生命身体に対する直接的侵害

これは，原則として違法性を帯び，不法行為となる。なお，医師等の正当業務行為等による違法性の阻却が問題となる。

(2) 身体的自由の拘束（監禁）

これは，原則として違法性を帯びる。警察権等の正当な行使は，これの例外である。

(3) 社会的自由に対する侵害

これも違法性を帯びる場合がある。例えば「村八分」の事例がこれに当た

る。道路開設のための土地の提供を拒絶したAに対して，B等が中心となって，A一家を区民として扱わないことを決議し，「敷地を提供せずにAと同一歩調をとる者は祭事，集会等に列席させず，区内の人が之と交際するのを許さない」との約束を行った。AがB等に不法行為に基づく損害賠償を請求したのに対して，大審院は，B等の行為は故意をもってAの自由および名誉を侵害したものであるとして709条と710条により不法行為責任を認めた（大判大10・6・28民録27・1260）。学説上は，自由ないし人格権の侵害と解する説が有力である。なお，「村八分」とは，江戸時代以降からあったとされる私刑的な慣習であり，村の掟に反した者に対して一切の取引・交際を絶つものである（葬事と火事の2つだけは例外とされていた場合が多く，そこから八分というようになったという説もある）。

　最近では，労働事件に関する判例が出ている。会社が職制等を通じて行った特定政党の党員またはその同調者である従業員を監視し孤立させる等の行為が当該従業員の人格的利益を侵害する不法行為にあたるとした事例がある（最判平7・9・5判時1546・25）。また，使用者により企業秩序維持のために必要なものとしてなされた措置であっても，それが従業員の法的利益（職場での信用評価・名誉感情）を侵害する性質を有している場合には，相当な根拠や理由もないままにそのような措置を講じてはならない，とされている（最判平8・3・28判時1565・139）。また，患者が宗教上の信念から輸血を伴う医療行為は拒否するとの明確な意思を有している場合には，このような意思決定をする権利は人格権の一内容として尊重されなければならないとした判例もある（最判平12・2・29民集54・2・582）。

(4) **ハラスメント**

　性的な嫌がらせをしたり，職制上の地位を利用して不当なプレッシャーを加えることなどをいう。セクシュアルハラスメント，パワーハラスメントと呼ばれており，内心の感情などが保護の対象となる。これは人格権侵害の一種である（最判平11・7・16労働判例767・14）。

(5) **貞操侵害**

　配偶者の一方と性的交渉をもった第三者は他方配偶者に対して不法行為責任を負う，とするのが判例である（最判昭34・11・26民集13・12・1562，最判

昭41・4・1裁判集（民）83・17）。ただし，甲の配偶者乙と第三者丙が肉体関係をもった場合において，甲と乙との婚姻関係がその当時すでに破綻していたときは，特段の事情がない限り，丙は甲に対して不法行為責任を負わない（最判平8・3・26民集50・4・993）。

　婚姻侵害が，暴力や詐術等によってなされるときは，貞操侵害として不法行為となるだけでなく，人格権の侵害としても損害賠償の請求が可能である。内縁の夫婦の一方と私通した者は他の一方に対して損害賠償義務を負担する，とした判例がある（大判大8・5・12民録25・760）。この判決は，「婚姻をすることを求める権利」の侵害として構成しているが，内縁を準婚関係と解する近時の学説においては，人格権の侵害として構成すべきであると解されている。なお，子供との関係における不法行為の成立の可否を，因果関係との関連でとりあげた判例（最判昭54・3・30民集33・2・303——消極）がある。

(6) **名誉や信用の侵害**

　これは，その成立要件の判断が難しい。一般に，真正の事実を述べたときは，違法性が弱く，虚偽の事実を述べたときは，違法性が強いとされている。プライバシーの保護との関係も重要である。プライバシーとは，一般に私生活をみだりに公開されないという法的保障ないし権利である。[18] 原状回復手段が規定されている点に特徴がある（723条）。[19]

　(イ) **名誉毀損の判断基準**　名誉は各人がその性質・行状・信用等について世間から相当に受けるべき評価を標準とするものであるから，ある行為が名誉毀損となるかどうかを決めるには，その行為の性質上一般に人の名誉を

---

18) プライバシーの侵害を不法行為の観点から取り上げた初めての裁判例は，東京地判昭和39年9月28日（下民集15・9・2317，いわゆる「宴のあと」事件）であるが，その後多くの裁判例が続いている。大学が，外国国賓講演会へ出席した学生に提供を求めた学籍番号，氏名，住所および電話番号は，プライバシーに係る情報として法的保護の対象となるところ，本人らの同意を得る手続をとることなく無断で警察に開示した場合には，プライバシーの侵害として不法行為を構成する（最判平15・9・12民集57・8・973）。

19) 広義の名誉には，①品性，徳行，名声，信用などの人格的価値についての社会的評価（政治家の場合の政治的信頼などの客観的評価）と，②自己の人格的評価についての主観的名誉感情（忠臣蔵の浅野匠頭は松の廊下で上野介に名誉感情を傷付けられたと解してよい）とがあるが，名誉回復処分を命ずるには，②のみの侵害では不十分であり，①の侵害を必要とすると解されている（最判昭45・12・18民集24・13・2151）。

毀損すべきものであるかどうかを定めるだけではなく、その人の社会における位置・状況等を参酌して審査しなければならない（大判明 38・12・8 民録 11・1665）。名誉は法的保護に値する利益であるが、表現の自由（憲 21 条）との関連が重要である（刑 230 条の 2 も参照）。公共的問題についての論評は、評論の自由の範囲内において違法性を欠くとされている（後述(ロ)も参照）。

　また、民法 723 条にいう名誉とは、人がその品性、徳行、名声、信用等の人格的評価について社会から受ける客観的な評価、すなわち社会的名誉を指すものであって、人が自己自身の人格的価値について有する主観的な評価、すなわち名誉感情は含まないものと解すべきである（最判昭 45・12・18 民集 24・13・2151）。新聞記事の内容が事実に反し名誉を毀損すべき意味のものかどうかは、一般読者の普通の注意と読み方とを基準として判断すべきである（最判昭 31・7・20 民集 10・8・1059）。新聞記事による名誉毀損の場合には、これを掲載した新聞が発行され、読者がこれを閲読しうる状態になった時点で、同記事により事実を摘示された人が当該記事を知ったかどうかにかかわらず、損害が発生する。名誉毀損による損害が生じた後に被害者が有罪判決を受けることがあっても、これにより損害が消滅したものとして、すでに生じている名誉毀損による損害賠償請求権を消滅させるものではない。ただし、名誉毀損による損害についての慰謝料の額は、損害が生じた後に被害者が有罪判決を受けたことを斟酌して算定することができる。（最判平 9・5・27 民集 51・5・2024）。新聞の編集方針、その主な読者の構成およびこれに基づく当該新聞の性質についての社会の一般的な評価は、当該新聞に掲載された記事による名誉毀損の成否を左右しない（最判平 9・5・27 民集 51・5・2009）。

　また、法人の名誉権が侵害され、無形の損害を生じた場合にも、その金銭的評価が可能である限り、710 条の適用があると解されている（最判昭 39・1・28 民集 18・1・136）。

　(ロ)　**名誉毀損と公共性**　名誉毀損については、当該行為が公共の利害に関する事実に係りもっぱら公益を図る目的に出た場合において、摘示された事実が真実であることが証明されたときは、その行為は、違法性を欠き、不法行為にはならない（最判昭 41・6・23 民集 20・5・1118）。公共の利害に関する行為について自由に批判、論評を行うことは、もとより表現の自由の行使と

して尊重されるべきものであり，その対象が公務員の地位における行動である場合には，同批判等により当該公務員の社会的評価が低下することがあっても，その目的が専ら公益を図るものであり，かつ，その前提としている事実が主要な点において真実であることの証明があるときは，人身攻撃に及ぶなど論評としての域を逸脱したものでない限り，違法性を欠くから，名誉毀損とはならない（最判平元・12・21民集43・12・2252）。ある者の前科等にかかわる事実が著作物で実名を使用して公表された場合に，その者のその後の生活状況，当該刑事事件それ自体の歴史的または社会的な意義，その者の事件における当事者としての重要性，その者の社会的活動およびその影響力について，その著作物の目的，性格等に照らした実名使用の意義および必要性を併せて判断し，その前科等にかかわる事実を公表されない法的利益がこれを公表する理由に優越するときは，その者は，その公表によって被った精神的苦痛の賠償を求めることができる（最判平6・2・8民集48・2・149）。

　国会議員が国会の質疑，演説，討論等の中でした個別の国民の名誉または信用を低下させる発言につき，国家賠償法1条1項の規定にいう違法な行為があったものとして国の損害賠償責任が肯定されるためには，当該国会議員がその職務とはかかわりなく違法または不当な目的をもって事実を摘示し，あるいは虚偽であることを知りながらあえてその事実を摘示するなど，国会議員がその付与された権限の趣旨に明らかに背いてこれを行使したものと認めうるような特別の事情があることを必要とする（最判平9・9・9民集51・8・3850）。

　(ハ)　**事実の摘示と真実性**　　記事が名誉毀損，プライバシー侵害の内容を含む場合に，名誉毀損は，その行為が公共の利害に関する事実に係り，その目的がもっぱら公益を図るものである場合において，摘示された事実がその重要な部分において真実であることの証明があるとき，または真実であることの証明がなくても，行為者がそれを真実と信ずるについて相当の理由があるときは，不法行為は成立しない。これに対して，プライバシー侵害は，その事実を公表されない法的利益とこれを公表する理由とを比較衡量し，前者が後者に優越する場合に不法行為を成立させるから，被侵害利益ごとに違法性阻却事由の有無等を審理し，個別具体的に判断すべきである（最判平15・3・

14民集57・3・229)。

　名誉毀損の成否が問題となっている新聞記事が，意見ないし論評の表明に当たるかのような語句を用いている場合にも，一般の読者の普通の注意と読み方を基準として，前後の文脈や記事の公表当時における読者の知識・経験等を考慮すると，証拠等を以てその存否を決することが可能な他人に関する特定の事項を主張するものと理解されるならば，同記事は同事項についての事実の摘示を含むものというべきである。また，特定の者が犯罪を犯したとの嫌疑が新聞等により繰り返し報道されていたため社会に広く知れ渡っていたとしても，このことから直ちに，同嫌疑に係る犯罪の事実が実際に存在したと公表した者において，同事実を真実であると信ずるにつき相当の理由があったということはできない（最判平9・9・9民集51・8・3804）。また，被告人の読書歴等に基づき犯行の動機を推論する内容の新聞記事が事実を摘示するものであるとされた事例もある（最判平10・1・30判時1631・68）。

　雑誌中の評論部分が，全体として見れば，当該著作部分の内容をほぼ正確に伝えており，一般読者に誤解を生じさせるものではなく，当該評論における当該著作部分の引用紹介が全体として正確性を欠くとまではいうことができないときは，当該評論部分には名誉毀損としての違法性があるということはできない（最判平10・7・17判時1651・56）。名誉毀損の行為者において刑事第1審の判決を資料としてその認定事実と同一性のある事実を真実と信じて摘示した場合には，特段の事情がない限り，摘示した事実を真実と信ずるについて相当の理由がある（最判平11・10・26民集53・7・1313）。

　報道機関が定評ある通信社から配信を受けて自己の発行する新聞紙に掲載した記事が，社会の関心と興味を引く私人の犯罪行為やスキャンダル等に関するものであり，これが他人の名誉を毀損する内容を有するものである場合には，当該記事が上述のような通信社から配信された記事に基づくものであるとの一事をもってしては摘示された事実に確実な資料，根拠があるものと受け止め，同事実を真実と信じたことに無理からぬものがあるとまではいえず，同事実を真実と信ずるについて相当の理由があるとは認められない（最判平14・1・29民集56・1・185）。

　これに対して，通信社から配信を受けて記事を掲載した新聞社が報道の主

体として当該通信社と1体性を有すると評価できる場合には，通信社の取材を新聞社の取材と同視することが相当であって，当該通信社が当該配信記事に摘示された事実を真実と信ずるについて相当の理由があれば，特段の事情がない限り，当該新聞社が自己の発行する新聞に掲載した記事に摘示された事実を真実と信ずる相当の理由があるとし，このことは，新聞社が掲載した記事に通信社からの配信に基づく記事である旨の表示がない場合であっても異ならないとした判例がある（最判平23・4・28民集65・3・1499）。

テレビで放送された報道番組により摘示された事実がどのようなものであるかは，一般の視聴者の普通の注意と視聴の仕方を基準とし，当該番組の全体的な構成，登場者の発言内容，画面に表示されたフリップやテロップ等の文字情報等を重視すべきはもとより，映像の内容，効果音，ナレーション等の映像，音声に係る情報の内容ならびに放送内容全体から受ける印象等を総合的に考慮して，判断すべきである（最判平15・10・16民集57・9・1075）。

法的な見解の表明それ自体は，判決等により裁判所が判断を示すことができる事項に係るものであっても，事実を摘示するものとはいえず，意見ないし論評の表明にあたる（最判平16・7・15民集58・5・1615）。

(7) **氏名権の侵害**

これは，公共性のない場合において，本人の承諾がないときに生じやすい。氏名を冒用されない権利，正確に呼ばれる権利（最判昭63・2・16民集42・2・27）等として確立しつつある。

(8) **肖像権の侵害**

これは，みだりに撮影されない権利（最判昭44・12・24刑集23・12・1628）として認められており，さらには，肖像が誤認・混同を生じさせやすいときも，違法性を帯びる。例えば，有名人の「そっくりさん」の肖像を用いた広告をその有名人に無断で放映するようなことは，原則として違法である。

(9) **パブリシティ権**

商標法，著作権法，不正競争防止法等の知的財産関係の法律の趣旨，目的にかんがみると，物の無体物としての面の利用の一態様である競走馬の名称等の使用につき，法令等の根拠もなく競走馬の所有者に対し排他的な使用権を認めるのは相当でなく，また，競走馬の名称等の無断利用行為に関する不

法行為の成否については，違法とされる行為の範囲，態様等が法令等により明確になっているとはいえない現時点において，これを肯定することはできないとして，競走馬の名称等を無断で利用したゲームソフトを製作，販売した業者に対して，その名称等が有する顧客吸引力などの経済的価値を独占的に支配する財産的権利（いわゆるパブリシティ権）の侵害を理由とする当該ゲームソフトの製作，販売等の差止請求又は不法行為に基づく損害賠償請求が否定された事例がある（最判平16・2・13民集58・2・311）。

なお，肖像等が，商品の販売等を促進する顧客吸引力を有する場合に，これを排他的に利用する権利（パブリシティ権）は，肖像等自体の商業的価値に基づくものであるから，人格権に由来する権利の1内容を構成するものといえるが，他方，このようなものは，社会の耳目を集めるなどして，その肖像等を時事報道，論説，創作物等に使用されることもあるのであって，その使用を正当な表現行為等として受忍すべき場合もあるから，肖像等を無断で使用する行為は，①肖像等それ自体を独立して鑑賞の対象となる商品等として使用し，②商品等の差別化を図る目的で肖像等を商品等に付し，③肖像等を商品等の広告として使用するなど，専ら肖像等の有する顧客吸引力の利用を目的とするといえる場合には，パブリシティ権を侵害するものとして不法行為法上違法となる（消極）（最判平24・2・2民集66・2・89）。

(10) **著作者人格権**

これは，著作権法によって，公表権（18条），氏名表示権（19条），同一性保持権（20条）などとして，具体的に保護されている。

(11) **生活環境への侵害**

これは居住者の人格権の侵害と解することも可能である。しかし，必ずしも居住者の個々の人格権に対する侵害とは言いきれないので，被侵害利益の直截な把握という点で，むしろ環境権ないし環境に関する住民の利益に対する侵害として構成するほうが妥当であろう。

なお，判例において南側家屋の建築が北側家屋の日照・通風を妨げた場合について，「権利の行使は，その態様ないし結果において，社会観念上妥当と認められる範囲内でのみこれをなすことを要するのであって，権利者の行為が社会的妥当性を欠き，これによって生じた損害が，社会生活上一般に被害

者において忍容するを相当とする程度を越えたと認められるときは，その権利の行使は，社会観念上妥当な範囲を逸脱したものというべく，いわゆる権利の濫用にわたるものであって，違法性を帯び，不法行為の責任を生ぜしめるものといわなければならない。」と判示されたことがあるが（最判昭47・6・27民集26・5・1067），学説の多くは，違法性の理由付けに，権利濫用を持ち出す必要はないと解している（澤井＝潮海「日照権確立への道程」判タ279号など）。

工場の操業により発する騒音は，当該市の騒音防止に関する指導基準以下であっても，社会生活上一般に受忍すべき限度を超え，居住の静穏を侵害した違法なものとなりうる（最判昭42・10・31判時499・39）。しかし，その被害が精神的苦痛ないし生活妨害のような直接生命，身体にかかわらないものであるときは，国際空港の公共性をも参酌し，入居後に実際に被った被害の程度が予想以上であったなどの特段の事情のない限り，その被害は受忍すべきものであるとされている（大阪空港公害訴訟―最大判昭56・12・16民集35・10・1369）。

7 有責離婚・内縁不当破棄

内縁を不当に破棄された者は，相手方に不法行為上の損害賠償を求めることができる（最判昭33・4・11民集12・5・789）。すでに財産分与がなされた場合においても，それが損害賠償の要素を含めた趣旨とは解されないか，または，その額および方法において財産分与請求者の精神的苦痛を慰謝するに足りないと認められるものであるときは，右請求者は別個に，相手方の不法行為を理由として離婚による慰謝料を請求できる（最判昭46・7・23民集25・5・805）。

③ 違法の態様
1 侵害行為と違法性
(1) 刑罰法規違反

この種の行為としては刑法違反が典型であり，違法性がある。証書の偽造行使のような犯罪行為によって「他人」になりすましてその者に損害を被らせた者は，たとえ偽造行使が第三者に対する犯罪であっても，その損害を当該「他人」に賠償する責任がある（大判明32・5・30民録5・5・142）。

(2) 取締法規違反

　銀行の取締役・監査役が過失によって貸借対照表公告義務に関する規定に反する虚偽の公告をし，預金者に損害を与えた場合には，不法行為の責に任じなければならない（大判明 45・5・6 民録 18・454）。独占禁止法 25 条 1 項に定める違反行為によって損害を被った者は，無過失責任（同条 2 項）を追及する場合には公取委の審決確定を待たなければならないが，その行為が民法上の不法行為に該当する限り，民法の規定に基づき損害賠償の請求をすることができる（最判平元・12・8 民集 43・11・1259）。

　法規の内容が他人の利益保護に関する場合等であっても，常に不法行為になるとは限らない。例えば，いわゆる位置指定道路（建築基準法 42 条 1 項 5 号）を通行することに日常生活上不可欠の利益を有する者は，その道路敷地所有者による妨害および妨害のおそれに対して，特段の事情のない限り，妨害行為の排除および将来の妨害行為の禁止を求める権利（人格権的権利）を有する（最判平 9・12・18 民集 51・10・4241）。しかし，建築基準法に対する軽度の違反の事例の多くについては，受忍限度の範囲内である（後述 4 も参照）。建築基準法 42 条 2 項の指定により同条 1 項の道路とみなされている土地上にブロック塀が設置されたとしても，同地につき通行することのできる者の日常生活に支障が生じたとはいえないことが明らかである場合には，ブロック塀が設置されたことにより同利用者の人格的利益が侵害されたものとは解しがたい（最判平 5・11・26 判時 1502・89）。

　貸金業者が，債務者から取引履歴の開示を求められた場合には，その開示要求が濫用にわたると認められるなど特段の事情のない限り，貸金業規制法の適用を受ける金銭消費貸借契約の付随義務として，信義則上，保存している業務帳簿に基づいて取引履歴を開示すべき義務を負っていると解すべきであり，この義務に違反して開示を拒絶したときは，その行為は違法性を有し，不法行為を構成する（最判平 17・7・19 民集 59・6・1783）。

(3) 公序良俗違反に類する場合

　民法 90 条違反による無効と不法行為とが直結するわけではないが，著しく不当な行為は不法行為を構成する。この考え方は事実行為の場合にも類推適用することができる。土地明渡請求の確定判決の執行としてなされた家屋

取払行為は，その方法が通常である限りは権利の行使であるが，その方法が乱暴で諸材料が再築の役に立たなくなった場合には，所有者に対する不法行為となる（大判大6・1・22民録23・14——家屋に抵当権が設定されていた事例。抵当権者の損害賠償請求権への物上代位を認めた）。

ある行為が景観利益の違法な侵害にあたるといえるためには，少なくとも，その侵害行為が刑罰法規や行政法規の規制に違反したり，公序良俗違反や権利の濫用に該当するなど，侵害行為の態様や程度の面において社会的に容認された行為としての相当性を欠くことが必要である。—国立の高層マンション訴訟上告審—（最判平18・3・30民集60・3・948，貸金業者の請求につき，最判平21・9・4民集63・7・1445 参照）

2　社会的許容限度

死去した配偶者の追慕，慰霊等に関して私人が行った宗教上の行為によって信仰生活の静謐が害されたとしても，それが信教の自由の侵害に当たり，その態様，程度が社会的に許容しうる限度を超える場合でない限り，法的利益が侵害されたとはいえない（最大判昭63・6・1民集42・5・277）。

判例においても，小学校2年生の児童甲が，鬼ごっこ中に，1年生の児童乙に背負われて逃げようとした際に誤って乙を転倒させ，これによって右上腕骨骨折の負傷を与えた場合には，同傷害行為に違法性はないとされている（最判昭37・2・27民集16・2・407）。

3　行為の相当性

訴えの提起は，提訴者が当該訴訟において主張した権利または法律関係が事実的，法律的根拠を欠くものであり，かつ，同人がそのことを知りながらまたは通常人であれば容易にそのことを知りえたのにあえて提起したなど，裁判制度の趣旨・目的に照らして著しく相当性を欠く場合に限り，相手方に対する違法な行為となるとされている（最判昭63・1・26民集42・1・1）。

なお，甲と乙とが乗車中の自動二輪車の交通事故により死亡した甲の相続人が捜査機関の認定に反することを知りながら乙を運転者と主張して乙に対して行った損害賠償請求訴訟の提起が違法な行為とはいえないとされた判例がある（最判平11・4・22判時1681・102）。

証券会社の担当者が，顧客の意向と実情に反して，明らかに過大な危険を

伴う取引を積極的に勧誘するなど，適合性の原則（旧証券取引法43条）から著しく逸脱した証券取引の勧誘をしてこれを行わせたときは，当該行為は不法行為上も違法となるところ，本件の日経平均株価オプションの売り取引は，一般的抽象的には高いリスクを伴うが，一般投資家の適合性を当然に否定すべきものとはいえず，本件事実関係の下で，証券会社担当者が顧客にオプション取引を勧誘して3回目および4回目の取引を行わせた行為が，適合性の原則から著しく逸脱したものとはいえない（最判平17・7・14民集59・6・1323）。

しかし，一方で弁護士法に基づく懲戒請求が事実上または法律上の根拠を欠く場合において，請求者が，そのことを知りながらまたは通常人であれば普通の注意を払うことによりそのことを知りえたのに，あえて懲戒を請求するなど，懲戒請求が弁護士懲戒制度の趣旨目的に照らし相当性を欠くと認められるときは，違法な懲戒請求として不法行為を構成するとされている（最判平19・4・24民集61・3・1102）。

4 受忍限度

さらに，国およびアメリカ合衆国軍隊が管理する飛行場の周辺住民が同飛行場に離着陸する航空機に起因する騒音等により被害を受けたとして，国に対し慰謝料の支払いを求めたのに対し，判例は，単に同飛行場の使用および供用が高度の公共性を有するということから同被害が受忍限度の範囲内にあるとした判断には，不法行為における侵害行為の違法性に関する法理の解釈・適用を誤った違法があるとしている（厚木基地騒音公害訴訟—最判平5・2・25民集47・2・643）。

また，工場等の操業に伴う騒音，粉じんによる被害が，第三者に対する関係において，違法な権利侵害ないし利益侵害になるかどうかは，侵害行為の態様，侵害の程度，被侵害利益の性質と内容，当該工場等の所在地の地域環境，侵害行為の開始とその後の継続の経過および状況，その間にとられた被害の防止に関する措置の有無およびその内容，効果等の諸般の事情を総合的に考察して，被害が一般社会生活上受忍すべき程度を超えるものかどうかによって決すべきであるとされている（最判平6・3・24判時1501・96）。

5 権利の濫用および類似行為

権利の行使は原則として合法的であるが，濫用になれば違法である。鉄道

業者が，鉄道の停車場に近い松の木が蒸気機関車の煤煙にさらされるのを防止しないで枯死させたときは，権利行使の範囲を超えるものであり，損害賠償責任がある（大判大8・3・3民録25・356——信玄公旗掛松事件）。

第三者の権利の行使を妨げるために，訴訟の原告が請求を放棄することおよびその放棄をそそのかしたり共謀したりすることは，その第三者に対する不法行為である（大判昭18・12・14民集22・1239——学説は詐害行為による救済のみを主張している）。確定判決に基づいて強制執行がされた場合においても，上記判決の成立過程において，原告が被告の権利を害する意図のもとに，作為または不作為によって被告の訴訟手続に対する関与を妨げ，あるいは虚偽の事実を主張して裁判所を欺罔する等の不正な行為を行い，その結果，本来ありうべからざる内容の確定判決を取得してこれを執行し，被告に損害を与えた場合には，原告の行為は不法行為を構成するから，被告は，その確定判決に対して再審の訴えを提起するまでもなく，原告に対し，その損害の賠償を請求することを妨げない，と解されている（最判昭44・7・8民集23・8・1407）。

4 違法性の阻却

侵害者の不法行為が民法709条の要件を充足していても，①正当防衛，②緊急避難，③適法な自力救済，④社会的正当行為，⑤被害者の承諾等の要件を充足する場合には，違法性が阻却され，不法行為は成立しない。

以上のうち，正当防衛と緊急避難については，主として違法性阻却事由として扱えば十分であるが，③以下の制度ないし理論については，それぞれに違法性阻却事由以外の固有の意義と問題点があるので，「違法性阻却事由としても考慮される」という意味において理解すべきである。

1 正当防衛

他人の不法行為に対して自己または第三者の権利または法律上保護される利益を防衛するためにやむを得ず加害行為をなしたときは，損害賠償の責に任じない（720条1項）。例えば，強盗に対する反撃行為がこれにあたる。「他人の不法行為に対して」と規定しているが，制度趣旨から考えて故意・過失は必要ではなく，客観的・外形的にみて違法行為であればよいと解されている（加藤（一）136頁，幾代＝徳本101頁以下，澤井157頁）。防衛行為は，刑法上

の制度と異なり，①攻撃者への反撃に限定されないから，例えば，②暴走車を避けるために，第三者の垣根を破壊する場合にも正当防衛になりうる。防衛行為によって守られる利益と防衛行為の態様との間にバランスを失しないことを正当防衛の要件と解する説においては，①の場合と②の場合において利益のバランスのとり方につき配慮してみる必要がある[20]。

なお，「バランス」に関する判例として次のものがある。営業上の自衛策としてさきに新聞広告に掲載された内容が事実と異なることを釈明するために新聞広告をした場合であっても，その論調が激しく，必要の度をこえるものであれば，正当防衛とはならず不法行為となる（大判昭11・12・11判決全集4・1・27）。漁港管理者である町が，漁港水域内に不法設置されたヨット係留杭を法規に基づかずに強制撤去するために費用を支出しても，その不法設置により漁船等の航行可能な水路が狭められ，夜間や干潮時には極めて危険な状態が生じており，知事の至急撤去等の指示にも従わなかった等の場合には，その費用支出は違法とはいえない（最判平3・3・8民集45・3・164）。

2 緊急避難

他人の物より生じた急迫の危難を避けるためにその物を損傷したときは，緊急避難として違法性が阻却される（720条2項——刑法37条との法構造上の違いに注意すべきである）。対物防衛とも呼ばれる。物から生じた急迫の危難を避けるために，第三者に損害を与えた場合には，緊急避難には当たらない。ただし，この場合にも緊急避難の規定を類推適用すべきであるとの意見（平井97頁）がある。法の不備を補うものとして妥当な見解である。故意・過失のない人の行為から生じた急迫の危難を避けるために第三者に損害を与えた場合には，前述のように，正当防衛の問題となる。

3 適法な自力救済

民法に規定はないが，自己の権利の侵害された状態を自力によって原状回復することを自力救済と呼んでいる。正当防衛と緊急避難は事前的・同時的

---

[20] ①の場合と②の場合を区別し，防衛された利益とのバランスを正当防衛の要件として考慮する必要があるのは，②の場合のみであるとの主張もある（平井96頁）。正当な指摘であると思うが，①の場合も全くバランスを考慮しなくてもよいわけではないであろう。なお，バランスを失した防衛的加害行為は，過剰防衛として違法とされ，不法行為責任が生じる。

制度であるのに対して，自力救済は事後的制度である点に特徴がある。

自力救済は，原則として禁止されている。近代国家においては自力（権力ないし暴力的装置）はすべて国家に吸収されているからである。どのような場合に例外が認められるかが問題点である。判例は，「私力の行使は原則として法の禁止するところであるが，法律の定める手続によったのでは権利に対する違法な侵害に対抗して現状を維持することが不可能または著しく困難と認められる緊急やむをえない特別の事情が存する場合においてのみ，その必要の限度を超えない範囲内で，例外的に許される」としている（最判昭40・12・7民集19・92・2101）[21]。

4　正当業務行為

警察官の合法的な犯人の逮捕，医師の医療行為等がこれにあたる。これらは本来は他人の身体等に対する侵害行為であるが，前者は法律に基づく正当な業務行為であることが違法性を阻却し，後者は患者の同意や特別な法律上の規定（伝染病予防法など）により違法性が阻却される[22]。

例えば，入院患者の身体を抑制することは，その患者の受傷を防止するなどのために必要やむをえないと認められる事情がある場合にのみ許容されるべきものであるが，当該抑制行為は，患者の療養看護にあたっていた看護師らが，転倒，転落により患者が重大な傷害を負う危険を避けるための緊急やむをえず行った行為であるから，診療契約上の義務に違反するものではなく，不法行為法上も違法ということもできないとした判例がある（最判平22・1・26民集64・1・219）。

5　スポーツ・遊戯行為

スポーツないし遊戯のルールに従っているかぎり，原則として侵害行為の違法性は阻却される。これらの場合には，理論的には「危険の引受け」がなされていると解されている。例えば，小学校2年の児童甲が「鬼ごっこ」中

---

[21]　学説・判例の詳細については，明石三郎・自力救済の研究（増補版）（有斐閣，1978年）参照。

[22]　**インフォームド・コンセント（説明と同意）**　患者の同意が医的侵襲の違法性阻却事由として認められるためには，その前提として医師の説明が必要である。患者は病気と治療について十分な説明を受け，自己の生命・身体について自己決定する権利があるとの考え方に基づいている。

に1年生の児童乙に背負われて逃げようとした際に誤って乙を転倒させ，右上腕骨骨折の損傷を与えた場合について，違法性はないとした判例がある（最判昭37・2・27前掲）が，ボクシングの選手がリングで怪我をした場合等についてはまさに「危険の引受け」があると解してよいであろう。

6 被害者の承諾

被害者の承諾によって違法性が阻却されることがある。ただし，自殺幇助（刑202条），決闘の合意（「決闘罪に関する件」参照）のような場合には，違法性阻却事由とはならない。被害者の承諾は具体的な侵害に対する承諾でなければならない。抽象的な侵害可能性に対する承諾（野球場でファウルボールに当たる場合）は，「危険の引受け」である。

7 公益を図ることを目的とした行為

政党が他党を批判する場合には，もっぱら公益を図る目的に出たものであると判断される場合がある。政党は，それぞれの綱領に基づき，言論をもって自党の主義主張を国民に訴えかけ，支持者の獲得に務めて，これを国または地方の政治に反映させようとするものであり，そのためには互いに他党を批判しあうことも当然のことがらであって政党間の批評・論評は，公共性の極めて強い事項に当たり，表現の自由の濫用にわたると認められる事項のない限り，もっぱら公益をはかる目的に出たものというべきである（最判昭62・4・24民集41・3・490）。

第5節 行為と損害との因果関係

1 序

従来，416条を不法行為にも準用することを前提として，因果関係（論）の名の下に論じられてきた内容には，事実的因果関係，損害の範囲，損害の金銭的評価の問題が含まれていたとされている（保護範囲説＝平井説の分析[23]）。以下の論述においては，結論的に保護範囲説に従うわけではないが，その分析ないし分類を前提として因果関係論を検討してみたい。

2 事実的因果関係（自然的因果関係）——責任の成立の前提としての因果関係

(1) 前提的意義

故意または過失に起因する行為と権利侵害との間の因果関係であり，責任成立の因果関係とも呼ばれる。これは，甲という事実がなければ，乙という結果は生じないという関係を意味するから，条件的因果関係をも含む。例えば，AがBの違法運転により怪我をして入院したところ，担当医Cの過失により死亡したとしよう。AはBの違法運転がなければ，死亡しなかった（そもそも入院しなかったであろうから）という関係は成り立つ。したがって，条件

---

23) **保護範囲説** 平井教授は，416条を相当因果関係の根拠とする学説を以下の点において批判している（平井説は不法行為においては416条の類推適用を認めない立場であるから，ここで取り上げるのは，その意味では不適当であるが，416条の類推適用を認める立場においては，類推の前提としての同条の解釈について平井説の影響を取り上げざるを得ないのである）。

(a) 相当因果関係はドイツ民法に関する学説を導入したものである。そこでは責任原因の如何を問わず，相当因果関係のみによって統一的・抽象的に損害を賠償させようとしている。したがって，損害賠償の範囲を決定するために責任原因の探究を要求している416条とは異質の考え方である。

(b) 従来の日本の因果関係説には，①事実的因果関係，②賠償の対象となる「損害」の範囲，③損害の金銭的評価が含まれていたが，416条は②の根拠であるにすぎない。①は前提であり，③は裁判所の自由裁量にまかされるべき問題である。従って，416条は相当因果関係に関する規定ではなく，保護範囲に関する規定であると解し，そのように表現すべきである。

上の批判は，債務不履行と不法行為の体系に係わる重要問題を含む貴重な問題提起であるが，すでにいくつかの問題点も指摘されている（179頁以下）。

説的因果関係はあるということができる。しかし，BがAの死亡についてまで損害賠償責任を負うべきかは別問題である。[24] Aの死（甲）とBの違法運転（乙）との間には「通常生ずべき」関係（相当因果関係）はないからである。

(2) **当事者の確定**

事実的因果関係が確認されれば，被害者と加害者（の候補者）が確定する。

(3) **法的評価の前提**

事実的因果関係が存在すれば，直ちに賠償責任が生ずるわけではない。主として事実認定の領域の問題となるが，侵害行為に関する法的評価（侵害行為の悪質さ等——澤井190頁参照）を加えることを必要とする場合もある。これを前提として相当性の判断を行うことになる（**❸** 参照）。

(4) **証明責任**

事実的因果関係は損害賠償を請求する者が証明しなければならないが，その証明は完全な自然科学的証明である必要はない。ある程度までの因果の流れが証明されれば，立証がなされたと考えてよい場合がある。特に公害訴訟や医療過誤事件においては，因果関係の立証は高度の蓋然性（通常人が疑いを差し挟まない程度のもの）で足りる（最判昭50・10・24民集29・9・1417参照）。

❸ 相当因果関係（保護範囲）

1 賠償の範囲を決定するための因果関係（相当因果関係）

因果関係の存否は，事物通常の状態により，社会における普通の観念に基づいて判断すべきものであって，抽象的に観察してその行為が一般的に同種の損害を生じうる可能性を必要とするが，その損害が行為の直接の結果であるか間接の結果であるかは問わない（大判大9・4・12民録26・527）。従来は，前述の事実的因果関係や後に述べる損害の金銭的評価の問題を含めて相当因果関係の問題として扱われる場合もあったが，現在では，権利侵害と損害と

---

24) **因果関係の中断** AがBによって致死量の毒薬を飲まされて病院に入院した直後に，病室に落雷があり，そのためにAが死亡したという場合に，Bの不法行為との関連で因果関係の中断ということが言われる。確かにBの毒殺行為とAの死亡との間には因果関係は存在しない。しかし，Bの行為とAの瀕死の状態（落雷の直前）との間の因果関係は肯定できることは疑いない。その限度で損害賠償の請求は可能である。

の因果関係として理解されるようになり，損害範囲の因果関係（または保護範囲）とも呼ばれる。

　例えば，他人が地上権を有する土地に無権限で建物を所有する者から建物を賃借して占有使用する者がある場合において，借家人の同建物の占有使用と地上権者が同土地を使用できないこととの間には，特段の事情がない限り，相当因果関係はない（最判昭31・10・23民集10・10・1275）が，登記官吏の過失によって，無効な所有権移転登記が経由された場合には，その過失と同登記を信頼して該不動産を買い受けた者がその所有権を取得できなかったために被った損害との間には，相当因果関係がある（最判昭43・6・27民集22・6・1339）。さらに，以下のような判例がある。国が違法に無効な農地買収・売渡処分を行って被売渡人に該農地を引き渡し，被売渡人がこれを時効取得した結果，被買収者が同農地の所有権を喪失したことにより損害を被った場合には，同処分と損害との間には相当因果関係がある（最判昭50・3・28民集29・3・251）。

　また，身体に重大な器質的障害を伴う後遺症を残すような傷害ではなかったが，長期間にわたって残るような大きな精神的衝撃を与え，その後の補償交渉も円滑に進行しないことなどが原因となり，うつ病になり，改善されないまま自殺に至った場合には，傷害の原因である事故と自殺との間に相当因果関係がある（最判平5・9・9判時1477・42）。

　医師が注意義務に従って行うべき診療行為を行わなかった不作為と患者の死亡との間の因果関係は，医師が同診療行為を行っていたならば患者がその死亡の時点においてなお生存していたであろうことを是認しうる高度の蓋然性が証明されれば肯定され，患者が同診療行為を受けていたならば生存しえたであろう期間を認定するのが困難であることをもって，直ちには否定されない（最判平11・2・25民集53・2・235）。

2　2つの因果関係の区別

　責任の範囲の決定においても，因果関係の理解をめぐる問題が生じる。保護範囲説（前述176頁）の立場からは，相当因果関係説を前提とする多数説が制限的賠償主義（後述171頁以下参照）の立場をとるのであれば，事実的因果関係と損害範囲の因果関係とを分ける実益はないとの批判も有力である（平

井 81 頁以下，同・理論 81 頁以下等参照）。しかし，責任成立の因果関係については故意・過失が問題になるが，損害範囲の因果関係については故意・過失は問題にならないという点では，この区別は重要である（澤井 189 頁）。多数説は，事実的因果関係と損害範囲の因果関係とを明確に区別していると考えてよい。

3 不法行為への 416 条の類推適用
(1) 肯定説

不法行為に基づく損害賠償の範囲を定めるにも，416 条を類推して因果律を定めるべきである（富喜丸事件—大連判大 15・5・22 民集 5・386）。通常損害の賠償を原則とする 416 条 1 項は，債務不履行と不法行為の両者に共通する基準として機能しうる。同条 2 項の特別事情の予見可能性については，偶然の交通事故を想定すれば分かるように，不法行為においては問題とする余地がないとの批判があるが，取引行為的不法行為については，相手方も予め分かっているので，ほぼそのまま妥当する（多くの場合に債務不履行責任も競合的に生じている）。また，保護範囲説（前述❶）の主張する「保護範囲」の概念も狭義の「相当因果関係」概念とほぼ同義に用いることが可能であり，その限りでは実務上の用語法を変える必要はない（鷺岡康雄「不法行為による損害

---

25) この問題を検討するために出されるケースは次のようなものである。A は B 医師による胸部切開手術をする際に輸血を受けたが，血液型の不一致のため死亡した。A の死亡は B の血液型検査に際しての過失によるものであるとして，A の遺族は損害賠償を請求した。このような事件において，B の過失は認定しうるが，輸血と死亡との間の因果関係についての立証が不十分であるとして，B の責任を否定する判決をするとしたら，事実的因果関係（存否）の判断を先行させなかったため過失に関する無駄な審理をしたことになる。平井説では，因果関係としては事実的因果関係の存否が要件なのであり，損害の範囲を決定するための「因果関係」は保護範囲としての意味しかもたない。結局は，事実的因果関係を前提としてこれが肯定された場合にのみ保護範囲を検討すればよいことになる（平井・理論 432 頁）。
　確かに，事実的因果関係が肯定できない事例において，過失について論じることは無駄であるが，相当因果関係論を前提とする多数説によれば，常にそのような順序で審理をし，判決を記述しなければならないわけではないから，上の判決に対する批判としてはその通りであるが，それがそのまま多数説に対する批判にはならないと思われる。
　また，事実的因果関係についても常に単純に存否の判断が可能であるとは限らない。例えば，交通事故後の被害者が後遺症としての鞭打症のために自殺したというような事例においては，法的評価抜きで事実的因果関係の存否を判断することは困難であろう。

賠償と民法416条」新・実務民事訴訟講座4（日本評論社，1982年）参照）。

なお，予見可能性をめぐって，債務不履行の場合（契約関係にある者の間の関係）と不法行為の場合（全く契約関係がない者の間の関係）との相違は無視できないとの批判があるが，不法行為の場合については「予見可能性を通常人として予見すべかりしとき」と解すれば，相当程度に客観的な概念となるから，不法行為にも適用しうる等との反論もある（加藤〔一〕156頁）。

①不法行為によって物を滅失・損傷された者は，当時の交換価格の賠償を請求しうるが，そのほかに将来その物について通常の使用収益をなしうべき利益に対する賠償は受けえない。②不法行為によって滅失・損傷した物が後に価額騰貴し被害者がこれによって得べかりし利得を失った賠償を求めるには，被害者において不法行為がなければ騰貴した価格による転売その他の方法によって利益を確実に取得したであろうという特別の事情があり，その事情が不法行為当時予見しまたは予見しうべきだったことを必要とし，訴訟上これを主張・立証しなければならない。

(2) 保護範囲説（平井説）

この説（前述❶）に対して，その意味を評価しつつも疑問を呈する見解も有力に主張されている。以下では，個別問題点ごとに，保護範囲説の主張とそれに対する反論を紹介しておこう。

(イ) **416条の前提**　相当因果関係説は，ほんらいドイツにおいて，被害者に生じた損害をすべて賠償するという主義（完全賠償主義――ドイツ民法はこれに該当し，416条に相当する規定がない）を前提として生まれた理論である（176頁参照）。しかし，416条は制限賠償の原則を定めた規定であり（イギリスの判例に由来するとも言われる），かつ，同条は全体として当事者の予見可能性によって損害賠償の範囲を確定しようとする規定である。従って，同条は，予見可能性を前提とすることのできない不法行為に対してはその類推適用の基礎を欠いている。

〈反論〉（a）この点については，近時，ドイツの相当因果関係説は必ずしも完全賠償の原則を実現するためのものではなく，むしろ偶然的な損害を損害賠償の範囲から排除するために唱えられたものである，とする見解（前田「不法行為法の構造」於保還暦記念論集182頁）が主張されている。

(b)　416条は，民法の立法資料によれば，債務不履行によって生じた損害は原則として完全に賠償されるべきであるとの立場に立って，特別の例外的損害を賠償の対象から除外するという立場にある，と解することができるとの主張（石田・再構成135頁）もある。

　㈡　**同条の規範内容の分析**　　相当因果関係概念の中には，前述のように，複数の要素が含まれている。すなわち，①事実的因果関係（条件説的因果関係），②損害賠償の範囲（保護範囲），③損害の金銭による評価（損害賠償額の算定）である。416条の守備範囲は損害賠償の範囲のみである。この考え方によると，416条は賠償範囲（保護範囲）を当事者の予見可能性に限定する趣旨と解しなければならない。不法行為においては，通常人の予見可能性は問題にできるが，当事者の予見可能性は一般的には（偶然的交通事故のような場合を含めて）問題にできないから，不法行為には類推適用できない。

〈反論〉(a)　保護範囲説からの指摘によって，因果関係説が概念的に整理されたことは確かであるが，①と②とは以前からも区別されていたのであり（我妻・新訂債権総論118頁以下参照），混同されていたわけではない。なお，この点については，区別はすべきであるが，常に峻別が可能であるとは限らないとの反論（澤井196頁）もある。③について特別な配慮をしている点は新しい点であるが，同説はこれを裁判所の裁量に属する問題とするため，そのことが新たな問題点を生み出しているとも言えよう。例えば，売買契約解除に基づく損害（通説の理解による）は，その目的物が自己使用目的であったか，転売目的であったかは当事者の主張・立証によるのが妥当であると思われるが，同説では当事者の主張・立証をまたずに裁判所が自由裁量により評価しても違法ではないことになり，妥当でない（森泉ほか・債権総論107頁），などである。また，予見可能性については，伝統的学説においても通常人の予見可能性を前提として416条を類推適用することも主張されているから，一定の結論への理論的可能性の問題ではなく，いずれの理論構成がより優れているかの問題というべきである。

　(b)　損害の範囲という点が明確になれば，それを保護範囲と呼ぼうが，相当因果関係と呼ぼうが，それは呼称の問題にすぎない（ただし，保護範囲説には相当因果関係という呼称自体が適切でないとの主張が含まれている）。

(ハ) **709条の予見可能性との関係**　416条1項の場合には，通常事情に関する予見可能性を当然に前提とし（常に充足されるから要件として明示していない），特別事情に関する同条2項の場合には明文をもって予見可能性を前提とし（要件としている），これによって保護範囲を画しようとしている。予見可能性の概念は責任追及の正当化機能へと重点を移し，保護範囲の確定基準としては現代的機能を失っているので，不法行為には導入すべきではない。導入した場合には，416条の予見可能性と709条の過失における予見義務との間に混交をもたらしかねないから避けるべきである。つまり，前者は特別事情に関するものであり，後者は，予見可能性を前提とする結果回避義務違反＝権利侵害に関するもの（損害の発生に関する予見可能性）であり，両者は区別されなければならない。

〈反論〉　416条1項は，通常事情を前提としているから，それに関する予見可能性を要件としていない。それによって公平妥当と考えられる結論を説明し，説得することができる。また，予見可能性概念については，416条において事情と損害とが概念的に明確に分けられれば（田山・要義・債権総論［第3版］61頁以下参照），416条と709条の予見可能性との間で概念的に混交が生じることはない（後述5(1)(ロ)参照）。

(3)　**類推適用否定説**

債権債務関係に立っていない当事者間に生ずる損害賠償の範囲を制限する基準として予見可能性を用いるのは，適切ではない。416条に代わる不法行為のための保護範囲の決定基準を提唱すべきであるとして次のような主張がある。

(イ)　**損害回避義務説**　損害賠償の範囲は，行為者の過失を構成する基準となる注意義務（損害回避義務）の及ぶ範囲と一致する（幾代＝徳本139頁）。この説では故意に関する説明が欠けている。

(ロ)　**損害3分説**　損害を①侵害損害，②結果損害，③後続損害の3つに分けて基準を考察すべきである。①権利侵害と不可分に結合している損害（侵害損害）については，損害と不可分の関係にある権利侵害につき行為者が責任を負うべきときは，侵害損害につき当然に責任を負うことになり，それ以上保護範囲を考える必要はない。②権利侵害が被害者の総体財産に波及して生

ぜしめる損害（結果損害）は，保護の必要の程度が小さいから，損害発生の確実性（例えば，得べかりし利益）または必要性（例えば，怪我をした母親の看護のために外国から帰国した際の旅費）の要件が充足されれば，賠償の範囲に入る。③第１次侵害が原因となって同一被害者，または第三者に生じたさらなる権利侵害（後続侵害）は，侵害損害ではないから，侵害損害に関する基準を適用することはできない。第１次侵害の引き起こした危険またはその実現の結果により創出された危険の範囲内にあるか否かにつき検討し，その範囲内であれば，賠償の対象となる（前田302頁以下など）。

(ハ) **義務射程説** 過失不法行為の賠償範囲の決定基準は，過失の存否を判断する基準である行為義務の及ぶ範囲（義務射程）によって定められると解する（平井123頁）。故意不法行為の保護範囲は過失の場合と区別すべきである。故意不法行為と事実的因果関係に立つ損害は原則としてすべて賠償されるべきである。ただし，異常な事態の介入によって生じた損害についてはこの限りではない（平井124頁以下）。

以上，最近の学説の傾向を述べたが，各説がそれぞれの理論体系を前提として相当因果関係ないし保護範囲について論じているので，その評価は難しいが，以下においてまとめを試みておこう。

4 公害問題と因果関係

水俣病等の被害者から提起された損害賠償訴訟において，立証上もっとも大きな問題となったのは，因果関係をめぐる問題であった。有機水銀と水俣病との間の因果関係がどの程度に証明される必要があるか，という点が議論された。その際に用いられたのが，疫学的因果関係論であった。疫学によれば，ある因子（例えば，有機水銀）と疾病（水俣病）との間に因果関係があるといえるためには，①因子が疾病の一定期間前に作用しているものであること，②因子が増大すれば結果も増大するという関係があること，③因子の分布，消長等により結果発生の特性が矛盾なく説明できること，④因子と結果の関係が生物学的に矛盾なく説明できること，が必要であるとされている（吉村・99頁参照）。

損害賠償を請求している個々の被害者が自己の被害ないし疾病について医学的に完全な因果関係を立証することは，特に新しい被害の場合には，通常

は極めて困難である。この点で、疫学は、集団現象として、疾病の発生、分布、消長などを把握する学問であるため、集団的蓋然性によって、因果関係を相当程度に立証することができると考えられている。公害問題のように、被害者が集団的・地域的に発生する場合には、有用な理論である。

5 相当因果関係に関するまとめ

(1) 因果関係理論の整理

従来、相当因果関係について曖昧であった点は、明確にされる必要がある。

(イ) **416条の意義**　416条は事実的因果関係（条件説的因果関係）の根拠となる規定ではない。同条は損害賠償の範囲としての相当因果関係に関する規定である。

416条は2項において「特別事情」について予見可能性を要求しているが、1項においては「普通事情」を前提として予見可能性を要件としていない。つまり、損害については1項、2項ともに予見可能性を要求していない。他方、709条は故意または過失を要件とすることにより、結果すなわち損害の発生についての予見可能性を要求している。従って、前述(182頁)のように、709条の予見可能性と416条の予見可能性とは、その対象の点で明確に区別されなければならないし、要件としての位置づけの点でも区別されなければならない。

(ロ) **損害の範囲**　損害賠償の範囲の問題を相当因果関係の問題であるということはよいとしても、それだけでは問題は解決されないのであって、賠償の対象となる通常損害の範囲ないし特別損害の範囲が具体的に明らかにされなければならない。

普通事情を前提とする損害については、それを前提として通常生ずべき損害について、加害者は賠償の義務を負う(416条1項)。特別事情を前提とする損害については、それに対する予見可能性を要件とした上で(416条2項)、特別事情を前提として通常生ずべき損害について（同条1項）、加害者は賠償の義務を負う。

(ハ) **具体的検討**　最近の通説に従って、富喜丸事件を例にして具体的説明を試みておこう。まず、船が沈没したという事実がある。相手の船の衝突がなければ同船の沈没はなかったから、事実的因果関係を肯定することはできるが、この損害をどのように評価すべきか。まず、普通事情を前提として

通常生ずべき損害の賠償を請求することができる（滅失当時の価格）。この場合の通常事情については誰でも予見していることが前提であるから特別に予見可能性を必要としない(原則論)。しかし，沈没の当時，戦争が始まろうとしておりそのために船の価格が上昇しつつあり（特別事情），これを前提とした損害賠償を請求するのであれば（中間最高価格の問題も生じうる[26]），少なくとも加害者がこの特別事情(それを前提とした損害ではない)について予見可能性を有していなければならない。これが肯定されれば，特別事情を前提として通常生ずる損害について賠償を請求することができる。

(2) 416条の不法行為への適用の適否

416条を不法行為に類推適用することの適否については，上記のような理解を前提にして具体的に考察する必要がある。その際，取引行為的不法行為と非取引行為的不法行為に分けて考察するのが適当である。

(イ) **取引行為的不法行為**　これに対して416条を類推適用することについては，実際上も特に問題はない。予見可能な特別事情を前提とする損害についてのみ，加害者が賠償責任を負うという結論も妥当である。

(ロ) **非取引行為的不法行為**　これについて416条を類推適用するに際しては，予見可能性との関係で問題が生じる。具体的に検討してみよう。

Aが自動車を運転中に過失によりBを死亡させたとしよう。①Bは大変な高給とりであったので，Bの遺族は通常の場合よりもかなり高額な損害賠償を請求してきた。また，②Bは特に脳に病気を持っていたので軽く転倒しただけで（健康な人ならば脳震盪ですむ程度）死亡してしまった（現に病気である場合）。③9歳のときに骨髄炎に罹患したことのある37歳の者B（事故当時は健康であった）が交通事故によって負傷し，その後骨髄炎が再発した（病歴があるに過ぎない場合）。傍線部分①，②および③のような事情は特別事情であろうか。とすれば，Aがその点について予見可能性を有していたことが必要

---

[26]　**中間最高価格**　不法行為時から口頭弁論終結時までの価格に変化がある場合において，①常に上昇しているときは口頭弁論終結時（ただし，不当な訴訟引き延ばしの場合は別），②下落しているときは不法行為時，③いったん上昇して下落したときは，不法行為時と口頭弁論終結時のいずれか被害者に有利な方を選択しうる，とする説がある（高木ほか・民法講義6　353頁〔石田穣〕）。③の場合に中間最高価格の賠償を認めるか，という問題が残る。

になる。

　(a) ①の事情は，特別事情ではなく，金銭的評価の問題であると解すべきである。Aが人の通行する道路を一定のスピードで走っていて前方不注意等の過失があれば通行人を轢いてしまうということは普通ありうることである。従って，Aが過失により通行人Bを轢いてしまってケガをさせた（または死亡させた）ということは，普通事情を前提としてAの過失により通常生ずべき損害である。Bのケガまたは死亡による損害（評価前の損害）がどの程度の金額（法的損害）になるかということは，Aのケガまたは死亡の金銭的評価（Aの職業や収入により損害額を違えてよいかということを含めて）の問題である。つまり，予見可能性の有無で決着をつけるべき問題ではない。金銭的評価の問題については，前述(132頁)の損害論に関する説明を参照(特に西原説)。

　(b) ②の事情は，特別事情と解する以外にないように思われる。従って，Aが特に予見しまたは予見することができたという事情が無いかぎり（客観的な予見可能性と解しても，通常は予見可能性はない），Aは普通事情を前提としてBのケガの限度で責任を負うべきであって，Bの死亡についてまでは損害賠償の責任を負うことはないと解すべきであろう。Aの709条の要件としての過失(損害＝結果に対する予見可能性)の問題についても同一の結果となるであろう。

　このような理論によれば，不法行為の成立を部分的に否定することになるが，判例[27]は，これを全体として成立させて，過失相殺理論を類推適用して調整している。例えば，被害者の素因を考慮している（219頁も参照）。

　(c) ③の事情は，Bが健康状態であったことを考えると，再発可能性のある病歴を特別事情と解するのは困難であろう。このような場合における利益の調整に関して，近時，下級審判決において確立しつつある理論に「割合的因果関係の理論」がある。③の事例にこれを適用すると，次のようになる。

---

27) 身体に対する加害行為と発生した損害との間に相当因果関係がある場合において，その損害がその加害行為のみによって通常発生する程度，範囲をこえるものであって，かつ，その損害の拡大について被害者の心因的要素が寄与しているときは，損害賠償額の算定に当たり，損害の公平な分担という損害賠償法の理念に照らし，722条2項の過失相殺の規定を類推適用して，被害者の同事情を斟酌することができるものと解するのが相当である，としている（最判昭63・4・21民集42・4・243）。

被害者Bが骨髄炎という病歴を有する健康状態にあったため，これが交通事故と競合して骨髄炎の再発という事態を招来するに至った（「引き金」となった）と解した上で，骨髄炎の再発に対する交通事故の寄与度を50％と認め，損害額のうち50％の限度において，当該事故と相当因果関係にある損害として，加害者には賠償の責任があるとしている（東京高判昭50・3・31判時781・76）。なお，この判決では，事故と損害との間に相当因果関係が認められる範囲内では，その因果関係のある損害を特別事情による損害として，加害者に予見可能性があったか否かを検討する余地はないものと解すべきであるとしている。②の場合と異なり，通常事情を前提とした損害というものを想定することはできないからであろう。

判例は，しかし，③に類似する事例についても「被害者に対する加害行為と加害行為前から存在した被害者の疾患とが共に原因となって損害が発生した場合において，当該疾患の態様，程度などに照らし，加害者に損害の全部を賠償させるのが公平を失するときは，裁判所は，損害の額を定めるにあたり，722条2項の規定を類推適用して，被害者の疾患を斟酌することができる」としている（最判平4・6・25民集46・4・400，本書219頁も参照）。

④　賠償の対象としての損害の金銭的評価

前述のように，従来の相当因果関係論のなかには，損害の金銭的評価の問題も含まれていたとされている。前述の保護範囲説のように，これを裁判官の裁量の問題だとする説もあるが，相当因果関係の範囲内の損害として捉えて，当事者が主張・立証すべきものと解するのが妥当である（具体的には，192頁以下参照）。

⑤　損害の発生と損害賠償請求権の帰属

不法行為の被害者が個人であるが，同時に法人の中心人物であるというような場合に，損害は個人について集中的に発生していると考えるべきか，それとも法人についても発生していると解すべきであるか，という問題については，後述286頁以下参照。

〈本章の参考文献〉
〈第1節の参考文献〉
加藤一郎「過失判断の基準としての『通常人』——アメリカ法における『合理人』をめぐって」（我妻追悼・私法学の新たな展開，有斐閣，1975年）
中井美雄「不作為による不法行為」（『新・現代損害賠償法講座1』所収）
服部栄三「法人の不法行為能力」（我妻還暦（中），有斐閣）
山口純夫「責任能力」（『新・現代損害賠償法講座1』所収）

〈第2節の参考文献〉
淡路剛久『不法行為法における権利保障と損害の評価』（有斐閣，1984年）
牛山　積＝富井利安「不法行為法における故意・過失および違法性理論の動向」（富井利安『公害賠償責任の研究』日本評論社，1986年）
西井龍生「賠償額の定型化・定額化・一律請求」（ジュリ・民法の争点Ⅱ）
西原道雄「生命侵害における損害賠償額」（私法27号）
西原道雄「損害賠償の法理」（ジュリ339号）
松浦以津子「損害論の『新たな』展開」（『不法行為法の現代的課題と展開』前掲所収）

〈第3節の参考文献〉
太田知行「大阪アルカリ事件——故意・過失」（ジュリ『民法判例百選Ⅱ』）
川井　健編『専門家の責任』（日本評論社，1993年）
執行秀幸「意図的不法行為」（『新・現代損害賠償法講座1』所収）
下森　定「大阪アルカリ事件」（ジュリ『公害・環境判例』（第2版））
手嶋　豊「過失一元論」（『現代不法行為法学の分析』前掲所収）
新美育文「安全配慮義務」（『新・現代損害賠償法講座1』所収）
星野英一「故意・過失，権利侵害，違法性」私法41号（民法論集第6巻）
前田達明『不法行為帰責論』（創文社，1978年）
松浦以津子「損害論の『新たな』展開」（『不法行為法の現代的課題と展開』前掲）
山本隆司「権利侵害・違法性と過失」（『現代不法行為法学の分析』前掲所収）

〈第4節の参考文献〉
小野幸二「不貞行為の相手方に対する損害賠償請求」（ジュリ・民法の争点Ⅱ）
國井和郎「故意・過失(1)——故意を要件とする不法行為類型」裁判実務大系15，青林書院，1991年）
新美育文「医師の説明義務と患者の同意」（ジュリ・民法の争点Ⅱ）

新美育文「第三者による債権侵害」（民法講座 4）
新美育文「第三者による債権侵害」（『分析と展開・民法Ⅱ債権〔第 5 版〕』（弘文堂，2005 年）
平林勝政「医療過誤における契約的構成と不法行為的構成」（ジュリ・民法の争点Ⅱ）
前田達明『不法行為帰責論』（創文社，1978 年）
柳澤弘士「不法行為における違法性」私法 28 号/吉田邦彦・債権侵害論再考（有斐閣，1991 年）
吉田邦彦「過失の意義と違法性」ジュリ・民法判例百選Ⅱ債権（第 3 版）

〈第 5 節の参考文献〉
石田　穣『損害賠償法の再構成』（東京大学出版会，1977 年）
樫見由美子「事故と自殺との因果関係」（民法判例百選Ⅱ債権〔第 4 版〕）
北川善太郎「不法行為による損害賠償の範囲」（民法の判例〔第 2 版〕有斐閣）
桜井節夫「事実的因果関係」民法の争点Ⅱ（有斐閣，1985 年）
澤井　裕「不法行為における因果関係」（民法講座 6）
清水兼男「不法行為と民法 416 条類推適用の成否」民法の争点Ⅱ（有斐閣，1985 年）
新美育文「因果関係の立証」（民法判例百選Ⅱ債権〔第 4 版〕）
野村・北河・小賀野編『割合的解決と公平の原則』（ぎょうせい，2002 年）
浜上則雄「損害賠償法における『保証理論』と『部分的因果関係の理論』」民商法 66 巻 5 号
平井宜雄『損害賠償法の理論』（東京大学出版会，1971 年）
平井宜雄「不法行為における損害賠償の範囲」（賠償法講座 7）
平井宜雄「因果関係論」（賠償法講座Ⅰ）
深谷松男「わが国の民事判例における因果関係論」法時 32 巻 9 号
松浦以津子「因果関係」（『新・現代損害賠償法講座 1』所収）
山本矩夫「責任および損害の割合的認定」（ジュリ 526 号）/西垣道夫「体質持病等の素因の寄与について」（ジュリ 536 号）
山本隆司「いわゆる『保護範囲説』」（『現代不法行為法学の分析』前掲所収）

第3章　不法行為の効果

序

　不法行為の効果は，被害者(胎児にも権利能力を認めている)[1]を，被害を受ける前の状態に戻すことであるが，その方法は大きく分けて2つある。損害を金銭に換算して賠償する方法と代替物の提供等によって被害者をほぼ原状に回復する方法である。

　民法は前者をもって原則としており，名誉毀損についてのみ，原状回復を目的とした「名誉を回復するに適当な処分」を規定している（723条）。従って，ここで検討すべき不法行為の効果は，まず被害者から加害者に対する損害賠償の請求である（709条）。

　しかし，被害者の救済のためには，金銭的救済以外の方法も必要となる。名誉毀損の場合のように明文の規定がある場合に限らず，被侵害利益が物権であるときは，妨害排除ないし妨害予防の請求ができる。それ以外にも，人格権に基づく救済等が検討されなければならない。

---

1) 胎児の限定的な権利能力に関しては規定（721条）があるが，胎児の代理人に関する規定はないので，その損害賠償請求につき，母その他の親族が，胎児のために加害者となした和解は，胎児を拘束しない（大判昭7・10・6民集11・2023）。この見解に対しては，学説上異論がある（田山・要義・民法総則〔第4版〕29頁以下）。なお，胎児は，損害賠償請求権については，すでに生まれたものとみなされるから，胎児である間に受けた不法行為によって出生後に傷害が生じ，後遺障害が残存した場合には，それらによる損害については，加害者に損害賠償請求することができ，自家用自動車総合保険契約における無保険車傷害条項の適用については，同条項の「記名被保険者の同居の親族」に生じた傷害および後遺障害による損害に準じて，保険約款の無保険車傷害条項に基づく保険金を請求できる。（最判平18・3・28民集60・3・875）

第1節　金銭賠償の原則と方法

1 意義

(1) 損害の発生

不法行為責任においては損害の発生が成立要件となっている。債務不履行にあっては，損害が発生しなくても契約解除の原因となることがあるから，不法行為の場合とは損害の持つ要件上の意義が異なっている。

(2) 賠償の方法

損害賠償の方法としては，前述のように，金銭賠償の方法とそれ以外の原状回復の方法とがあるが，民法は金銭賠償の方法によることとしている（722条1項，417条）。金銭賠償の方法は，すべてのものが原則として金銭と交換されうるという意味において，商品交換の手段としての売買契約が全社会的規模において展開している社会に適合した方法である，ということができる。

2 財産的損害に対する賠償

1 損害の区別等

(1) 保護されるべき利益と損害

財産について生じた損害であって，当然に金銭に見積もることのできるものは財産的損害に含まれるが，身体等の人格的利益の侵害の場合にも，財産的損害が生じうる。例えば，労働能力の喪失により得べかりし賃金を得られなくなったことによる損害などはこれに当たる。要するに，被侵害利益が財産的利益であっても非財産的利益であっても，財産的損害は生じうるのである。損害のとらえ方については，それぞれに特有の問題があるから，以下では，まず，財産的損害について検討し，ついで非財産的損害について検討する。

(2) 一時的損害と継続的損害

不法行為による損害は，賠償時までにその額を確定しうる場合と，その後も継続して発生することが確実である場合とがある。後者の場合において将来にわたってその損害賠償を継続的に支払うのではなく，現時点における金

額に評価して請求する方式を「一時金賠償」方式という。実務ではこれが主流である。判例も、被害者が一時金賠償を請求しているときは定期金による賠償を命じることはできないとしている（最判昭62・2・6判時1232・100）。

(3) **損害算定の方法**

　不法行為による損害賠償についても、416条の規定が類推適用される。不動産の仮差押命令の申立およびその執行が不法行為になる場合において、債務者が仮差押解放金を供託してその執行の取消しを求めるため、金融機関から資金を借り入れ、あるいは自己の資金をもってこれに充てることを余儀なくされたときは、仮差押解放金の供託期間中に債務者が支払った同借入金に対する通常予測しうる範囲内の利息および同自己資金に対する法定利率の割合に相当する金員は、当該不法行為により債務者に通常生ずべき損害にあたる（最判平8・5・28民集50・6・1301）。特別の事情によって生じた損害については、加害者において同事情を予見しまたは予見することを得べかりしときに限り、これを賠償する責に任ずべきである（最判昭48・6・7民集27・6・681）。売買契約の目的物に対する仮差押の申立が違法である場合において、当該目的物の転売利益が不法行為時に加害者において認識可能であるときはその賠償をすべきであり、かつ転売契約不履行による違約金の負担についても認識可能であれば、その賠償もすべきである（最判平8・5・28判時1572・53）。ただし、不法行為への416条の類推適用については有力な反対説がある（180頁以下参照）。

　なお、共同不法行為者の加えた損害のうち、特別の事情に基づくものは、それを予見しまたは予見することを得べかりし者だけが、その賠償責任を負う（大判昭13・2・17民集17・2465）。

(4) **取引市場のある商品と損害**

　投資者が有価証券報告書等になされた虚偽の記載によって損害を受けたとみるべき場合の当該虚偽記載と相当因果関係のある損害額は、投資者が当該虚偽記載の公表後、株式を取引所において処分したときはその取得価額と処分価額との差額を、株式を保有し続けているときはその取得価額と事実審口頭弁論終結時の市場価額との差額をそれぞれ基礎とし、経済情勢、市場動向、当該会社の業績等、当該虚偽記載に起因しない市場価額の下落部分を控除し

てこれを認定すべきである（最判平23・9・13民集65・6・2511）。

2　人身損害の算定

(1)　積極的損害

人身損害のための出費が問題となる。

(イ)　**治療費**　　実際に支出した治療費が損害に該当することは当然であるが，過剰診療や高額診療になる場合には，その部分についての賠償は否定される。入院料，手術料，治療費の実費は損害にあたる。病院の個室使用料，付添い看護費等の賠償も認められている。後遺症が残り，将来において手術をしなければならない場合の費用も，その不法行為によって生じた損害である。例えば，交通事故の被害者が示談によって小額の賠償金をもって満足し，その余の損害賠償請求権を放棄した場合にも，それは示談当時予想していた損害についてのみと解すべきであって，その当時予想できなかった後遺症等が後日発生した場合には，被害者はその損害の賠償を請求することができる（最判昭43・3・15民集22・3・587）。関連して慰謝料の請求も可能である。

(ロ)　**付添看護婦費**　　これは，受傷の程度，被害者の年齢等により必要があれば，認められると解してよいが，通常は，医師の指示によってなされた場合の費用である。

(ハ)　**入院雑費**　　入院自体の費用以外に，それに関連して必要とされた費用も当然に賠償の対象となる。

(ニ)　**通院交通費**　　症状により，タクシーの利用が必要であれば，これも費用として認められるが，通常は公共交通手段の利用に要する費用である。交通事故の被害者の近親者が看護等のため被害者のもとに往復した場合の旅費は，その近親者において被害者のもとにおもむくことが，被害者の傷害の程度，近親者が看護にあたることの必要性等の諸般の事情からみて，社会通念上相当であり，かつ，被害者が近親者に対し旅費を返還または償還すべきものと認められるときには，その往復に通常利用される交通機関の普通運賃の限度内においては，当該不法行為により通常生ずべき損害に該当するものと解すべきであり，このことは，近親者が外国に居住または滞在している場合でも異ならない（最判昭49・4・25民集28・3・447）。近親者の付添による看護料相当額を損害として認めた例もある（最判昭46・6・29民集25・4・650）。

(ホ) **弁護士費用**　これは，最近では，不法行為による直接の損害として認められるようになっている。もちろん事件の性質等を考慮して相当な報酬額に限られる。不法行為の被害者が，自己の権利擁護のために訴えを提起することを余儀なくされ，訴訟追行を弁護士に委任した場合には，その弁護士費用は，相当と認められる額の範囲内のものに限って，同不法行為と相当因果関係に立つ損害といえる（最判昭44・2・27民集23・2・441）。

(ヘ) **その他**　ケガの結果，義手・義足等を必要とする場合にはその費用も損害に含まれる。また，医師に対する謝礼等も社会通念上相当なものであれば認められる。なお，不法行為により死亡した者のため祭祀を主宰すべき立場にある遺族が，墓碑を建設し，仏壇を購入したときは，そのために支出した費用は，社会通念上相当と認められる限度において，不法行為により通常生ずべき損害である（最判昭44・2・28民集23・2・525）。

(2) **消極的損害の賠償請求権と相続**

逸失利益の賠償請求は，相続との関連で議論される。

(イ) **傷害の場合**　受傷による得べかりし利益の賠償請求権を，受傷者自身が行使できることは当然である。労働能力の喪失を逸失利益と解して，減収分を損害として請求することができる。交通事故の被害者が後遺障害により労働能力の一部を喪失した場合における逸失利益の算定にあたっては，事故後に別の原因により被害者が死亡したとしても，事故の時点で，死亡の原因となる具体的事由が存在し，近い将来における死亡が客観的に予想されていたなどの特段の事情がない限り，死亡の事実は就労可能期間の認定に際して考慮すべきものではない（最判平8・4・25民集50・5・1221，最判平8・5・31民集50・6・1323）。

(ロ) **死亡の場合**　被害者が死亡した場合には，この損害を誰が請求できるかについては，損害のとらえ方にも関連して大いに争われている。

(a) 相続説　死亡による財産的損害をいったん本人に帰属させて，これを相続人が相続することは論理的に困難である。しかし，受傷による労働能力の喪失を損害（極限的重傷による損害）として理解し（極限概念説），これを本人の死亡により相続人が相続すると解することは可能であり，合理的である。労働能力の喪失という点では，死亡による損害と極限的重傷による損害とは

極めて近いものと評価することができるからである（大判大15・2・16民集5・150参照）。

　(b)　**非相続説**　　死者に権利能力はないという論理的前提を重視し，遺族固有の損害として理論構成して賠償請求すべきであるとする。この場合の損害とは，死者が生きていたならば受けられたであろう扶養利益ないし扶養期待権[2]の喪失である。民法立法者は，この見解に立っていたようである（淡路「生命侵害による賠償」民法講座6参照）。

　(c)　**留意すべき問題点**　　上記の理論的対立について検討する場合には，以下の諸点について留意すべきである。非相続説では，①加害者は，本人が傷害の場合に負担すべき得べかりし利益の賠償を，即死の場合には負担しなくてよいことになるので，傷害よりも重い即死の場合の方が加害者の負担が軽くなることになろう。②被害者の相続人の一人一人について扶養上の損害を算定することになり，計算が複雑かつ困難になる。子供が被害者である場合には，親の子に対する扶養請求額は通常は小額となろう[3]。

　これに対して，相続説では，①内縁の妻の処遇が問題となる。②ふだん疎遠な相続人（笑う相続人）に利益を与える結果となる。③いわゆる逆相続（特に，親が幼児の逸失利益を相続すること）の不合理（親は自分の平均寿命を越えた時点における子供の収入をも相続することになる）等を指摘する見解もある。

　理論構成の優劣は，これらの点を総合的に考慮して判断しなければならない。非相続説の主張にはもっともな点もあると思うが，相続説の有する論理的安定性には捨てがたいものがある。しかも，相続説に対する批判点の①と②ともに，相続一般について生じうることであり，損害賠償請求権の相続に固有なことではない。③については，扶養ではなく，相続であることに鑑み

---

2)　扶養利益喪失による損害は，相続により取得すべき死亡者の逸失利益の額と当然に同じ額となるものではなく，個々の事案において，扶養者の生前の収入，そのうち被扶養者の生計の維持に充てるべき部分，被扶養者各人につき扶養利益として認められるべき比率割合，扶養を要する状態が存続する期間などの具体的事情に応じて適正に算定すべきである（最判平12・9・7判時1728・29）。

3)　相続否定説に立って，扶養請求権侵害説よりも広く，婚姻共同生活から受ける財産的利益という観点を導入して，損害を捕らえようとする主張が現れている。この説の場合には，①配偶者，②子供，③親，④それ以外の者というように分けて損害の具体的検討を行う（平井175頁以下）。

て、不当な結果とは思われない。
3 物的損害
(1) 所有権の侵害
所有権を失なう場合と、所有物に対する侵害が問題となる。

(イ) **所有権の喪失**　第三者の詐欺による売買により目的物件の所有権を失った売主は、買主に対し代金請求権を有していても、その第三者に対し損害賠償請求権を失わない（最判昭38・8・8民集17・6・833）。国が違法に無効な農地買収・売渡処分を行って被売渡人に当該農地を引き渡し、被売渡人がこれを時効取得した結果、被買収者が同農地の所有権を喪失したことにより損害を被った場合には、その損害額は、時効完成時における同農地の価格を基準として算定するのが相当である（最判昭50・3・28民集29・3・251）。

(ロ) **修理費**　自動車事故等の場合に、修理代が損害賠償の対象となることは当然である。

(ハ) **代替物購入費**　修理による原状回復が不可能であれば、代替物を購入する費用が損害となる。

(2) 他物権等の侵害
利用権の場合には、賃料相当額が損害であり、抵当権等の担保物権の場合には、目的物の価値が被担保債権を下回る程度に損傷された場合に損害が発生する。賃貸人の権利についても同様に考えてよい。賃貸借契約が解除されていない場合でも、賃貸人は、賃借人から賃料の支払いを受けたなど特別の事情のない限り、賃借権の無断譲受人たる目的物の占有者に対し賃料相当の損害賠償の請求をすることができる（最判昭41・10・21民集20・8・1640）。

③ 非財産的損害に対する賠償
非財産的損害の中には、精神的損害と非精神的損害（概念については後述3(6)まとめ参照）とがある。次の具体例を素材にして、まず精神的損害について検討してみよう。

A（女性）は老母Bの生活の世話をしながら会社に勤めていたが、交通事故にあって顔に醜い傷痕ができた。そのことを苦にしたAは勤務先の会社をやめて、自宅で洋裁を内職にして細々と生計を立てている。また、Bは娘の事

故によって受けた精神的苦痛は，母子家庭であるが故になおさら「死に勝る苦痛」であるとして，財産的損害の他に慰謝料を請求している。AとBからの損害賠償請求は正当であろうか。Aが死亡した場合も問題である。

1 慰謝料の性質

(1) 死亡以外の場合

慰謝料請求権の根拠規定は何であろうか。

(イ) **近親者からの慰謝料請求の可否** 被害者本人が慰謝料を請求できることについては問題はない(710条)。上の具体例のように，被害者の近親者は被害者の死亡の場合 (711条) 以外の場合にも慰謝料を請求することができるであろうか。この点について，判例は709条と710条に基づいてこれを肯定している(最判昭33・8・5民集12・12・1901)。ただし，「近親者が被害者の死亡したときにも比肩しうべき精神上の苦痛を受けた」場合に限られるとしている(最判昭42・6・13民集21・6・1447等)。通説もこの見解を支持していると解してよい。

(ロ) **肯定説の理論構成** (a)例示規定説 近親者も精神的苦痛があれば原則として709条，710条により慰謝料請求権を有するのであって，711条は苦痛の著しい場合の例示規定であると解する。

(b)例外規定説 傷害の場合の近親者の慰謝料請求権は，例外として，生命を侵害された場合に比肩しうるような場合（実質的に711条に準ずるような場合）に限定すべきであるとする。

これらのうち，上記(a)説については適用上の歯止めが難しいと思われるので，(b)説が妥当であろう。前述の具体例において，母親の「死に勝る苦痛」が単に著しいことを意味しているのであれば，(a)説では肯定されるが，(b)説では否定されることになろう。

(2) 死亡の場合

慰謝料の一身専属性と相続の関係が重要論点である。

(イ) **帰属上の一身専属性** (a)判例の変更 判例は，かつて慰謝料請求権は（帰属上の）一身専属性を有するから，本人の請求意思の表明があったときにのみ相続の対象となると解していたが（大判昭2・5・30新聞2702・5〔残念事件〕など），後にこれを変更し，非財産的損害についても損害発生と同時

にその賠償を請求する権利を取得し，これを行使することができ，被害者が死亡したときは，これを相続人が相続すると解している（最大判昭42・11・1民集21・9・2249）。この判決は，慰謝料請求権の帰属上の一身専属性を否定し，行使上の一身専属性のみを肯定したものと解してよい。従って，相続された金銭債権としての慰謝料請求権にはもはやいずれの意味における一身専属性もない。相続を理由とする承継により慰謝料請求権の行使上の一身専属性も消滅するからである。このように，慰謝料請求権においては，一身専属性が問題となる点が，財産上の損害の場合との相違点である。

従来の判例の立場（意思表明必要説）を前提とすれば，それができない程の重傷（即死の場合も含む）の場合には慰謝料の請求ができなくなり，意思表明ができる場合との間でバランスを失することになる。710条は財産権と非財産権とを全く同列において保護の対象としているのであるから，非財産権の侵害の場合に限って特別な要件（意思表明など）を追加するのは妥当ではない。また，相続性を認めれば，711条との併存により被害者側の保護が厚くなる，とされている。

(b) 批判説　しかし，これに対しては，①711条は，生命侵害に関しては被害者自身に対する慰謝料請求権は発生しないという前提で制定されたという沿革的理由，②比較法的にも被害者の死亡による慰謝料を認める例はみられない，③精神的損害を受けたか否か，その程度，態様も被害者の主観によって決定されるべきである，等の理由から反対の学説も有力である。相続性を否定する場合には，711条の請求権者の範囲が限定されている点が問題になるので，これを拡張的に解する必要がある（この点に関して，最判昭49・12・17民集28・10・2040の事案参照）。また，死亡による慰謝料は否定するが，死亡までの慰謝料を否定することではないので，その相続を認めることは可能である。なお，債務不履行の場合には711条が適用されないとするのが判例の

---

4)　**一身専属性**　帰属上の一身専属性については896条但書を，行使上の一身専属性については423条1項を参照して，両概念の性質および内容の違いに注意すべきである。
5)　不法行為により死亡した被害者の夫の妹（姻族）であっても，この者が跛行顕著な身体障害者であるため，長年にわたり被害者と同居してその庇護のもとに生活を維持し，将来もその継続を期待しており，被害者の死亡により甚大な精神的苦痛を受けた場合においては，711条の類推適用により慰謝料を請求することができる，と判示している。

立場であるから，被害者が損害賠償請求権を債務不履行に基づいて構成した場合に慰謝料をどうするかという点も問題となる（例えば，安全配慮義務違反に基づく損害賠償請求に関連する慰謝料請求について）。

(c) 相続説　前述の判例を含めて，慰謝料請求権も，財産的損害賠償請求権と同様に相続の対象となることを認める学説も有力である。この場合の慰謝料は論理的には，死亡の直前の苦痛に対する慰謝料であり，厳密な意味では死亡による慰謝料ではないが，実際上の差（額）は大きくないとされている。内縁関係による子は認知されない限り，711条によって慰謝料を請求することができない（大判昭7・10・6民集11・2023）。なお，幼児でも，父の死亡によって将来感ずべき精神上の苦痛について慰謝料請求権を有する（大判昭11・5・13民集15・861）。

(d) 非相続説　死者には権利能力がないから，死亡に由来する損害賠償請求権が一旦死者に帰属して相続されるということは論理的に不可能であると解する。基本的には財産的損害を含めて言えることであるが，711条が請求権者から本人を除外しているのもその現れであるとする（立法者意思の尊重）。学説上は多数説である。

(e) まとめ　財産的損害については，死亡の場合とその直前において大きな差はないと思われるが，精神的な損害については，死亡による場合と重傷による場合とでは，質的な差があると解せられるので（額の点で大差が生じるとは思われないが），財産的損害の場合とは区別して，相続人固有の権利と解すべきであろう。

㊨　**慰謝料請求権と行使上の一身専属性**　慰謝料請求権は，被害者がそれを行使するか否かを決定すべきであるから，示談や判決の確定（債務名義）によって通常の金銭債権となるまでは，差押えや債権者代位権の対象にはならないと解されている。これらの場合には，債権の行使が他人の意思によって決定されるからである。しかし，そのような債権を相続した者については，もはや行使上の一身専属性を認める必要はないと解されている（最判昭58・10・6民集37・8・1041）。したがって，相続説を前提とするときは，相続人のもとでは判決による確定前であっても，差押えや債権者代位権の対象となりうる。ただし，債権額の未確定という問題は残る。

2 慰謝料算定の基準

殺害に基づく慰謝料について，被害者の員数，身分，年齢，相続人の身分，加害行為の動機およびその行為の状態等を参酌して相当と認めた数額を，包括的に算定してもよいとした判例がある（大判明44・4・13刑録17・569）。裁判官は算定の根拠を示す必要はなく，原告も損害の立証を必要としないと解してよい。

3 財産以外の損害と精神的損害

(1) 問題点の整理

710条は，「財産以外の損害」という表現によって非財産的損害に対する賠償を認めている。従来は，「財産以外の損害」の意味については，精神的損害と同義と解する学説が多かった。しかし，最近では，精神的損害がそれに含まれることを前提とした上で，両者は全く同義ではないとする判例（後述昭和39年の最判）が出現し，それ以来，この点をめぐる議論も盛んになりつつある。以下では，関連の判例を含めて，近時の争点の動向について検討してみよう。

第1に，財産的損害と非財産的損害の他に第3の範疇（無形の損害）が存在しうるかという点である。第2には，その存在を前提とするときは，法人の名誉毀損によって生じる損害を無形的損害と評価しうるが，その法的性質は財産的損害なのではないか，という点である。まず，財産的損害と非財産的損害との相互関連に留意しつつ，これらの点について検討することから始めよう。

(2) 非財産的損害

財産的損害以外の損害のことであり，従来は精神的損害と同義であると解されていた。710条は，身体，自由，名誉に対する侵害のみならず財産に対する侵害においても，非財産的損害の賠償を規定している。身体等に対する侵害の例としては，身体的傷害に関する慰謝料の賠償を考えてみればよい。710条の規定する自由は精神活動の自由をも包含すると解すべきであるから，欺罔手段により相手の意思決定の自由を害し財物を騙取した場合には，財産上の損害を賠償するほか，精神上の苦痛に対する慰謝料をも支払わなければならない（大判昭8・6・8新聞3573・7）。財産に対する侵害の際の慰謝料の例と

しては，先祖伝来の壺を壊された者が，その市場価格の損失の他に慰謝料の請求をする場合が挙げられる。なお，地震保険に加入するか否かについての意思決定は，生命，身体等の人格的利益に関するものではなく，財産的利益に関するものであることに鑑みると，仮に保険会社側からの情報の提供や説明が不十分，不適切な点があったとしても，特段の事情がない限り，慰謝料請求権の発生を肯認しうる違法行為と評価することはできない（最判平15・12・9民集57・11・1887）とした判例がある。

これに対して，住宅公団の賃借人が建替え後の住宅の優先購入条項に基づき同契約を締結するか否かの意思決定をするにあたり，価格の適否を検討する上で重要な一般公募を直ちにする意思がないことを全く説明しなかったことは，信義誠実の原則に反するものであり，財産的利益に関するものではあるが，慰謝料請求権の発生を肯認しうる違法行為と評価することが相当である（最判平16・11・18民集58・8・2225）とした判例がある。最近，特に昭和39年の最高裁判決（後述）以降においては，非財産的損害とは，無形の損害であり，それは精神的損害を含みつつ，それよりも広い概念であると解されるようになっている。しかし，そのような理解が妥当であるかは，検討を要する点である。

(3) 39年の最高裁判決の考え方

(イ) 無形の損害と有形の損害

この事件（最判昭39・1・28民集18・1・136）は，ある財団法人（病院）が新聞記事によって名誉を毀損されたとして，謝罪広告と「無形の損害」の賠償を求めた事件である。この判決では，侵害行為がなかったならば惹起しなかったであろう状態（原状）をaとし，侵害行為によって惹起されているところの状態（現状）をbとするならば，その差，すなわち$a-b=x$を金銭で評価したものが損害である，とされている。

そのうち，数理的に算定できるものが有形の損害，すなわち財産上の損害であり，それ以外のものが無形の損害である，という分類を行っている。真新しい商品を破壊された場合等に発生する損害は，市場価格を基礎にすることができるから，最も数理的に算定し易い損害であると解してよい。これに対して祖先伝来の壺を破壊された場合に生じる損害は，被害者のその壺に対する愛着の強さ等によって精神的ショックの大きさも異なるし，そもそも数

理的計算の基礎はないと言わざるをえない。客観的基準があり得るとすれば，似たような例における既存の判断（類似の事件に関する前例）であろう。

　㈡　**無形の損害の金銭的評価と法的性格**　しかし，前例のない無形の損害であっても，金銭的評価ができないわけではない。同判決によれば，侵害行為の程度，加害者，被害者の年齢・資産その社会的環境等各般の状況を斟酌してその損害の金銭的評価は可能である。

　その典型が精神上の苦痛を和らげるための慰謝料の支払いであるが，無形の損害は，精神的損害に限られるべきではない。例えば，法人の名誉毀損においても，前述の「x」に相当する損害は発生しうるのであり，それは，精神的損害ではない無形の損害である。もっとも，名誉毀損の場合には，723条において，名誉回復のための特別の手段が講じられるから，それによって填補しえない損害のみが金銭による賠償として問題になるにすぎない。ここで最後に残る損害とは一体何か，という点については，本判決は，「それはあくまで純法律的観念であって，前述のように金銭評価が可能であり，しかもその評価だけの金銭を支払うことが社会観念上至当と認められるところの損害の意味に帰するのである。」と述べているのみであり，その具体的意味は必ずしも明確ではない。同判決は，このような考えに基づいて，法人の名誉毀損を認めながら損害賠償請求を否定した原審判決を破棄・差し戻したのであった。

　(4)　損害の性質と立証

　㈠　**財産的損害の性質と立証**　前述のように，新品を破壊した場合に生じる損害は，市場価格を基にして計算できるから，損害の立証も容易である。中古品についても，それを基にした損害の計算は可能である。しかし，同じ財産的損害であっても，生命が侵害されたことによって生じる財産的損害等の場合には，被害者の個人的特徴が損害に影響を与える結果，損害の立証は，しばしば大きな困難を伴う。被害者が成人の男子である場合，成人の女子（特に専業主婦）の場合，幼い未成年者である場合など，それぞれのケースによって損害の「数理的計算」の難易が生じる。特に年少者の場合にはその困難性は大きい（後述210頁以下）。

　㈡　**非財産的損害の性質と立証**　非財産的損害を金銭的に計量することも困難であるが，この場合の困難性は，上に述べた財産的損害における困難

性とは意味が異なると言わなければならない。例えば，若い女性が交通事故によって顔に形成手術によっても治癒できない傷痕を残すことになった場合に，あたかも財産的損害を算定する場合のように，その慰謝料は1日いくらであり，その人の平均余命が何年であるからその損害はいくらである，というような計量は出来ないということである。つまり，現実の訴訟における難しさという点から言えば，双方とも損害について立証の困難性を伴うが，その質は相互に異なるといわなければならない。

(5) **法人の名誉毀損と非財産的損害**

(イ) **謝罪広告と損害賠償** 法人の名誉が毀損された場合を前提として，「財産以外の損害」について検討してみよう。財団法人である病院に対する誹謗・中傷が新聞紙上でなされた場合に，法人としては，名誉を回復するために加害者の謝罪広告を求めるであろう。これが，可能であることは，710条および723条により明らかであるが，それによって，名誉が完全に回復するかといえば，そうではない。前述の最高裁判決における上告理由も述べているように，「悪事千里を走り，善事は容易に現れることがない」のが世の常である。従って，謝罪広告のタイミングにもよるが，それによって損害が完全に塡補されることはないと解すべきである。

(ロ) **損害の算定** ここでいう塡補されない損害とは，法人の社会的名声ないし信用のようなものであろうが，それは，病院の患者が減少するというような形であらわれることもあるから，その限りでは，計量可能な損害を含むともいえる。しかし，ある病院における患者の数の平均値のようなものを，常に客観的に把握できるかというと，それは一般的には困難なことである。従って，そのような損害の計量は実際には困難である。かりに可能だとしても，現実に減少した数のうち，どこまでが名誉毀損によるものであるかということを判断することは殆ど不可能である。法人に対する名誉毀損行為によって発生する損害は，その様なものであるから，それは確かに精神的な損害ではないが，無形の損害を非財産的損害と解するのであれば，このような損害は，無形の損害の範疇に含めるべきものでもないように思われる。幾代教授も指摘されているように（幾代＝徳本282頁），これはむしろ本質的には財産的損害であるが，その計数的立証が精神的な損害と同様に極めて困難な場合

(ハ) **法人の不成立による損害**　これに関連して、やや異なった損害の例を挙げているのが、加藤一郎教授である。単なる収入の減少ではなく、評判の悪化が原因で「学校法人が土地の取得や校舎の建築をすることが困難とな」った場合である。病院の場合にも類似のことは生じうる。このような事態が経費を余計にかけることによって打開できるのであれば、なお財産的損害にとどまっているということができるが、それも不可能ということもありうるから、そのような場合になお残る損害をどう評価したらよいであろうか。法人自体の成立・存続が危うくなるような事態であれば、その設立に深くかかわった自然人にとっての損害として考えるべきであるという見解（幾代・民法研究ノート（有斐閣、1986年）200頁）もある。このように解する場合には、この種の損害として問題となるのは、基本的には、財産的損害であるということになる。

(6) **まとめ**

損害の種類について、財産的損害と非財産的損害とに分けることを出発点としてさまざまな損害を検討してみると、結局は、その振り分けをめぐって非財産的損害の本質にまで立ち戻って考えてみなければならないことになる。法人の名誉毀損の問題はそのための恰好の素材を提供してくれる。法人の社会的名声や信用が害されることは、まさに自然人の場合の名誉毀損に相当するが、法人には精神がないため、従って人格的損害も存在しえない。しかし、それが財産的損害として存在することは確かである。この損害は立証の困難性の点で精神的損害に類似しているが、その本質が異なる以上、このような無形の損害は財産的損害に振り分けて、損害の算定方法を検討すべきである。このように考えるならば、法人の社会的名声や信用の毀損のような損害を無形の損害と呼んでその特殊性を検討することはよいが、その法的性質は財産的損害に分類されるべきものであるから、第3の範疇を設ける必要はないと解すべきである。

④ 損益相殺

1 原則

不法行為の被害者がその不法行為によって利益を受ける場合に，その利益分を控除して損害の額を算定すること（損益相殺）については，民法上の根拠規定はないが，損害賠償の性質上当然のこととして認められている。控除される利益は，その不法行為と相当因果関係に立つものに限られる（具体的内容については，後述，第2節参照）。死亡事故による逸失利益の算定に際して，収入から生活費を控除するのは，この考え方によるものである。交通事故の被害者が事故後に死亡した場合においても，後遺障害による財産上の損害額の算定にあたっては，事故と被害者の死亡との間に相当因果関係がある場合に限り，死亡後の生活費を控除することができる（最判平8・5・31民集50・6・1323）。ただし，交通事故の被害者が事故のため介護を要する状態となった後に別の原因により死亡した場合には，死亡後の期間にかかる介護費用を同交通事故による損害として請求することはできない（最判平11・12・20民集53・9・2038）とした判例がある。市が公共の用に供するために借り受けた土地につき，固定資産税を非課税とすることができないのに非課税措置をとったこと（この点につき地方自治法242条の2第1項4号の住民訴訟が提起された）により，通常の賃貸借における賃料額よりかなり低額の使用料を支払うにとどめる旨の合意に至った場合においては，その措置をとったことにより被った固定資産税相当額の損害と同措置をとらなかったならば必要とされる土地使用の対価の支払いを免れたという利益とは，対価関係があり，また相当因果関係があるから，損益相殺の対象となる（最判平6・12・20民集8・8・1676）。

2 対象とならない利益

(イ) **利益とは評価できない場合**　売買の目的物である新築建物に重大な瑕疵があり，不法行為として修理費用相当額の損害賠償責任が認められる場合において，当該建物が構造耐力上の安全性にかかわるため倒壊する具体的なおそれがあるなど，社会通念上，建物自体が社会経済的な価値を有しないと評価すべきものであるときには，当該建物に買主が居住していたという利益については，損益相殺ないし損益相殺的な調整の対象として損害額から控除することはできない（最判平22・6・17民集64・4・1197）。

生命保険金は，不法行為による死亡に基づく損害賠償額から控除すべきではない（最判昭 39・9・25 民集 18・7・1528，最判平 7・1・30 民集 49・1・211）。第三者の不法行為または債務不履行により家屋が焼失した場合に，その損害につき火災保険契約に基づいて家屋所有者に給付される保険金は，同第三者が負担すべき損害賠償額から損益相殺として控除されるべき利益には当たらない（最判昭 50・1・31 民集 29・1・68）。保険金支払い義務と損害賠償義務とは，その発生原因ないし根拠（前者は契約，後者は不法行為）において相互に無関係だからである。この点は損害保険と生命保険との間で違いはない。

(ロ) **利益の性質を異にする場合**　労災保険法による休業補償給付もしくは傷病補償年金または厚生年金保険法による障害年金が対象とする損害は，被害者の受けた財産的損害のうち消極的損害（逸失利益）と同性質であるが（後述 3(2)参照），積極損害または精神的損害とはその性質を異にするから，同保険給付額は，後 2 者の額から控除すべきではない（最判昭 62・7・10 民集 41・5・1202）。労働者災害補償保険特別支給金支給規則による特別支給金も，労働福祉事業の一環として，被災労働者の療養生活の援護等によりその福祉の増進を図るために行われるものであり，被災労働者の損害を填補する性質を有するものということはできないから，その特別支給金額を損害額から控除することはできない（最判平 8・2・23 民集 50・2・249）。

なお，損害保険については，保険金の給付により被害者の損害の全部または一部が減少するので「益」が生じたように見えるが，被害者にとっては保険金が支払われた限度で賠償請求権が減少しているから「益」は生じていない。

また，損害保険の場合には保険者代位が生じる結果（商 662 条），損保会社は，被保険者に損害相当の保険金を支払った後，加害者に対して代位することができることになっている。所得補償保険の被保険者が第三者の不法行為によって傷害を被り就業不能となった場合において，所得補償保険金を支払った保険者は，商法 662 条 1 項により，その支払った保険金の限度において，被保険者が第三者に対して有する休業損害の賠償請求権を取得する結果，被保険者は保険者から支払いを受けた保険金の限度でその損害賠償請求権を喪失する（最判平元・1・19 判時 1302・144）。賠償者の代位については，222 頁

3 控除の要否が問題になる場合

(1) 年金等

不法行為と同一の原因によって被害者またはその相続人が，第三者に対して損害と同性質の利益を内容とする債権を取得した場合には，当該債権が現実に履行されたとき，またはこれと同視しうる程度にその存続および履行が確実であるときに限り，これを加害者の賠償すべき損害額から控除すべきである。例えば，地方公務員等共済組合法の規定に基づく退職年金の受給者が不法行為によって死亡した場合に，その相続人が被害者の死亡を原因として同法に基づく遺族年金の受給権を取得したときは，支給をうけることが確定した遺族年金の額の限度で，これを加害者の賠償すべき額から控除すべきである（最大判平5・3・24民集47・4・3039。遺族年金控除の客観的範囲につき，最判平11・10・22民集53・7・1211参照）。類似のケースに関する過去の最高裁判例のうち，これと異なる趣旨のものは変更されたものと解すべきである。

(2) 労災保険給付の場合

被害者が，不法行為によって傷害を受け，その後に後遺障害が残った場合において，労働者災害補償保険法に基づく各種保険給付や公的年金制度に基づく各種年金給付を受けたときは，これらの給付は，それぞれの制度の趣旨目的に従い，特定の損害について必要額を填補するために支給されるものであるから，同給付については，填補の対象となる特定の損害と同性質であり，かつ，相互補完性を有する損害の元本との間で損益相殺的な調整を行うべきである。しかも，特段の事情のない限り，これらの給付が支給され，または支給されることが確定することにより，その填補の対象となる損害は不法行為の時に填補されたものと法的に評価して損益相殺的な調整をすることが公平の見地からみて相当というべきである。なお，同法に基づく療養給付，休業給付は，これらによる填補の対象となる損害と性質で相互補完性のある治療費等の費用，休業損害の元本との間で損益相殺的な調整を行うべきであり，遅延損害金が発生しているとしてそれとの調整を行うことは相当ではない。さらに同法に基づく障害年金の各支給，国民年金法に基づく障害基礎年金および厚生年金保険法に基づく障害厚生年金の各支給については，これらと同

性質で相互補完的な関係にある後遺障害による逸失利益の元本との間で損益相殺的な調整を行うべきであり，遅延損害金が発生しているとして，それとの調整を行うことは相当でない，としている（最判平 22・9・13 民集 64・6・1626）。

(3) **否定例**

(イ) いわゆるヤミ金融の組織に属する業者が，借主から元利金等の名目で違法に金員を取得し，多大の利益を得る手段として，年利数百パーセントから数千パーセントの著しく高利の貸付けという形をとって借主に金員を交付し，これにより，当該借主が，弁済として交付した金員に相当する損害を被るとともに，右貸付けとしての金員の交付によって利益を得たという事情の下では，当該借主から右組織の統括者に対する不法行為に基づく損害賠償請求において，同利益を損益相殺ないし損益相殺的な調整の対象として当該借主の損害額から控除することは，本条の趣旨に反するものとして許されない。（最判平 20・6・10 民集 62・6・1488）

(ロ) 投資資金名下に被害者から金員を騙取した加害者が，詐欺の手段として仮装配当金を被害者に交付し，それによって被害者が利益を得たとしても，同利益は不法原因給付によって生じたものであるから，被害者の加害者に対する損害賠償請求において，同利益を損益相殺ないし損益相殺的な調整の対象として被害者の損害額から控除することは許されない。（最判平 20・6・24 判時 2014・68）

第2節　損害賠償の範囲と金額

1　序説

1　問題点の整理

損害を被害自体と区別して理解するか否かについて争いがあるという点については，既に述べたが（184頁以下），いずれの立場に立つにせよ，最終的には損害は金銭に評価されなければならない（722条1項）。検討の順序としては，いったん全損害を計算した上で，一定の調整を行うことになる。生命侵害の場合における損害の金銭的評価を例にして検討してみよう。例えば，3歳になるAがC会社の運転手Dのオートバイにはねられて死亡したので，その親Bは，Aの将来の賃金を基本にしてAの逸失利益の損害賠償を請求したとしよう。Cとしては，積算の基礎額や控除すべき額等について損害の立証が不充分であると主張するであろう。その意味では，年少者の逸失利益の算定は困難であるが，だからといってその賠償請求を否定することは妥当ではない。成人の場合に比べて不正確さが伴うとしても，裁判所は当事者が提出するあらゆる証拠資料に基づいて経験則とその良識を十分に活用して，できるだけ蓋然性のある額を算出するように努めるべきである（最判昭39・6・24民集18・5・874——過失相殺との関連で後述 **2** 参照）。

2　幼児の場合

(1)　幼女と家事労働

幼女の死亡の場合について，逸失利益の算定にあたって家事労働を財産上の利益をもたらすものとして考慮しうるか。判例は「家事労働に専念する妻は，平均労働不能年齢に達するまで，女子雇用労働者の平均賃金に相当する財産上の利益をあげるものと推定するのが適当である」（最判昭49・7・19民集28・5・872）としている。これにさらに家事労働分を加算することはできない（最判昭62・1・19民集41・1・1）。

(2)　養育費と幼児の逸失利益

幼児の稼働能力に基づいて逸失利益の賠償請求を認めるのであれば，そのような状況に至るまでに必要な費用（養育費）は，損害賠償額から控除される

べきではないかという点が問題となる。

　(イ)　**判例**　　判例は，養育費と幼児の逸失利益との間には，損益相殺法理またはその類推適用により前者を後者から控除すべき損失・利得間の同質性がないので，幼児の財産上の損害賠償額の算定にあたり，養育費（稼働能力を取得するまでに要する生活費・教育費など）は控除されるべきではない（最判昭53・10・20民集32・7・1500）と解している。前者は親が負担すべきものであるのに対して，後者は本人の稼働能力の喪失を本質とするものだからであろう。

　また，事故により死亡した男児の得べかりし利益の算定につき，男子労働者の平均賃金額を基準額として収入額を算定し物価上昇ないし賃金上昇を斟酌しなかったとしても不合理ではないとし（最判昭58・2・18判時1073・65），女児の場合についても同旨の判例（最判昭61・11・4判時1216・75）がある。なお，9歳の男児の将来の得べかりし利益の喪失による損害賠償の額につき，賃金センサスによる男子労働者の全年齢平均賃金額を基準として収入額を算定したうえでホフマン式計算方法により事故当時の現在価額に換算したからといって，直ちに不合理な算定方法ということはできないとした判例（最判平2・3・23判時1354・85）や，初任給固定方式とホフマン式を結合した判例（最判昭54・6・26判時933・59）がある。

　(ロ)　**非控除説**　　これは判例と結論を同じくする学説であるが，その理由として，①子の得べかりし利益の喪失と親の扶養義務の免脱とは同質性がない。②財産法的な問題と身分法的な問題とは区別すべきであり，養育費を免れたことを親の利益と考えることは妥当でない。③養育費を控除するだけの強い必要性がない，といった点を挙げている。

　(ハ)　**控除説**　　①養育費を払うのも親であり，損害賠償を請求しているのも親であるから，控除するのが公平である。②養育費は幼児が稼働能力を取得するための必要な経費であり，逸失利益と同質性を有するから，控除することが公平の観念に合致する。③被害者側の過失が考慮されるようになっている今日の状況に照らしてみても，控除するのが公平である。

　(ニ)　**まとめ**　　損害賠償額は総合的な観点から判断されなければならないから，養育費として控除するのが最適であるかについてはその性質上も問題であるが，控除説の指摘する点については，平均賃金を前提するのと同様の

趣旨で平均養育費を想定して控除するなど何らかの形で配慮すべきであろう。

3　外国人の場合

被害者が外国人であっても，その損害の算定にあたって区別すべきではないのが原則であるが，一時的にわが国に滞在し将来出国が予定される外国人の事故による逸失利益を算定するにあたっては，予測されるわが国での就労可能期間内はわが国での収入等を基礎とし，その後は想定される出国先での収入等を基礎とするのが合理的であり，わが国における就労期間は，来日目的，事故の時点における本人の意思，在留資格の有無，在留資格の内容，在留期間，在留期間更新の実績および蓋然性，就労資格の有無，就労の態様等の事実的および規範的な諸要素を考慮して，これを認定するのが相当である（最判平9・1・28民集51・1・78）。

4　中間利息控除の方式

一時金賠償方式では，将来の所得を繰り上げて取得することになるから，いわゆる中間利息（将来において支払いを受ける一定金額を現在において請求する際に控除される利息）を控除する必要がある。この点で，年5分の中間利息を控除するにあたって，ホフマン式によってもよいが（最判昭37・12・14民集16・12・2368），ライプニッツ式を用いることも不合理とはいえない（最判昭53・10・20民集32・7・1500）。

〈計算方式〉　所得の名義額（年収に稼働年数を乗じたもの）をA，年数をn，年利率をrとすれば，請求額Xは，次のようにして計算される。

ホフマン式（単式）　　$X = \dfrac{A}{1+nr}$

これは，計算式が簡明であるという長所を有しているが，控除額が大きくなるため，逸失利益がそれだけ小さくなる。また，年ごとに収入が異なる場合に不適切である。この点に対応するために次の複式が提案されている。

ホフマン式（複式）　$X = \dfrac{a}{1+1r} + \dfrac{a}{1+2r} \cdots\cdots + \dfrac{a}{1+nr}$　　$a = 1$年分の純利益　$\therefore na = A$

（最判昭和37・12・14民集16・12・2368）

この他に，次のようなライプニッツ式があるが，これを用いると，成年者

のように短期の場合には，逸失利益が低額となり，被害者に不利となる欠点がある。なお，$\hat{n}$ は n 乗を意味する。

$$\text{ライプニッツ（単式）} \quad X = \frac{A}{(1+r)^n}$$

（最判昭 53・10・20 民集 32・7・1500）

$$\text{ライプニッツ（複式）} \quad X = a \times \frac{1-(1+r)^{(-n)}}{r}$$

現在では，ホフマン式もライプニッツ式も実務では利用可能であると解されている。判例は，ライプニッツ式をも認めるにあたって，最判昭和 37 年 12 月 14 日（前掲）は，「複式ホフマン式計算法によらなければならない旨を判示するものではない」と判示している。最も重要な点は，結果としての控除額の大小であり，その合理性である。従って，具体的事情を考慮した上で，期間が長期の場合（幼児の場合）にはライプニッツ式，短期の場合にはホフマン式というように使い分けることも提唱されている。

5　逸失利益性をめぐる問題

厚生年金保険法による遺族厚生年金は，受給権者自身の生存中その生活を安定させる必要を考慮して支給するものであるから，他人の不法行為により死亡した者が生存していたならば受給しえたであろう同年金は，不法行為による損害としての逸失利益にあたらない。また，市議会議員共済会の共済給付金としての遺族年金についても，同旨（最判平 12・11・14 民集 54・9・2683）。恩給法の一部を改正する法律に基づく扶助料についても，同旨（最判平 12・11・14 判時 1732・83）の判例がある。なお，第 1 節 **4** 3 も参照。

なお，死者の得べかりし利益の喪失による損害額の認定にあたり，将来の昇給の見込みを斟酌することは許される（最判昭 43・8・27 民集 22・8・1704）。

2　過失相殺

不法行為において，被害者に過失があった場合には，裁判所は損害賠償の額を定めるにあたって，それを斟酌して賠償額を減ずることができる（722 条 2 項）。これを過失相殺という。

1 意義

不法行為が成立する場合にも，様々な態様がある。①加害者の被害者に対する一方的な不法行為である場合（被害者に過失が全く無い場合），②被害者に709条の帰責事由といえるような過失はないが，ある種の不注意はある場合，③被害者に709条にいう過失と言える程度の不注意がある場合，④故意の不法行為がなされた場合において，被害者にも709条にいう程度の過失がある場合，等が考えられる。加害者にも損害賠償義務という損害が発生したと考えれば，①の場合を除いて，加害者から被害者に対する損害額の大きい不法行為と，「被害者」から「加害者」に対する損害額の小さい不法行為とが相互に成立していることになるから，純論理的には，相互に損害賠償を支払うことにしてもよい。しかし，このような場合に大きな被害を伴った不法行為の成立のみを想定して，その枠組みの中において，小さな不法行為の関係も処理するとともに，②の場合をも「過失」に含めて処理するために，過失相殺の方法が用いられている。被害者と加害者の間における損害賠償について公平を実現するためである。

2 過失をめぐる問題点

過失相殺を行う場合の過失の意義は，次のような場面で問題となる。①被害者が幼児であり，被害者がみずから損害賠償を請求する場合（後述5参照）。②被害者の被用者等に過失がある場合に，被用者の過失により損害額を減額できるか（被害者側の過失）。③被害者である死者の遺族が固有の賠償（711条）を請求する場合に死者の過失を斟酌できるか（被害者側の過失）。④無償同乗者が相手方に損害の賠償を請求する場合に運転者の過失は斟酌されるべきか（被害者側の過失）。⑤そのほかに過失相殺理論の類推適用ができる場合はあるか。以下，順次検討する。

3 裁判所の裁量

過失の斟酌は裁判所の自由裁量に属する（最判昭34・11・26民集13・12・1562）から，裁量結果について理由を述べる必要はない（最判昭39・9・25民集18・7・1528）。過失相殺の主張がなされなくても，裁判所は職権により被害者の過失を参酌することができる（最判昭41・6・21民集20・5・1078）が，裁量権の範囲を逸脱すると違法性を帯びる（最判昭42・3・6判時1354・96）。過失相殺

の判断が違法性を帯びる場合としては，判断のために取り上げるべき事情の取捨選択を誤っている場合（最判昭58・4・7判時1083・75）と，取り上げた事情の評価の仕方が適当でない場合（最判昭50・10・9交民集8・5・1239，最判平2・3・6判時1354・96）がある。

4　過失相殺の対象金額

不法行為に基づく1個の損害賠償請求権のうちの一部が訴訟上行使されている場合に，過失相殺をするにあたっては，損害の全額から過失割合による減額をし，その残額が請求額を超えないときはその残額を認容し，残額が請求額を超えるときは請求の全額を認容することができるものと解すべきである（最判昭48・4・5民集27・3・419）。不法行為の被害者の請求する慰謝料および損害賠償を請求するために提起した訴訟追行のための弁護士費用は，過失相殺の対象から除外される（最判昭52・10・20判時871・29）。労働者がいわゆる第三者の行為による災害により被害を受け，第三者がその損害につき賠償責任を負う場合において，賠償額の算定にあたり労働者の過失を斟酌すべきときは，同損害の額から過失割合による減額をし，その残額から労働者災害補償保険法に基づく保険給付の価額を控除するのが相当である（最判平元・4・11民集43・4・209）。

自動車損害賠償保障法72条1項後段の規定による損害の塡補額の算定にあたり，被害者の過失を斟酌すべき場合であって，国民健康保険法58条1項による葬祭費の支給額を控除すべきときは，（控除をした後で過失相殺するのではなく）被害者に生じた現実の損害の額から過失相殺による減額をし，その残額からこれを控除する方法によるべきである。（最判平17・6・2民集59・5・901）

5　過失相殺と責任能力――事理弁識能力

過失相殺における責任能力とは，709条の責任能力とは異なり，損害の発生を回避するのに必要な注意力で足りると解されているが，この点に関する学説は大きく以下のように分かれている。

(1)　旧判例・旧多数説

「過失」を本質的には709条の過失と同等とみる説（旧判例・旧多数説）もあった。この説の場合には通常の意味の責任能力をも前提とする。現在では

支持者はほとんどいない。

(2) 現在の通説・判例

これは，「過失」というためには，709条の意味における過失を必要としないと解している。被害者の受けた損害額から公平の観念に基づいて縮減したものを賠償額とすることが正当視される根拠となるような，被害者の不注意であればよい（通説）。判例も「被害者たる未成年者に事理を弁識するに足る知能が備わっていれば足り，……行為の責任を弁識するに足る知能が備わっていることを要しない」（最判昭39・6・24民集18・5・854）としている。

(3) 有力説

これは，(2)説をさらに進めて，加害者のために賠償額を縮減することを妥当とするような事情が被害者について存在していればよいと解している（西原道雄「過失定型化論」私法27号110頁以下）。通説が要求する事理弁識能力すらも要件としない。このような理解に立てば，この類型については「被害者側の過失理論」を用いる必要はない。

(4) まとめ

過失相殺という理論構成をとる以上，他方の過失（709条）とのバランスも考慮しつつ，かつ過失相殺制度の趣旨に鑑みて，通説・判例が妥当であろう。被害者に事理弁識能力すらもない場合については，次に述べる被害者側の過失の理論により，諸般の事情を考慮しつつ損失の公平な分担を実現すべきである。

しかし，前述の最判昭和39年6月24日により，「過失相殺能力」の基準が引き下げられたことにより，被害者側の過失の理論が用いられる領域は狭まるものと考えられる。

6　被害者側の過失

(1) 問題の所在

前述のように，損害の公平な配分を実現するためには，被害者自身に過失があるとは言えない場合であっても，損害賠償額を軽減するのが妥当であると思われる場合もある。その典型として考えられるのが被害者の監督者等に不注意があり，それも寄与して不法行為（例えば事故）が発生した場合（大判大9・6・15民録26・884）である。このように，被害者本人と身分上・生活上

一体をなすとみられるような関係にある者の過失を，被害者側の過失と呼び，過失相殺の対象とするようになってきている（最判昭51・3・25民集30・2・160――被害者が妻の事例）。

問題点の所在について，具体的に検討してみよう。例えば，AはB会社の被用者であるが，仕事で自動車を運転中に誤って4歳になる幼稚園児Cを轢き死亡させてしまった。Cは幼稚園に行く途中他の園児とともに保母Dに連れられて歩行していたが，Dが後方の園児に注意を促すために後ろを振り向いた瞬間に，CがDの手を放して走り出し，Aの車に接触して転倒し轢かれてしまったものである。死者の損害を相続人である監督義務者（親）が賠償請求する場合に，債務者（加害者）は，監督義務者Dの過失を援用して過失相殺を主張できるかが問題となる。この問題を考える前提として，Dが保母ではなく母親であった場合について検討しておこう。

(2) 損害賠償請求権の相続人の過失と過失相殺

Cの遺族がBに対して損害賠償を請求した場合において，監督義務者（父母）が同伴していたのにその不注意も手伝って事故が発生したという場合であれば，監督義務者と被害者は「一体性」のある者と見て，前者の過失を後者の過失として斟酌するのが「公平」に適した処理であると解されている（最判昭34・11・26民集13・12・1573）。最判昭和44年2月28日（民集23・2・525）も，他人の不法行為によって死亡した幼児の父母が慰謝料を請求する場合に，父母の一方の監督上の過失を斟酌することができるとしている。

(3) 過失相殺の「当事者」となりうる監督義務者の範囲

被害者を監督すべき立場にある者が父母のように被害者と一体をなすとは見られない者（保母）についての過失は，被害者側の過失とみることはできない（最判昭42・6・27民集21・6・1507は，保母の過失の斟酌を否定している）[6]。この点については，加害者からみれば幼児の背後にいたのが父母か保母かによ

---

[6] **過失相殺の「当事者」となりうる者の範囲** この点については，①家団論により範囲を画する説，②加害者と監督義務者とを幼児に対する共同不法行為者ないしはそれと同様な事実状態にあるものと考えて，両者の経済的基盤の共通性から過失相殺を認め，加害者の求償を簡略化する説，③幼児に対する関係で加害者と共同不法行為の関係に立たない者のみを被害者側に属すると解する説，等があった。本件判決はこれらのいずれにも属しない考えである。

り，過失の斟酌が全く異なるのは妥当でないとする批判は可能である（澤井241頁参照）。しかし，一方において被害者と「一体」でない者の過失を無限定的に斟酌するのも妥当ではない。保母の例に関して言えば，保母に通常の過失が認定される場合には，共同不法行為者として，加害者の過失との割合（寄与度）に応じて賠償後に求償できると解せられるから，その限度では平等な扱いが可能であろう。保母の側に通常の意味の過失と言えない程度の不注意があっただけの場合には，判例のように被害者側の過失と見なくても必ずしも不当とは言えないでろう。

(4) 遺族が請求する場合の直接被害者の過失

被害者Aが死亡した場合において，その配偶者等から慰謝料の請求（711条）がなされたときに，被害者Aの過失が斟酌されるか。被害者の損害賠償請求権を相続した者がそれを行使する場合に，被害者本人の過失を考慮できることは当然であるが，遺族が固有の損害賠償を請求する場合にも被害者本人の過失を考慮できるかという問題は理論的には別問題である。しかし，債務者（加害者）側にとっては，基本的に同様の意味を有するであろう。したがって，「一体性」を前提にして公平な損害賠償の実現という観点に立って肯定的に解してよいと思われる。

7 同乗者と過失相殺

(1) 無償同乗者

無償同乗者とは，一般的には自動車損害賠償保障法との関連で，次のような者をいう。夫の運転する自動車に同乗中の妻（最判昭47・5・30民集26・4・898），友人が借り受けて運転していた父所有の自動車に同乗中の息子（最判平6・11・22判時1515・76）などの他に，運転者が，酩酊して助手席に乗り込んだ者に対し，結局はその同乗を拒むことなく，そのまま自動車を操縦した場合には，その者は，同法3条の「他人」に当たると解した判例がある（最判昭42・9・29判時497・41）。

しかし，過失相殺との関連では，次のような場合が問題となる。被害者が運転者の妻であった場合に関する最判昭和51年3月25日（民集30・2・160）は，妻からの加害者に対する損害賠償請求に対して，夫の過失を斟酌している。過失相殺を認めることにより，求償の循環を断ち切ることができるから，

肯定することに意味があると言える。この事例は被害者側の過失の例でもある。しかし，A子とB男が，交通事故の3年前から恋愛関係にあったものの，婚姻していたわけでもない場合には，身分上，生活上一体を成す関係にあったということはできないとした判例（最判平9・9・9判時1618・63）がある。

(2) 同乗者と共同危険行為

運転行為の経過や運転行為の態様から，共同して行った暴走行為とみることができる場合には，運転者の過失を同乗者の過失として考慮することができる，とした事例。（最判平20・7・4判時2018・16）

8 被害者の素因（過失相殺の類推適用）

被害者の特異体質や既往症等を賠償額の減額事由とすることができるか，という点については，①特別損害（416条）として予見可能性がないとするもの，②因果関係を確率的心証により割合的に認定するもの，③事実的因果関係を割合的に認定するもの，④損害額の範囲を寄与度ないし寄与率によって減額するもの，⑤一般条項によって減額するもの，などがあったが，判例は，交通事故の被害者が特異な性格で回復のための意欲にも欠けていた事例において，損害の拡大について被害者の心因的要素が寄与しているときは，過失相殺の規定を類推適用することができるとした（最判昭63・4・21民集42・4・243）。

しかし，この判決は心因的素因についてのみ妥当すると解されていたため，身体的素因についての判断が注目されていたが，被害者が事故の前に一酸化炭素中毒に罹患していたという疾患を対象にし，かつ当該患者が損害の発生に寄与していた場合について，当該疾患を損害の減額事由として斟酌することができると判示した（最判平4・6・25民集46・4・400）。ある業務に従事する特定の労働者の性格が同種の業務に従事する労働者の個性の多様さとして通常想定される範囲を外れるものでない場合には，裁判所は，業務の負担が過重であることを原因とする損害賠償請求において使用者の賠償額を決定するにあたり，その性格およびこれに基づく業務遂行の態様等を心的要因として斟酌することはできないとしている（最判平12・3・24民集54・3・1155）。この問題については，相当因果関係における特別事情，割合的因果関係等との関連で，177頁以下も参照。

なお、上の理論は被害者の身体的特徴にまで適用してはならない。例えば、不法行為により傷害を被った被害者が平均的体格ないし通常の体質と異なる身体的特徴（首が長い）を有しており、これが加害行為と競合して傷害を発生させ、または損害の拡大に寄与したとしても、右身体特徴が疾患にあたらないときは、特段の事情がない限り、これを損害賠償の額を定めるにあたり斟酌すべきではない（最判平8・10・29民集50・9・2474）。

9　故意不法行為と過失相殺

近時、故意不法行為と過失不法行為とを区別する立場から、故意不法行為に対しては過失相殺を行うべきではないとの主張がなされている（平井150頁、澤井240頁）。しかし、喧嘩の場合にみられるように、故意行為による被害者の側にも同種の故意がある場合もあるから、この場合も「過失」相殺の理論で処理してよいのではないだろうか。ただし、故意の加害行為に対して被害者に純粋な過失のみがあった場合に、斟酌しなくてもよい場合があることは認めるべきである。

第3節　損害賠償請求権の性質

　損害賠償請求権の帰属や慰謝料請求権の一身専属性については既に述べたので，ここでは，相殺，賠償者の代位，賠償債務の履行期および消滅時効との関連について述べることとする。

1　不法行為債権を受働債権とする相殺の禁止
　相殺適状が生じている当事者間においても，不法行為によって生じた債権を受働債権として相殺をすることは禁止されている（509条）。
1　趣旨
(1)　不法行為の誘発の防止
　典型的な事例を示しておこう。債権者AがBの債務不履行に腹を立てて，どうせ払ってもらえないのなら，お互い様だと考えて，Bの家に乗り込んでいって腹いせに家財道具を破壊し，それに基づくAのBに対する損害賠償義務と自己のBに対する債権とを相殺するというような場合がありうる。このような相殺を許すと不法行為を誘発することになりかねないので，このような事態を防止する趣旨で509条は設けられている。
(2)　被害者の現実の救済
　相殺によったのでは，債権は計算上満足するが，被害者は現実の救済を受けられないので，加害者からの相殺を禁止することで現実の給付を確保する趣旨である。例えば，被害者が怪我をして入院している場合に，病院に対して支払いをするためには，損害賠償金が被害者に現実に支払われることが重要である。
2　適用範囲――物的損害
(1)　肯定説（判例）
　上のような相殺禁止の法理は，同一の社会的事実から当事者の双方に生じた物的損害賠償債権の場合にも適用されると解すべきであろうか。判例（最判昭32・4・30民集11・4・646）は509条の適用を認める。

(2) 否定説

学説には，以下の理由により不適用説が有力になりつつある。

(イ) 同一の不法行為から生じているから，不法行為の誘発の恐れはない。

(ロ) 被害者の現実的救済は，主として人身損害について重要な意味を持つから，物的損害に限定すれば，相殺を認めても509条の趣旨に反することはない。

(ハ) 相殺を認めることによって当事者間の法律関係を直截・簡明に決裁しうる。

上のような要件のもとであれば，相殺を認めてよいと解すべきである。

② 賠償者の代位

債務不履行に関しては，損害賠償の債権者が二重の利得を得ることを避けるために，賠償者の代位の規定（422条）が設けられている。不法行為においても，公平を図る見地から同条を類推適用すべきである。例えば，次のような場合が考えられる。

(イ) **物損の場合** AがBの所有物を損傷し，その物の価格を賠償したときは，422条の類推により損傷した物の所有権はAに帰属する。

(ロ) **補償義務の履行の場合** 労働者が死亡し，第三者が不法行為責任を負う場合に使用者が労基法79条に基づく補償義務を履行したときは，422条の類推により使用者は履行の限度において被害者の遺族が有する同第三者に対する損害賠償請求権に代位することができる（最判昭36・1・24民集15・1・35）。

しかし，労働災害の場合において，使用者が労働者に損害を賠償したときは，使用者は労災保険給付請求権を代位取得することはできない（最判平元・4・27民集43・4・278，本書208頁も参照）。

③ 損害賠償請求権の履行期

1 原則

債務者は，原則として不法行為時から遅滞の責に任ずる。不法行為がなければ，被害を受けた財産の利用ないし法的利益の享受は可能だったからであ

り，それは賠償請求の時期とは関係がないからである（最判昭 37・9・4 民集 16・9・1834，最判昭 58・9・6 民集 37・7・90——弁護士費用の賠償請求の例参照）。不法行為における被害者救済の趣旨にも合致する。この点で債務不履行を理由とする損害賠償債務が債権者から履行の請求を受けた時に遅滞に陥るとされる（最判昭 55・12・18 民集 34・7・888）のとは異なる。

2 価格騰貴に基づく損害の賠償の場合

不法行為後に生じた価格騰貴に基づいた損害賠償を認める場合は，その騰貴分については騰貴の時から遅滞の責に任ずると解すべきである。

④ 消滅時効

1 意義

不法行為による損害賠償請求権は，被害者またはその法定代理人が，損害および加害者を知った時から3年間で消滅時効にかかり（724条前段），また，行為の時より20年を経過したときも同様である（同条後段）。不法行為の被害者が不法行為の時から20年を経過する前6か月内において同不法行為を原因として心神（事理弁識能力）喪失の常況にあるのに法定代理人を有しなかった場合において，その後当該被害者が（旧）禁治産宣告を受け，後見人に就職した者がその時から6か月内に同不法行為による損害賠償請求権を行使したなど特段の事情があるときは，158条の法意に照らし，742条後段の効果は生じない（最判平 10・6・12 民集 52・4・1087，殺人事件につき，最判平 21・4・28 民集 63・4・853 参照）。20年の期間は除斥期間であると解されている（最判平元・12・21 民集 43・12・2209）。短期時効の趣旨は，①時の経過により証拠を挙げることが困難になること，②被害者の感情も沈静化すること，③権利の上に眠る者の権利は消滅してもやむをえないこと，などに基づくものと解されている。なお，不法行為による損害賠償債務の不履行に基づく遅延利息の債権は，3年の時効により消滅する（大判昭 11・7・15 民集 15・1445）。

2 「損害を知る」の意義

(1) 一回的不法行為

「損害を知る」とは，被害者が，不法行為によって生じた損害であること，およびその発生を知ることである。不法行為の被害者が弁護士に対し損害賠

償請求の訴えを提起することを委任し，成功時に成功額に比例する報酬金を支払う旨の契約を締結した場合には，同契約の時が損害（費用）を知った時に当たり，その時から同弁護士費用の損害賠償請求権の消滅時効は進行する（最判昭45・6・19民集24・6・560）。被害者が損害を知った時とは，被害者が損害の発生を現実に認識した時をいう（名誉毀損事件）（最判平14・1・29民集56・1・218）。

(2) 継続的不法行為

継続的不法行為については，最初に損害の発生を知ったときからすべての損害について時効が進行するのではなく，日々新たに発生する損害について別個に時効が進行すると解されている（大連判昭15・12・14民集19・2325）。後段の除斥期間は，加害行為が行われた時に損害が発生する不法行為の場合には，加害行為の時がその起算点となるが，身体に蓄積した場合に人の健康を害することとなる物質や，一定の潜伏期間が経過した後に症状が現れる損害のように，当該不法行為により発生する損害の性質上，加害行為が終了してから相当の期間が経験した後に発生する場合には，当該損害の全部または一部が発生した時が除斥期間の起算点となる（最判平16・4・27民集58・4・1032）。水俣病事件については，患者のそれぞれが水俣湾周辺地域から他の地域へ転居した時点が加害行為の終了した時であるが，いわゆる遅発性水俣病が存在すること，遅発性患者においては水俣湾またはその周囲海域の魚介類の摂取を中止してから4年以内に水俣病の症状が客観的に現れることなど原審認定の事実関係の下では，同転居から4年を経過した時点が除斥期間の起算点とした原審の判断も是認しうる，としている（最判平16・10・15民集58・7・1802）。

3 「加害者を知る」の意義

加害者を知るとは，「加害者に対する損害賠償請求が事実上可能な状況のもとに，その可能な程度にこれを知る」ことである（最判昭48・11・16民集27・10・1374）。使用者責任において「加害者を知る」とは，被害者が，使用者ならびに使用者と不法行為者との間に使用関係があるとの事実に加えて，一般人が当該不法行為が使用者の事業の執行につきなされたものであると判断するに足りる事実をも認識することをいうと解されている（最判昭44・11・27民集23・11・2265）。従って，夫婦の一方がその配偶者と第三者との同棲により

第三者に対して取得する慰謝料請求権の消滅時効は，同夫婦の一方がその同棲関係を知ったときから，それまでの間の慰謝料請求権につき進行する（最判平6・1・20判時1503・75）。このような場合には，相手方に対する提訴が可能であることの認識が必要であり，これには相当な勝訴の見込みのあることを含んでいると解されている（澤井261頁）。

雇用者の安全配慮義務違反によりじん肺にかかったことを理由とする損害賠償請求権の消滅時効は，じん肺法（昭35，法30）所定の管理区分についての最終の行政上の決定を受けた時から進行する（最判平6・2・22民集48・2・441）とした判例がある。

なお，B型肝炎を発症したことによる損害は，その損害の性質上，加害行為が終了してから相当期間が経過した後に発生するものと認められるから，除斥期間の起算点は，加害行為（集団接種等）の時ではなく，損害の発生（B型肝炎の発症）の時である。（最判平18・6・16民集60・5・1997）

4 後遺症と消滅時効

受傷から相当期間経過後に後遺症が現れたときは，そうした事態が判明するにいたるまでは，損害賠償請求権の消滅時効は進行しない（最判昭42・7・18民集21・6・1559）。

5 時効の停止

不法行為の被害者が不法行為の時から20年を経過する前6か月内において同不法行為を原因として心神喪失の状況にあるのに法定代理人を有しなかった場合において，その後当該被害者が禁治産宣告を受け，後見人に就職した者がその時から6か月内に同不法行為による損害賠償請求権を行使したなど特段の事情があるときは，158条の法意に照らし，同条後段の効果は生じない。（最判平10・6・12民集52・4・1087，最判平21・4・28民集63・4・853）。さらに最判平26・3・14民集68・3・229も参照。

第4節　非金銭的救済の方法

1　序

不法行為の結果として損害が発生している場合に，その賠償を求めることが不法行為の中心的課題であるが(722条1項)，不法行為が現に継続している場合には，被害者にとっては，結果としての損害の賠償よりも侵害行為の中止の方が重要である。

2　法律上の規定に基づく非金銭的救済

1　名誉毀損の場合

他人の名誉を毀損した者に対しては，裁判所は被害者の請求により，損害賠償に代えまたは損害賠償と共に名誉を回復するために適当な処分を命ずることができる(723条)。その結果，本人の意思に反して謝罪広告を命じることになるが，これは憲法19条の良心の自由に反しないとされている（最大判昭31・7・4民集10・7・785）。しかし，新聞記事に取り上げられた者は，当該新聞紙を発行する者に対し，その記事の掲載により名誉毀損の不法行為が成立するかどうかとは無関係に，人格権または条理を根拠として，同記事に対する自己の反論文を当該新聞紙に無修正かつ無料で掲載することを求めることはできない（最判昭62・4・24民集41・3・490）。放送によりプライバシー侵害，名誉毀損の被害を受けた被害者は，放送事業者に対し，放送法4条1項の規定に基づく訂正放送等を求める私生活上の権利を有しない（最判平16・11・25民集58・8・2326）。

2　人格権に基づく差止請求

名誉やプライバシー等の人格権の侵害に対しては，差止めが必要となる。侵害されている保護法益が物権と比肩しうる程に権利性の高いものであるときは，差止請求を認めることができると解されている[7]。

3　鉱害賠償の原状回復

鉱害，すなわち鉱物の採掘のための土地の掘さく，坑水もしくは排水の放流，捨石もしくは鉱さいのたい積または鉱煙の排出によって他人に損害（鉱業

3条, 109条等）を生じた場合の賠償は，金銭をもってするのが原則である（同法111条2項本文）が，賠償金額に比して著しく多額の費用を要しないで原状の回復をすることができるときは，被害者は，原状の回復を請求することができる（同項ただし書）。さらに，賠償義務者の申立があった場合おいて，裁判所が適当であると認めるときは，2項の規定にかかわらず，金銭賠償に代えて原状の回復を命ずることができる（同条3項）。

③ 物権的請求権に基づく救済

被侵害利益が物権であるときは，物権の効果として（物上請求権として）妨害の排除ないし予防を求めることができる（妨害排除請求権と妨害予防請求権）。しかし，この制度はそれ自体としては不法行為の被害者の救済手段ではない。物権の侵害者側に故意・過失がなくても，物権的請求権は発生するからである。それにもかかわらず，ここで，この制度について言及しなければならないのは，侵害行為者に故意・過失があり，不法行為が成立している場合においても，被害者の救済手段として，この制度が利用されるからである。また，物権については権利としての明確性や排他的支配性に基づいて妨害排除が認められるという点が，他の権利についても類推されうるから，ここで論及することは特に重要な意味を有しているのである。

④ 環境・公害事件と差止請求
1 差止請求に関する学説の検討
(1) 差止めの理論構成——学説の整理

大気汚染，騒音公害，汚悪水，悪臭などの公害や環境汚染事件においても，

---

7) 名誉毀損に該当する記事が掲載されている雑誌が発売される際に，事前の差止めが問題になった事件において，判例は「人格権として名誉権に基づき，現に行われている侵害行為を排除し，または将来生ずべき侵害を予防するため，侵害行為の差止めを求めることができる」と判示している（最大判昭61・6・民集40・4・872——北方ジャーナル事件）。なお，新聞・雑誌等による名誉毀損に対する具体的救済方法の1つとして反論権が主張されている。これは，新聞等で攻撃を受けた者が当該新聞等に原文記事と少なくとも同一の態様で，反駁文を掲載するよう要求しうる権利である。単なる反論ではなく，名誉毀損が成立する場合における救済手段としてであれば，これを承認すべきである。

金銭賠償以外に差止めが認められるべきであるという点については異論はない。しかし、どのような基準によりこれを認めるべきかという点になると学説も様々である。

代表的な理論構成としては、①物権的請求権説（例えば、土地所有権に基づく差止め）、②人格権説（住民等の人格権に基づく差止請求）、③環境権説（被害者の居住している環境を保護法益（環境権）とする差止請求）がある。これらの理論は、本来的には他の目的を有する制度として発達してきたものを不法行為の場面で、または、これに関連して利用しようとするものである。これら以外に、④端的に、不法行為の効果として当然に差止請求が認められるべきであるとの理論構成も主張されている。以下、順次検討してみよう。

(2) 物権的請求権説

(イ) 権利の内容 前述のように、被侵害利益が物権であるときは、物権の効果として妨害の排除（妨害排除請求権）ないし予防（妨害予防請求権）を求めることができる（我妻〔有泉〕・新訂物権法266頁以下、末川・物権法280頁、舟橋・物権法347頁など）。

しかし、ここで注意しなければならないのは、実際に物権的利益が侵害されている（例えば、土地が汚染されている）ために物権的請求権に基づいて差止請求をしているのか、それとも生活上の利益（例えば、健康に生きる利益＝人格権的利益）が侵害されている場合において、その被害者がたまたま土地所有者であるから、土地所有権に基づいて侵害行為の差止めを求めることができるというのか、という点である。後者の場合には理論的にみれば、物権的請求権をいわば転用しているに過ぎない。

多様な公害事件の中には、この理論構成によって被害者の救済を図ることができる場合もある。しかし、多くの被害者の中に物権的利益を有しない者が含まれていると、この者だけは他の理論によって救済されなければならない。その結果、被侵害利益が一定の地域内の住民に共通のもの（例えば、人格権的利益）であるとすれば、なぜ物権的利益を有しない者だけが別の理論構成をしなければならないのか、という疑問が残ってしまう。

もっとも、本権的物権を有しない者も占有者として物権的差止請求をなしうるとの説（下級審判決等に見られる）もあるが、占有訴権の制度は本権に基

づく物権的請求権と比べて暫定的性格を有するものであり，それを生活妨害の場合についてまで転用するのは妥当ではないだろう（好美・後掲論文219頁は，泥棒による占有や不法占拠者の場合を引用する）。このような場合には，人格権的構成の方がベターである。

　(ロ)　**立証責任**　　この説の場合には，差止めの要件は基本的に物権的請求権の要件と同じであるから，被害者は被害の事実（因果関係を含む）を主張・立証すればよく，違法性（受忍限度）に関する要件の立証は加害者側が行わなければならないとする。

　(ハ)　**物権的請求権説の問題点**　　この説は，前述のように，具体的個人の物権侵害の場合の法的手段を，集団的被害の発生の場合に転用するものであり，理論構成上は差止請求も可能であるが，実際の判断にあたっては，本来の場合とは全く異なった利益考量を行わざるをえない。例えば，隣接の化学工場が誤って有毒廃液を隣人の所有地に流し込んだという場合には，当該工場の公益性などについて検討する余地はないのであるが（伝統的物権的請求権の理論で処理できる），大量の廃液を有毒性を希釈した上で，河川に放出している工場の責任を追及する場合には，その処理の妥当性や工場における生産の公共性等が総合的に検討されることになろう。後者の場合になされるべき利益考量は伝統的な物権的請求権の行使の場合とは本質的に異なる。結局ここでは，物権的請求権の枠組みを借用しつつも，新たな基準を提起せざるをえないのであり，そのような場合には当該被害の実態に合致した他の理論構成の可能性を追求すべきであろう。

(3)　不法行為的差止請求権説

　(イ)　**権利の内容**　　差止めを求めるために物権的請求権を転用したり，後述の人格権の侵害という構成を採らなくても，差止めによって保護されるべき十分な利益が存在し，それが侵害されることで差止めの要件は十分であると主張する（竹内保雄「差止命令」加藤編・公害法の生成と展開（岩波書店，1968年）439頁以下，加藤一郎「序論」加藤編・前掲書13頁，20頁以下，野村・淡路・公害判例の研究30頁以下，野村・伊藤・浅野・不法行為法267頁，301頁など）。この説については，民法が不法行為の効果を原則として金銭賠償としていること（722条1項）との関連で難点があると言われてきた。

上の点につき，この説は，金銭賠償の原則が妥当するのは，既発生の損害についてであり，将来において発生する損害に関する責任のあり方についてまで規定したものではないから722条1項は差止めを不法行為の効果として認める障害とはならないと解している（この点につき，名古屋地判昭47・10・19判時683・21参照）（野村・伊藤・浅野・不法行為法268頁）。

英米法においては，コモンローにおけるニューサンスの救済の不十分さ（損害賠償）を補うために，エクイティー上のインジャンクション（差止命令――この概念については，矢頭敏也監修＝F・S・ジェームズ・イギリス法（下）私法174頁参照）の制度が認められてきた。このことから考えても，一般論としては，差止請求の根拠を不法行為に求めることは理論的に可能であると言える。日本民法においてはその可能性が実現されていないとの理解が一般化していたが，近時，受忍限度論と結合した形で不法行為的差止請求権説が登場し，差止請求認否の判断基準としても，被害の種類・程度とともに公共性，地域性，先住性，行政的取締り基準の遵守の有無，損害防止措置の可能性等の諸要素を総合的に判断すべきであると主張している。その結果，この説に対しては不法行為的差止請求という構成に対する沿革的・理論的批判よりも，むしろ受忍限度論の判断基準に対する批判がなされている。

　㈹　**立証責任**　　この説は，立証責任の内容については一致していない。まず，前述のように，①帰責事由の立証が独立の要件とならないため，立証責任については実際上，物権的請求権説と同様に解する説がある。さらに，②立証責任（いずれの側の提出した証拠によってもある事実の存在が認定できない場合にその不利益を何方に負わせるかの問題）と「立証の必要」とを概念的に厳密に区別した上で，違法性に関しては原則として被害者が立証責任を負うとしつつも，被害者が被害利益の性質および程度並びに「地域性」を立証した場合には，「立証の必要」の問題として，受忍限度を越えないことについては加害者の方で主張・立証しなければならないとする説（野村「Ⅱ故意・過失および違法性」『展開』前掲398頁）もある。

　㈧　**不法行為的差止請求権説の問題点**　　この説は，前述のように，金銭賠償の原則は，既発生の損害について妥当するのであり，将来において発生する損害に関する責任のあり方については妥当しないと解している（竹内・前

掲論文439頁）。しかし，「現になされている違法行為の停止（妨害排除）ないし将来なされるべき違法行為の予防（妨害予防）の請求権は，不法行為から直接には発生しない。」とした上で，「一定限度をこえる侵害に対しては，人格権の侵害として，妨害の排除ないし予防の請求を認めることが可能である。」（加藤213頁以下）というのが，通説の見解であったのであるから，これと異なる説を展開する以上，積極的論拠を示すべきである。

　この説に対しては，民法の金銭賠償の原則に反して原状回復を認め，これをさらに本来の物権的請求権等の領域にまで拡張的に適用するという無理をしているとの批判がなされている（好美清光「日照権の法的構成」ジュリ増刊・特集日照権226頁（有斐閣，1974年））。なお，この説については，過失を要する不法行為的構成から，物権的請求権的な（無過失の）不作為請求権としての構成（舟橋諄一・物権法36頁）への発展の可能性との関連でも意味があるとの評価もある（好美・前掲論文226頁）。

　確かに，すでに発生してしまっている不法行為の要件・効果の考察と今後の侵害行為の差止めの可否を検討する場合の要件・効果を検討する場合とでは，比較考量されるべき利益ないしその状況が異なると言わざるをえない。これを前提として，損害賠償とは異なった差止めのための要件が検討されるべきであるという点では，この説は重要な指摘をしていると言えよう。

(4) **環境権説**

　環境の保全は近時ますます重要な問題となっているから，「環境権」を承認し，これに基づいて差止めができるのであれば，これが最も実態に即した理論構成である。その可能性について検討してみよう。

(イ) **権利の内容**　環境権説は，環境を破壊から守るために，環境を支配し，良い環境を享受しうる権利として，環境権を承認すべきであると主張する。すなわち，環境は土地所有者や占有者のみの独占物ではなく，地域住民全体の共有物であるべきであるとの考え方（環境共有の法理）に基づいて，これを環境権として構成し，それに対する侵害があったときは，損害賠償と差止請求を認める説である。請求権者は地域住民全体と解するので，権利者の範囲について個別的検討（土地所有者か否かなど）を要しないし，また，具体的健康被害の生じる前においても環境破壊を防止するために必要な場合には

差止請求ができる点がメリットである（大阪弁護士会環境権研究会・環境権（日本評論社，1973年）なお，澤井　裕・公害差止の法理（日本評論社，1976年）参照）。

　㈹　**立証責任**　　個人の私的権利に対する通常の場合と異なり，個人に具体的被害が生じていなくても，「良い環境」が侵害され，または侵害される危険があれば差止めが認められるべきであるから，立証の対象も「環境の侵害」になる。原告が，被告の行為によって環境の悪化が生じていること，または悪化の可能性があることを主張・立証した場合には，被告側でその無害性，すなわち，その行為によって現実に被害を発生せしめていないし，被害を発生せしめる可能性もないことを主張・立証しなければならない（淡路剛久・公害賠償の理論 255 頁は，「環境権」の確立という憲法上の緊急要請を前提として同旨）。

　㈦　**環境権説の問題点**　　この説は，民法学だけでなく，憲法学からも検討・主張されており，現実の訴訟においても主張されているが，本質的部分についてこれを前提とした判決は出ていない。その最大の理由は，民事訴訟において保護の対象としている環境権が私権といえるか，という点について説得力ある説明がないためであると言われている。この説の主張する環境保護の必要性は多くの判決も認めているところであるから，解釈論としてそのハードルを越えることができるか否かが今後の課題である。

　　環境破壊の場における人格権の保護は，人格権というほんらい個人的な利益の保護に分解しきれない集団的利益を保護するという側面を有しているとの認識をもつべきである。その際，2つの観点が重要である。1つは，環境破壊という場ないし類型における人権侵害であるという点である。2つめは，侵害類型として集団性を有しているという点である。環境権自体は私法上の権利でないとしても，第1点との関連において重要な意味を有しているというべきである。例えば，憲法や環境基本法の趣旨（事前調査手続など）に反するような行政や企業側（事業主体）の行為があり，環境破壊の恐れがある場合には，差止請求の要件としての「違法性」ありとの推定が働くと解すべきである（淡路「環境訴訟の現状と課題」48頁は，裁判所が環境影響調査を不十分とみとめる場合には被告企業側に不利に考慮して判決を下すべきであるとする）。なお，事前調査手続を怠ったこと自体を理由に差止めを認めること（この可能性を

認めるものとして，野村・宮沢・唄・現代の社会問題と法（野村執筆）103頁，原島重義「開発と差止」法政研究46巻2～4合併号292頁以下など）は困難であるとの指摘がなされているが（牛山　積・公害法の課題と理論84頁），環境に最大の利害関係を有する者（または集団）に対する事前調査等の手続を怠った場合には，環境的利益に対する侵害が事実上推定されると解すべきであろう。

　第2点め（集団性）との関連においては，環境権の形成の実体法的な側面として，法形式的には環境権としてでなくても（人格権としての保護であっても），実質的に住民の環境的利益が法的に保護されることが重要である。その際に侵害類型としての集団性を当事者適格の承認や立証責任の内容ないし配分などの点で生かすべきである。

(5)　**人格権**に基づく**差止請求権説**

　住民の個人的な人格的利益が侵害されていると構成して，人格権を被保全権利とする差止めの可能性はすでに環境権が主張される前から存在していた。

　㈲　**権利の内容**　　すでに名誉やプライバシー等の人格権の侵害に対しては，差止めが承認されている。侵害されている保護法益が物権と比肩しうる程に権利性の高いものであるときは，これに準じて差止請求を認めることができ，人格的利益はこれに属すると解されている（我妻134頁以下，広中・債権各論講義436頁以下，加藤126頁，214頁など）。例えば，名誉毀損に該当する記事が掲載された雑誌が発売される際に，事前の差止めが問題になった事件において，判例も「人格権としての名誉権に基づき，現に行われている侵害行為を排除または将来生ずべき侵害を予防するため，侵害行為の差止めを求めることができる」と判示していた（最大判昭61・6・11民集40・4・872――北方ジャーナル事件）。

　㈺　**立証責任**　　立証責任と立証の必要を概念的に区別した上で，公害事件においてキーポイントとなる受忍限度に関する諸事情についての立証責任は被害者＝請求権者側にあるとするが，日照妨害事件などにおいては，一般民事事件と異なり，立証責任が決定的な役割を果たすとは限らず，むしろ立証の必要性がいずれにあるかが問題であるとし，この種の事件においては，日照妨害をめぐる受忍限度の判定に関する諸事情は勝負を決するキーポイン

トとして双方から積極的に立証されるから，狭義の「立証責任」は実際上機能しないと解されている（好美・前掲論文230頁）。しかし，大規模河口堰のような大規模施設による環境破壊事件においては，立証資料の偏在という問題があるから，後述3(3)(ロ)のような配慮が不可欠である。

(ハ) **人格権説の問題点**　①この説に対しても批判がないわけではない。第1は，人格権の民法上の根拠は何かという点である。個人の名誉（723条），プライバシー，氏名，肖像，身体・生命，健康等についての利益を人格権として認識することについては，最近ではほとんど異論はない。大規模な近隣妨害的タイプの公害事件における生命・身体，さらには快適な生活利益に対する侵害についても，個々人の人格権の侵害として構成することは可能である。その意味でも実定法上の根拠を有するといえよう。

②この説に対しては，要件の不安定性が指摘されることがある。おそらくは権利の内容が多様で新しいという点と，それとの関連もあるが，違法性の判断（特に差止めの場合）の難しさを意味していると思われる。前者については，新しい法的利益が保護されるようになる場合については必ず問題になる点であり，いかなる説においても避けては通れない問題であり，この説に特有な問題ではない。後者については，近時は，差止めの要件としての受忍限度を判断する場合には，損害賠償を認める場合とは異なる判断基準を必要とするとの考え（違法性段階説）が通説化しつつある。こうした事情を考慮すれば，この点も，少なくとも他の説との比較において不安定であるということはできないであろう。

③さまざまなタイプの生活妨害的事例のなかには，他の理論構成で処理することが適当である場合があるとの批判もあるが，人格権説はこれを否定するものではない。この点で，環境的利益を人格権ないし物権的請求権を通じて保護しうる可能性に注目すべきである。

2　環境権に関する裁判例の流れ

まず，環境権に関する裁判例には，前述のように本質的部分において肯定したものはないが，これまでの諸業績（牛山・前掲書100頁以下等）に依拠して整理すれば，次のようになる。

(1) 権利内容の不明確性

環境権の法的内容が不明確であることを理由として，差止め等における被保全権利として否定するものがある（鹿児島地判昭47・5・19判時675・26ほか）。さらに，私法上の権利としての具体性を欠いているとの理由によるものもこれに含まれる（名古屋地判昭55・9・11判時976・40ほか）。

(2) 反射的利益（非権利）説

住民の環境に対する利益は反射的利益に過ぎないとして具体的私権としての存在を否定するものがある（神戸地尼崎支決昭48・5・11判時702・18ほか）。なお，この理由は行政事件においても多くの事例において用いられている。

(3) 権利内容の非具体性

複数の理由を挙げて環境権の具体的権利性を否定するものがある（大阪地判昭49・2・27判時729・3ほか）。①憲法13条，25条は，綱領的規定であって個々の国民に具体的権利を付与したものではない。②所有権や人格権により法的救済を受けることができるから，環境権は不要である。③個々人の利益を越える環境破壊を阻止するためであれば，私法的救済の域を出るものであるから，法律上の明文の規定を必要とするし，環境管理の問題は，民主主義の機構を通して決定されるべきものである，としている。

(4) 環境的利益に対して配慮している判決

環境権論の主張の実質的内容が判決に影響を与えていると思われるものもある（例えば，広島地判昭46・5・20判時631・24ほかである）。最近では，東北電力女川原発訴訟判決（仙台地判平6・1・31判時1482・3）が「原告らの人格権又は環境権に基づく請求の当否についての判断」を行っており，これは重要な点である。

3 まとめ

(1) 被害の態様と法的手段の複数性

まず，差止めを必要とする「侵害行為と被害」は多様であることを認識し，問題点の整理をすべきである。本節で紹介してきたような，差止めをめぐる従来の論争は，ある特定の紛争類型を前提としてなされてきたものである。従って，それぞれについていずれの学説が最も適当であるか，ということが重要な論点であったが，一般的には，日照妨害の場合と大気汚染の場合とで

は事情が異なるのであり，土壌汚染の場合や水環境の侵害の場合であれば，さらに異なった事情を前提としなければならない。

例えば，相隣関係的土壌汚染の場合に，土地所有権の侵害を理由として差止請求をしたとしても，それが法的に正しくないとは誰も主張できないであろう。汚染の地域が広い場合に，人格権説や環境権説に基づいて理論構成することももちろん可能であろう。従って各説の優劣は一定の紛争事実を前提として考察することが肝要である。

(2) **行政等による調査**

最近では，環境，公害事件においても，科学的，専門技術的見識に基づく合理的判断が求められている事件が増加しているので，その点で，いわゆる専門技術的裁量論（この点につき，淡路剛久「環境訴訟の現状と課題」ジュリ増刊総合特集43頁）の検討が必要である。この考え方は，行政は大規模な事業を実施するには当然に専門技術的な事項について調査し，独自の判断を行っていることを前提としたうえで，裁判所はこれを検証してみて特に不合理な点がなければこれを自己の判断にするというような方法として具体化している。これは従来は，行政法の分野で主張されてきたものであり，民事事件においては用いられてこなかったものであるが，その影響が後者においても生じているように思われる。行政やこれに準ずる立場の者が当事者になった民事訴訟においては，裁判所は当然のことながら，訴訟構造的にみても中立的な立場に立たなければならない。したがって，もし，行政の行った科学的，専門的な調査や判断を尊重するようなやり方をとった場合には，公平な裁判所とはいえないと言わざるをえない。

(3) **差止めの要件と立証責任**

各理論構成により差止の要件は異なるが，次の点が問題となる。

(イ) **違法性ないし受忍限度**　金銭賠償の場合と同様の要件で差止めを認めると，その影響が大き過ぎて妥当でない場合が生じる。そこで，被侵害利益の性質（例えば，健康など），侵害の重大性，違法性の大小等を考慮して金銭賠償に留めるか，差止めまでも認めるかが判断されるべきであるとされている。これを被害者側の受忍限度との関連で言うならば，金銭賠償の場合と比べて，差止めの場合の方が，受忍限度の程度が高いと言うことができよう（違

法性段階説)。

㈣　**立証責任の転換**　　公害や環境権をめぐる事件では，証拠の偏在という点を考慮して，公平の見地から立証責任の事実上の転換を図る必要がある。この点は，四国電力伊方原子力発電所の原子炉設置許可処分取消訴訟における最高裁判決（平4・10・29民集46・7・1174）を民事訴訟に応用した東北電力女川原発訴訟第一審判決（仙台地判平6・1・31判時1482・3）において配慮されている。この点は，学説においても早くから指摘されていた点である。（淡路剛久・環境権の法理と裁判232頁など)。このような配慮なしには，この種の訴訟は成り立たないであろう。

〈本章の参考文献〉
〈第1節の参考文献〉
淡路剛久「損害と損害の金銭的評価に関する一考察」（交通事故賠償の現状と課題，ぎょうせい，1979年）
乾　昭三「慰謝料の性質」（ジュリ・民法の争点Ⅱ）
植林　弘『慰謝料算定論』（有斐閣，1962年）
戒能通孝「不法行為における無形損害の賠償請求」（著作集8巻所収）（日本評論社，1977年）
加藤和夫「後遺症による逸失利益の算定」（賠償法講座7）
篠原弘志「逸失利益とその現在額の測定」（賠償法講座7）
高橋　眞『損害概念論序説』（有斐閣，2005年）
德本　鎮「被害者の近親者による損害賠償請求」（ジュリ・民法の争点Ⅱ）
舟橋諄一「生命侵害による損害の賠償と相続」（我妻還暦（上））
松浦以津子「損害論の『新たな』展開」（森島還暦論文集・不法行為法の現代的課題と展開，日本評論社，1995年）115頁
三島宗彦「慰謝料の本質」（金沢法学5巻1号）
山本進一「死亡による損害賠償請求権の相続性」（ジュリ・民法の争点Ⅱ）
好美清光「慰謝料請求権者の範囲」（賠償法講座7）
吉村良一『人身損害賠償の研究』（日本評論社，1990年）
吉村良一「民法710条・711条（財産以外の損害の賠償）（『民法の百年Ⅲ』所収）

---

8)　国が日本とアメリカ合衆国との間の相互協力及び安全保障条約に基づきアメリカ合衆国に対し同国軍隊の使用する施設および区域として飛行場を提供している場合において，国に対し同軍隊の使用する航空機の離着陸等の差止めを請求することはできない――厚木基地騒音公害訴訟――（最判平5・2・25民集47・2・643)。

〈第 2 節の参考文献〉
川井　健「過失相殺の本質」判タ 240 号
古賀哲夫「定額賠償説」(『現代不法行為法学の分析』前掲所収)
篠田省二「過失相殺の本質」判タ 268 号
田井義信「制裁的賠償説」(『現代不法行為法学の分析』前掲所収)
高嶌英弘「包括請求の現状と問題点」(『現代不法行為法学の分析』前掲所収)
西原道雄「幼児の死亡傷害と損害賠償」判時 389 号（判例評論 75 号）／平井宜雄「過失相殺」(判例展望ジュリ 500 号)
新田孝二「過失相殺における『被害者側』の意味」明治学院論叢 26 号
能見善久「過失相殺の現代的機能」(『不法行為法の現代的課題と展開』前掲)
藪　重夫「過失相殺──被害者以外の者の過失と過失相殺」民法の争点 II
藪　重夫『過失相殺，総合判例研究叢書・民法』(有斐閣，1959 年)
山田卓生「過失相殺とその類推適用」山田ほか『分析と展開民法 II 債権〔第 5 版〕』(弘文堂，2005 年)
好美清光「交通事故訴訟における過失相殺の諸問題」実務民訴講座 3（前掲）

〈第 3 節の参考文献〉
浅野直人「不法行為における消滅時効の起算点」(ジュリ・民法の争点 II)
内池慶四郎「損害賠償請求権の消滅時効」賠償法講座 1
内池慶四郎「不法行為による損害賠償請求権の時効起算点」法学研究 44 巻 3 号
内池慶四郎「継続的不法行為による損害賠償請求権の時効起算点」法学研究 48 巻 10 号，11 号
末川　博「不法行為に因る損害賠償請求権の時効」(同・民法論集所収，評論社，1959 年)
德本伸一「損害賠償請求権の時効」(民法講座 6)
新美育文「不法行為損害賠償請求権の期間制限(1)(2)」法律時報 55 巻 4 号・5 号
藤岡康宏「不法行為による損害賠償請求権の消滅時効」(北大法学論集 27 巻 2 号)
松久三四彦「消滅時効」(『新・現代損害賠償法講座 1』所収)

〈第 4 節の参考文献〉
淡路剛久「公害に対する行政の損害賠償責任とその性質──水俣病事件を中心に」(『不法行為法の現代的課題と展開』前掲) 285 頁
五十嵐・田宮『名誉とプライバシー』(有斐閣，1968 年)
幾代　通「謝罪広告」『賠償法講座 2』)

幾代　通「新聞による名誉毀損と反論権」(『我妻追悼・私法学の新たな展開』前掲
伊藤高義「公害と差止請求」(『不法行為法の現代的課題と展開』前掲)
伊藤高義「公害と差止請求」(『不法行為法の現代的課題と展開』前掲) 269 頁
伊藤正己『プライバシーの権利』(岩波書店, 1963 年)
大塚　直「生活妨害の差止に関する基礎的考察(1)～(7) (法学協会雑誌 103 巻 4, 6, 8, 11 号, 104 巻 2, 9 号, 107 巻 3, 4 号, 1986～1990 年)
戒能・伊藤編『プライバシー研究』(日本評論新社, 1962 年)
加賀山茂「消費者救済と事故防止——消費者の差止請求権の法律構成」(『不法行為法の現代的課題と展開』前掲) 493 頁
川井　健「氏名権の侵害」(『賠償法講座 2』)
神戸秀彦「最近の道路公害判例の動向と東京公害第一次訴訟第一審判決」(牛山・古希・前掲) 237 頁
澤井　裕『公害差止の法理』(日本評論社, 1976 年)
澤井　裕「公害の差止請求」(ジュリ・民法の争点 II)
鈴木美弥子「東京大気汚染訴訟判決について」(牛山・古希・前掲) 257 頁
副田隆重「大気汚染公害と共同不法行為——西淀川・川崎・倉敷の三判決をめぐって」(『不法行為法の現代的課題と展開』前掲) 247 頁
田上穣治「良心の自由と謝罪広告の強制」憲法判例百選〔第 3 版〕
円谷　峻「救済方法」(『新・損害賠償法講座 1』所収)
富井利安「環境権と景観享受権」(牛山先生古希記念論文集, 日本評論社, 2004 年) 3 頁
能見善久「過失相殺の現代的機能」(『不法行為法の現代的課題と展開』前掲)
藤岡康弘・須賀憲子「環境利益の救済法理について」(牛山・古希前掲) 23 頁
吉村良一「公害差止法理の展開と課題」(牛山・古希前掲) 215 頁
松本克己「環境・公害訴訟と時効・除斥期間」(牛山・古希・前掲) 309 頁
和田真一「環境権論——民事差止論の観点から」(『現代不法行為法学の分析』前掲所収

第4章　特別な不法行為

序

　709条に基づく不法行為を通常の不法行為とした場合に、特別な要件のもとで成立する不法行為を特別の不法行為と言うが、これは、さらに民法上の特別な不法行為と特別法上の特別な不法行為とに分けることができる。

　民法は、行為の主体が責任能力を欠いている場合につき、その監督責任者の不法行為を定めているが（714条）、これを含めて、加害者側に複数主体が関与する不法行為として、使用者の責任（715条）および共同不法行為者の責任（719条）を定めている。前2者については原則として第1次的責任主体に対する配慮（責任能力と支払い能力）が代替責任発生の前提として存在する。

　さらに、責任主体の主観的要件について特例が認められる場合として、土地工作物責任（717条）と動物占有者の責任（718条）が規定されている。

　特別法上の不法行為としては、失火責任法（明治32年）が適用される場合、自動車による人身損害に対する責任（自動車損害賠償保障法、昭和30年）、製造物責任（製造物責任法、平成6年）を取り上げた。ほかにも、原子力損害を含めて取り上げるべき領域はあるが、本書が民法の教科書であることを考慮して、まとまった叙述は割愛せざるを得なかった。

第1節　責任無能力者の監督者の責任

1　責任の本質
1　監督者の代位責任

　責任を問いうる主体的条件を具備しない者が客観的に不法行為に相当する行為を行っても，責任の基礎を欠いているから，その者に対して責任を問えないのは当然である（712条，713条）。これを前提として，民法は，監督者につき，本質的には本人が責任を負わない場合の代位責任としつつも，監督義務者自身の義務違反に基づく責任として規定している（714条,特に1項但書参照）。従って，監督者については709条の責任と競合することがありうる（後述2参照）。なお，714条の立法趣旨は，主として家族関係の特殊性（特に父母の義務）に求めるべきである（通説）。その意味では過失責任の一種である。

2　監督者の固有の責任

　例えば，Yの子A（未成年者）がバットで近所の子Xを殴って全治10日間の傷を負わせたので，XがYに対して損害賠償の請求を請求したとして，その理論構成としては，次のようなものが考えられる。

　Aに責任能力がない場合には，前述1のようにYに対する714条に基づく損害賠償の請求が可能であるが,無能力者の監督者については，代位責任のみが問題になるわけではない。監督者自身が709条の要件を充足する場合もある。判例も，未成年者Aに責任能力があると認められる場合でも，Yに対して709条に基づく損害賠償の請求が可能であるとしている（最判昭49・3・22民集28・2・347）。この点が明確にされた結果,被害者の救済の方法は714条だけではないことが明らかになったから，加害者の責任能力の判断に際して被害者の保護に配慮する必要はなくなったと考えてよい（122頁以下参照）。この場合には，監督義務者の義務違反と未成年者の不法行為によって生じた結果との間に相当因果関係がなければならない。従って，監督者の義務の内容が問題となる。監督義務者は未成年者の加害行為の防止についてどのような義務（820条参照）を負っているか，という点は責任無能力者を前提とした714条の責任についても問題となるが，これは，未成年者が責任能力を有する場合

において，監督者に対して709条を適用する場合の前提としても検討されるべきである。

上の場合に，子供のケンカであるとして，YがXの親にも過失があったと主張するならば，この点は損害賠償額に影響を及ぼすことになる。X自身に過失があれば，過失相殺が問題となり，その場合には過失相殺のための責任能力（過失相殺能力とでもいうべきもの）が問題となるが（前述215頁），Xの親の過失を問題とする場合には，「被害者側の過失の理論」の問題となる（前述216頁参照）。

② 責任の要件
1 監督者の代位責任の要件
以下の要件（714条）につき検討すべきである。
(1) 未成年者または事理弁識能力を欠く者が責任能力を有しないこと
損害賠償を請求する者がこの点について立証しなければならないが，責任能力は個別具体的に判断されるべきものであるから，この点の立証はしばしば容易ではない。
(2) 責任無能力者が第三者に損害を与えたこと
客観的に損害を与えただけではなく，責任能力の点を除いて，その他の全ての不法行為の要件を充足している必要がある。
(3) 監督義務者が義務を怠らなかったことを証明できないこと
立証責任は，被告である監督義務者にある。どのような義務（例えば，法律の規定，契約，事務管理等）を怠らなかったかを明らかにすることは容易ではない。従って，ある程度の類型化が必要である。例えば，一般の未成年者，特に小学校低学年の者を前提とした場合の監督義務と，知的障害者が様々な理由により精神的判断能力の発達が不十分であるために自傷・他害の危険がある場合の監督義務とでは，その程度に違いが生じうる。また，性質粗暴な子がバットをもって他の子供の遊戯している場所に加わるにあたって，親が適当な監視その他相当の注意を払った証拠がないのは，監督義務を怠ったものであるとした判例（大判昭14・3・22新聞4402・3）や，数え年8歳の年少者の不法行為については，親権者が監督義務を怠らなかったことを立証しない

以上，責任を免れないとした判例（大判昭 18・4・9 民集 22・255）がある。

2 監督者固有の責任の要件

(1) 監督義務者の義務違反があったこと

監督義務者は，被監督者が責任能力を有している場合であっても，被害者に対して損害賠償責任を負うことがあることについては前述した。この場合には，被監督者に責任能力があることを前提として監督義務の内容を設定し，そのような義務に違反した場合には，監督義務者は，代位責任ではなく，固有の責任（監督義務違反責任）を負う（709 条）。

(2) 709 条の他の要件を充足していること

この責任は 714 条の責任ではなく，709 条の責任であるから，同条の要件を充足する必要があることは当然である。

3 監督者の責任の効果

責任の効果も 714 条の責任と 709 条の責任に分けて検討すべきである。

1 代位責任

(1) 責任の主体

責任を負うのは，無能力者を監督すべき法定の義務ある者（監督義務者）と，この者に代わって責任無能力者を監督する者（代理監督者）である（714 条）。

㈤ **監督義務者** 未成年者については，親権者（820 条，832 条）とこれを欠く場合の後見人（857 条，867 条）であるが，その他に，児童福祉施設の長（児童福祉法 47 条）もこれに該当する。事理弁識能力を喪失した者については，後見開始審判を受けた場合の後見人（858 条），その他の事理弁識能力を喪失した者については，家族等（精神保健福祉法 33 条以下）である。これらに該当しない場合であっても，これらに準ずるべき場合には問題となりうる。例えば，知的障害者福祉法にいう保護者（15 条の 2）などである。

㈡ **代理監督者** 監督義務者との契約，法律の規定，事務管理によって責任無能力者の監督を引受けまたは委託された者をいう。学校や精神病院等が監督義務者となっている場合に，直接に責任無能力者の世話をしている者が代理監督者に該当するかについては，争いがある（否定説＝我妻 160 頁，幾代＝徳本 192 頁，肯定説＝加藤 161 頁，平井 220 頁）が，施設の職員として監督

しているに過ぎない者については，その施設の規則や上司の指示に従っている限り，責任を問われるのは妥当ではないから，その職員の裁量権限内で生じた場合に限られる（そうでない場合には施設や上司の責任問題）と解すべきであろう（通常の仕事は指示に基づいている）[1]。施設職員の責任が問われる場合には，その使用者の責任（715条）も問われる。

(2) **複数の責任主体がいる場合**

監督義務者の責任と代理監督者の責任が同時に問われる場合には，両者の関係は不真正連帯債務となると解されている。両者の求償関係が問題になる場合には，通常は，715条も適用になるから，求償関係については，同条3項に関する議論を参照すべきである。

2 監督者固有の責任

監督義務に違反する行為が709条の要件を充足する場合には，監督者は被害者に対して損害賠償責任を負う。この責任は被監督者の責任能力の有無とは関係なく成立する。一般の不法行為に基づく責任であるから，損害賠償の範囲は，監督義務違反と相当因果関係に立つ損害である。

3 714条の射程範囲

監督者と被監督者の関係について，安易に本条を提供すべきではない。第三者に加害行為をした者が未成年者である場合は，問題なく適用してよいが，被監督者が成年者である場合には，原則として本条を適用すべきではない。ドイツでも民法典に832条にきわめて類似した条文があるが，成年者に対しては，夫婦間についても，その適用は慎重である（ライヒ最高裁判決1908年11月23日，Ⅵ578/07）。被監督者が第三者に対して加害行為をすることを具体的かつ現実的に認識しているような場合には，監督者は，損害賠償責任を負うが，それは同832条によるわけではない。

---

1) **小学校の校長や担任教諭の監督義務** これらの者の義務は，学校内における児童の全生活にわたるものではなく，学校内における教育活動ないしこれに準ずる活動関係に関する児童の行動部分に限定されるべきであって，それ以外の児童の生活活動については，その監督義務はない（高松高判昭49・11・27判時764・49）。小学校の教諭が小学校における教育活動あるいはこれと密接した範囲における活動に関しその担任する児童生徒を自己の監督下においた場合には，法定の監督義務者である親権者に代わって責任無能力者を監督すべきいわゆる代理監督者責任を負う（福岡高判昭56・9・29判時1043・71）。

第2節　使用者責任

1 責任の本質
1　責任の根拠と性質

　被用者が，その事業の執行につき第三者に違法に損害を加えた場合には，この行為者を使用する者またはその代理監督者は，その損害について賠償責任を負うことがある（715条）。一般に使用者責任と呼ばれている。このような特別な責任が認められる根拠は2つある。第1に「利益の存する所には損失も帰属すべきである」とする報償責任の原則であり，第2には，事業の中には社会に危険を振りまきながら行われるものもあるので，そのような事業については，「危険を振りまきながら利益を上げる場合には，そこから生じた損害はその原因を作り出した者が負担すべきである」とする危険責任の原理である。前者のみで使用者責任の根拠を説明する説もあるが，現代の企業の実態を考えれば，収益と危険のいずれかを中心としている場合もあるが双方を伴っている場合が多いから，双方を根拠とするものと解すべきである。

　715条により使用者が負担する損害賠償義務は，被用者が第三者に対して負担する損害賠償義務が消滅時効にかかったからといって，当然には消滅しない（大判昭12・6・30民集16・1285）。同条により被用者が事業の執行につき第三者に加えた損害を賠償すべき使用者の債務と，709条により被用者自身が負担する損害賠償債務とは，いわゆる不真正連帯の関係にあり，債務者の1人について生じた事由は，債権を満足させるものを除き，他の者の債務に影響を及ぼさない（最判昭46・9・30判時646・47）。

2　自己責任か代位責任か

　使用者をA，被用者をB，被害者をCとすれば，Aの責任は，BのCに対する不法行為責任（709条）の成立を前提とすると解されている（すなわち，Bにつき責任能力を含めて709条の要件を充足していることが必要である）。このように，使用者Aの責任はBの代位責任であると解するのが通説・判例である。もっとも，使用者に選任・監督上の過失があることが前提とされているから，代位責任といっても無過失であっても代位責任を負うという趣旨ではなく，

加重された責任要件のもとで被用者の与えた損害を代わって賠償するという趣旨である。従って、被用者が全損害を賠償した場合には、被用者は使用者に対して求償することはできないと解されていた（梅・債権篇897頁）。この点は、逆求償権の問題として後述する（255頁）。

これに対しては、前述のような報償責任や危険責任に基づいて、715条に基づく責任をAの独自の責任として構成すべきであるとの見解もある（後述 **3** 4参照）。これは、特にAが企業である場合に重要な意義を有する。

いずれにしても、被用者の選任・監督に過失があったことに責任の根拠を求める点で、基本的には過失責任主義の原則に立っていると解してよい（ただし、立証責任は転換されている）。

2 要件

1 「事業の執行について」の意義

(1) 客観的要件

「事業の執行のために」より広く、「事業の執行に際して」よりは狭い概念であると解されてきたが、最近では、さらに具体的に、①使用者の業務に含まれるかもしくはこれに関連するものであること、および、②その事業のなかで当該被用者の職務の範囲内にあるかもしくはこれと関連すること（職務関連性）、が必要であるとされている。補充的に「加害行為への近接性」すなわち「被用者が加害行為を行うことが客観的に容易な状態におかれていること」が必要であると解されている（平井235頁）。実際上は、②との関係が問題となることが多い。

(2) 外形理論

判例においては、被用者がその地位を濫用して私利を図りもしくは私用を足したというような場合について、その行為の外形からみて被用者の職務の範囲内に属する行為だとみるべきであるとの理論が確立している（「外形理論」または「外形標準説」とよばれる）（大連判大15・10・13民集5・785）。この判例の事案においては、Y会社の庶務課長として株券の発行等の事務を担当していたAが、自己の金融を図るために、自己の保管する株券用紙、印章および社長印を社外に搬出してこれを用いてY会社の株券を偽造し、X会社

に損害を与えたという事件において，Aの行為は不当に事業を執行したものに外ならないが，事業の執行に関する行為であることを失わないと判示した。これによって，「事業の執行について」に関する大審院時代の従前の判例〔外形上は事業の執行でもそれが濫用に当たるときは「事業の執行につき」とは言えないとしていた〕よりは広義に解釈されるようになった。すなわち，使用者や被用者の主観的な事情（権限の濫用か否か）よりも客観的な態様を重視することにより，業務に対する監督義務の客観化を通して上記の要件の拡大的解釈がなされたと解せられるのである。

ただし，最近，「事業の執行について」というためには，被用者の行為が使用者の事業の範囲に属するだけでなく，これが客観的，外形的にみて，被用者が担当する職務の範囲に属するものでなければならないとする判例が出ている。（最判平22・3・30判時2079・40)。

(3) 具体的事例

その後も，次のような判例が出されている。通産省の自動車運転手が，大臣秘書官としていつもその自動車に乗車し，辞表提出後ではあったがまだ官職を失っていなかった者を乗車させて自動車を運転中，事故を起した場合には，たとえ同秘書官の私用をみたすため運転したものであっても，通産省の事業の執行につき生ぜしめたものである（最判昭30・12・22民集9・14・2047）。いわゆる社交喫茶店が現に営業中，客の飲食した代金の支払いに関する紛争から営業上の被用者がその店の奥で，客をなぐって負傷させた場合において，その暴行により客のこうむった損害は，被用者が事業の執行につき加えた損害というべきである（最判昭31・11・1民集10・11・1403）。手形振出事務を担当する会社の経理課長が代表取締役の印を盗用して会社名義の手形を偽造するのは，会社の事業の執行にあたる（最判昭32・7・16民集11・7・1254）。会社の商品の外交販売に従事し，仕事の必要に応じ随時会社の自動車を運転使用できる被用者が，勤務時間後私用のため会社の自動車を運転して事故を起こした場合には，この事情は会社の業務の執行につきなされたものと認めるにつき妨げとならない（最判昭37・11・8民集16・11・2255）。被用者が私用で使用者（自動車整備業者）の所有でない車を運転して事故を起こした場合でも，使用者は715条による責任を負う（最判昭43・9・27民集22・9・2020）。信用組

合が職員に対して職員外の者に職員定期預金を利用させることを禁止しているのを知りながら職員外の者が同組合の営業部預金課員の勧誘により同人を通じて同定期預金をした場合でも，職員定期預金でなければ預金をしないことが明らかであった等特段の事情のない限り，同預金契約は一般定期預金として有効に成立し，その預金の払戻しに関する同職員の行為は，その限度において組合の事業の執行にあたると解すべきである（最判昭50・1・30民集29・1・1）。私立大学の応援団員が上級生から暴行を受けることを予見しうる状況のもとでは，同大学の被用者である教授会等の構成員である職員は，その暴行を回避すべき具体的作為義務を負っており，かつ，このような措置をとることは，使用者である大学の事業の範囲に属するものと解される（最判平4・10・6判時1454・87）。暴力団にとって対立抗争が生ずることは不可避であり，当該暴力団においては，資金獲得活動に伴い発生する対立抗争における暴力行為を賞揚していたことに照らすと，同暴力団の下部暴力団組織における対立抗争においてその構成員がした殺傷行為は，同暴力団の威力を利用しての資金獲得活動に係る事業の執行と密接に関連する行為というべきであり，同暴力団の組長は使用者責任を負う（最判平16・11・12民集58・8・2078）

　しかし，一方では「建設会社の作業所主任の職務権限が工程表に基づいて工事を進行させるとともに，監督官庁へ諸報告をする程度にとどまり，資料の購入や資材代金その他の諸支払いも，小口分を除いてはその権限に属しない等のような事情がある場合において，同作業所主任のした額面220万円に及ぶ約束手形の振出行為は，他に特段の事情がないかぎり，外形上も，同人の職務の範囲内に属するものとはいえない」（最判昭43・1・30民集22・1・63）としたものがある。以上は，いわば客観主義の枠組み内での議論である。

(4)　**相手方の主観的要件**

　外形理論によって，使用者の責任要件が充足される場合であっても，相手方の主観的要件が，次のような形で問題とされる。すなわち，外形理論には積極的に相手方信頼保護の要素を含むと解すべきか，が問題となる。

(イ)　**被害者の悪意・重過失**　　外形標準説の根拠を相手方の信頼の保護に求めるのであれば，悪意・重過失の相手方については保護の範囲外にあると解すべきであるから，不法行為は不成立と解すべきである。その意味では相

手方の主観的事情も問題とすべきである。

例えば，金融に苦慮していたXは手形割引の斡旋をするとの手形ブローカーBの甘言にのり，Y銀行の支店長Aに対して融通手形(現実取引の裏付けなしに金融目的で振りだされる手形)を振りだした。Y銀行の内規・慣行によれば，このような割引の斡旋を受けることはできないことになっていたが，Aは自己の成績を上げうるものと考え，Xおよびその子会社と通謀して子会社に裏書きをさせて手形ブローカーBに交付したところ，Bはこれを流通においたため(Bによる手形の詐取)，Xはその支払いを余儀なくされた。このような事案について，判例は，Aの行為はその外形からみて使用者の事業の範囲内に属すると認められるが，その行為は被用者の職務権限内において適法になされたものではなく，かつ，その行為の相手方が当該事情を知りながら，または少なくとも重大な過失によりその事情を知らないで取引行為をしたものと認められるときは，その行為に基づく損害は，Yの被用者Aがその事業の執行について第三者に加えた損害とはいえない，と判示している(最判昭42・11・2民集21・9・2278，最判昭43・2・6判時514・48)。ただし，この要件は取引行為的不法行為においてのみ問題になるにすぎない。なお，信用金庫の職員に預金の名目で小切手を詐取された場合において，預金の条件や預金手続時の同職員の態度，行動が通常の預金の場合とは異なっていたなど，預金の勧誘から小切手の交付に至るまでの一連の過程に正常な普通預金取引としては不自然な事情があったとしても，過失相殺としてこれを斟酌すべきか否かは別として，いまだ被詐取者に重大な過失があったとはいえない(最判平6・11・22判時1540・42)とした判例がある。

　㊀　**過失相殺**　　外形標準説の根拠を報償責任ないし危険責任に求めるのであれば，相手方の主観的事情は過失相殺の問題となると解することも可能である。

　(5)　**外形理論の適用範囲**
　外形理論は事実的不法行為との関連でその適否が論じられている。

　㋑　**外形理論と事実的不法行為**　　外形理論は，取引行為的不法行為の場合のみならず，事実行為的不法行為の場合にも適用できるのだろうか。外形標準説は，前述の(4)㋑のように相手方信頼の保護との関連で理解するのであ

れば，取引行為的不法行為について適用するのには適しているが，事実行為的不法行為の場合にも適用しうるかについては検討が必要である。外形標準説の根拠が外形に対する相手方の信頼保護にある以上，取引の安全を考慮する必要のない事実行為的不法行為について外形標準説を適用することは妥当でないとの批判が成り立ちうるからである。

確かに，取引行為的不法行為の場合には，特定の相手方の信頼が問題になるが，事実行為的不法行為の場合にも，使用者の事業が不特定多数の者から一般的に信頼を受けていると解することができるし（通説的理由），事実的不法行為の場合には，そのような事業を行っていること自体が社会に一定の危険を振りまいていると解することもできる（後者の理由は，715条を報償責任だけでなく，危険責任からも根拠付ける説に立つ場合に可能となる）。そのような立場において，「事業の執行について」とは，広く被用者の行為の外形を捉えて客観的に観察したとき，使用者の事業の態様・規模等からして，それが被用者の職務行為の範囲内に属するものと認められる場合を意味することになる。

例えば，Y会社の販売契約係員Aは，私用のための運転は禁止されていたにもかかわらず，終列車に乗り遅れたため，Y会社に無断でY会社所有のジープを運転して帰宅途中，自転車で通行中のXに衝突して死亡させた，という事案について，Aの行為はその職務の範囲内と認められる，と判示している（最判昭39・2・4民集18・2・252）。しかし，出張先から自家用車で帰る途中に事故を起こした場合において，加害者の使用者Yが「直接の加害者Aに対し同人の当該出張につき自家用車の利用を許容していたことを認めるべき事情のない本件においては，Aらが出張先に向かうために自家用車を運転したことをもって，行為の外形から客観的にみても，Yの業務の執行にあたるということはできず，したがって，右出張からの帰途に惹起された当該事故当時におけるAの運転行為もまたYの業務の執行にあたらない」と判断している（最判昭52・9・22民集31・5・767）。

また，寿司店の店員が出前の途中で他人と喧嘩をして相手に暴行を加えた事件で使用者責任を認めた（最判昭46・6・22民集25・4・566）際にも，外形理論が用いられている。この場合には，職務との密接な関連が強調されている。

(ロ) **まとめ**　外形理論は本来，消極的概念だから，それを前提とした上

で，①使用者側の事情，例えば加害行為の発生防止措置を採る可能性の存否，②被用者側の事情（加害行為の態様），例えば，無断私用運転か，「泥棒」運転かなど，が問題となる。③「事業の執行」外であることについての被害者側の事情は取引行為的不法行為においてのみ問題となる。つまり，「外形」に対する信頼は事実行為的不法行為においては問題とならない。

2　「ある事業のために他人を使用する者」

(1)　事業の意義

営利事業であることが多い（報償責任原理はこの場合に妥当する）と思われるが，非営利事業に関して生じた不法行為も含まれると解するのが通説である。

(2)　「他人を使用する者」（代理監督者については後述）

被用者と使用者との間に雇用関係が存在する場合が多いと思われるが，そのような契約関係は要件ではない。事実上の「指揮・監督」の関係が存在していればよい。この関係は一時的であるか，継続的であるかも問わない。指揮・監督関係は具体的・現実的であることは必要とせず，使用者が被用者に対して客観的にみて指揮・監督すべき地位に立っていることでよいと解されている。前述の外形理論は，事業執行の前提要件である「使用関係の存在」についても，名義貸与者の責任を認める形で採用されている（大判昭8・7・31民集12・2421，最判昭41・6・10民集20・5・1029など）。なお，1次組織から2次以下の下部組織によるピラミッド型の階層的組織を形成するような暴力団の組長は，下部組織の構成員を，その直接間接の指揮監督の下，組の威力を利用して資金獲得活動に係る事業に従事させていたということができるから，同組長と下部組織の構成員との間には，使用者と被用者の関係が成立していたと解するのが相当である（最判平16・11・12民集58・8・2078）とした判例がある。

ちなみに，請負人と注文者の間には一般的には指揮・監督の関係はない（716条参照）が，請負人と下請負人やその従業員との間には事実上の指揮・命令関係が存在する場合があり，この場合には715条が適用されうる。

(3)　被用者

被用者とは，報酬の有無，期間の長短を問わず，ひろく使用者の選任によ

りその指揮・監督のもとに使用者の経営する事業に従事する者を指称する（大判大6・2・22民録23・212）。

3　第三者に加えた損害

被用者の加害行為と損害との間に相当因果関係が存在することが必要である。被用者と第三者との間において709条の不法行為が成立していることが前提である。

4　使用者の免責事由

使用者が被用者の選任およびその事業の監督につき相当の注意を与えた場合，または相当な注意をしても損害が生じたであろう場合には，使用者は免責される（715条1項ただし書）。相当の注意をなしても損害を生ずべかりしときとは，相当の注意をしてもとうてい損害の発生を免れえない場合を指し，相当の注意をしてもあるいは損害が発生するかも知れないというような場合を意味するものではない（大判大4・4・29民録21・606）と解されている。実際に免責を受けた事例は，ほとんどない。

③　効果

1　損害賠償

被害者は，直接の加害者の使用者に対して損害の賠償を請求することができる（715条1項）。

2　求償権の性質と求償の制限

共同不法行為との関連については第4節 ⑤ で述べる。

(1)　715条3項の求償権

これは，使用者と被用者との間の契約関係等（求償に関する特約を含めて）を前提として理解すべきであり，従って同条3項がなくても求償は可能である（つまり，同条3項は注意規定，梅・債権篇897頁ほか）。

(2)　求償に関する特約がない場合

使用者が全額弁済した場合にも，求償に際しては，何らかの制限を受けるという点では多くの学説・判例が一致しているが，その理論構成については，学説は分かれている。

㋑　**権利濫用説**　求償権の行使が権利の濫用に当たる場合には，求償権

を否定する（石田（文）・債権各論283頁）。これに対しては，①使用者責任は危険責任と報償責任を根拠とすると解するからといって，求償権の行使を権利の濫用と決めつけることができるか。②結果的にも，きめ細かい構成ができない（求償の全面的肯定か否定になってしまう）等の批判がなされている。

(ロ) **過失相殺説**　労働条件の悪いことなど，諸般の事情を考慮して，過失相殺の理論を類推適用して求償権を制限しようとする説（我妻178頁）である。この説に対しては，逆求償を肯定しようとする立場からは，被用者から使用者への逆求償の場合にも使用者の代位責任を前提として同様の構成がとれるか，について疑問が出されている。従って，この説は最終的には逆求償の問題との関連で評価されるべきである。

(ハ) **共同不法行為説**　使用者にも709条の不法行為責任を認めることができる場合について，被用者との共同不法行為責任を認める（加藤190頁）。その結果，不真正連帯債務者間の負担割合の問題となる。この説に対しては，使用者について不法行為（709条）が成立している場合にはよいが，その立証が出来ないときはどうするかという問題が残るので，その場合については別の説明が必要であるとの批判がなされている。

(ニ) **不真正連帯債務説**　使用者と被用者の法的関係を不真正連帯債務と解し，その属性として賠償者からの求償を是認する。この説は不真正連帯債務について一定の理解を前提としている（椿・判例評論116号14頁）。

(ホ) **信義則説**（判例）　使用者は，被用者の加害行為により直接被った損害および使用者としての賠償責任を負担したことに基づいて損害を被ったときは，その事業の性格，規模，施設の状況，被用者の業務の内容，労働条件，勤務態度，加害行為の態様，加害行為の予防もしくは損失の分散についての使用者の配慮の程度その他諸般の事情に照らし，損害の公平な分担という見地から信義則上相当と認められる限度において，被用者に対し同損害の賠償請求または求償をすることができる（最判昭51・7・8民集30・7・689）。この説は，当事者間の過失を含む利害関係について多様な要素を考慮しながら妥当な結論を導くことができる。ただし，判断事例の積み重ねによる類型化が必要である。

3 被用者からの逆求償

　第三者が被用者に直接全損害の賠償を請求してきたときは，被用者は自ら支払った後で使用者に対して求償することができるであろうか。使用者責任を代位責任と解するならば，これを肯定することは論理的に難しい。学説は次のように2つに分かれている。

(1) 肯定説

　被用者の責任と使用者の責任を通常の不真正連帯債務の場合と同様に解するならば，これを肯定すべきであるし，さらに，報償責任の趣旨から，代弁済請求（650条2項類推）をも認めるべきこととなろう。

(2) 抗弁権説

　被害者が，まず被用者に損害賠償を請求してきた場合において，使用者が損害保険に入っているときは，信義則に基づき被用者は「保険の抗弁」を提出し，その限度で支払いを拒絶できると解すべきである。保険で処理できるような状況にありながら，被害者が特に直接の加害者に全額を支払わせるのは妥当ではないからである。

　その残額についても，信義則に基づき「求償権制限の抗弁」を提出できる。すなわち，被害者が使用者に請求して使用者がこれに支払い，その後使用者が被用者に求償してきたならば，被用者が支払わなければならないであろう金額の限度で支払うとの抗弁を提出できると解すべきである。被用者が主張している金額が妥当であるか否かは，最終的には裁判所で決着をつけなければならない。このように解することにより，被用者からの逆求償という構成は避けるべきではないだろうか。被用者からの逆求償を認めるということは被害者から被用者に対する全額賠償の請求を認めることを意味するのであり，損害額が巨大になっている昨今の事情を考慮するならば，そのような請求は認めるべきではないからである。このような理論構成を前提として，被用者が全額を実際に支払ってしまった場合には，使用者に対して不当利得として返還請求できると解すべきである。

4 企業自体の責任

　大規模な企業がもたらす損害においては，加害被用者の特定が困難であり，かりに特定されるとしても，その個人の加害行為というよりも企業自体の活

動によって損害が生じていると見るべき場合が多い。このような場合に，715条に基づく責任を問うと被用者の責任が不当に拡大されることがある。従って，このような場合には，715条の責任を企業独自の責任と解する（被用者の709条責任の成立を前提としない）か，企業自体について709条の責任を認める考え方も有力に主張されている。

なお,企業自体の責任という点では，法人企業の理事による不法行為（一般法人78条，198条）の問題も生じうる。

5　使用者責任の適用範囲

使用者責任は，一般的には雇用契約を前提とする責任であるが，請負契約においても類似の責任が問題となることがある。土木工事請負人が道路工事に使用するため運転手と助手つきの貨物自動車を借り受けた場合において，その助手が，請負人の現場監督の指揮に従い，貨物自動車の運転助手として砂利，土，石等の運搬に関与し，時には自ら貨物自動車を運転もし，これらの仕事については助手の雇主の指図を受けたことがなく,かつ請負人の飯場に起居していた等の事情があるときには,715条の適用上,助手は土木工事請負人の被用者にあたると解するのが相当である（最判昭41・7・21民集20・6・1235参照）。さらに,いわゆる下請負契約の場合において，元請負人と下請負人との間に実質的にみて指揮・命令関係が成立している場合には，下請負人が第三者に対して行った不法行為について715条に基づいて元請負人の使用者としての責任を問うことが可能である（716条の説明も参照）。

なお，兄が弟に兄所有の自動車を運転させ，これに同乗して自宅に帰る途中，弟の運転に気を配り，事故直前にも弟に対し「ゴー」と発進の合図を送っていたなどの事実がある場合には,兄と弟との間に715条1項にいう使用者，被用者の関係が成立していたと解すべきであるとした判例がある（最判昭56・11・27民集35・8・1271参照）。

6　代理監督者の責任

(1) 立法趣旨

使用者に代わって事業を監督する者も使用者と同様の責任を負う（715条2項）。立法者の示す例によれば，主人が番頭（近代企業では，部・課長等）を置いた場合に，その番頭が丁稚（平社員）の監督を怠り，そのために丁稚が不法

行為をなした場合には，番頭もまた主人と同様の責任を負わなければならないとの趣旨である（梅・債権篇896頁）。

代理監督者は，現実に監督していることを要すると解されている。現実に監督するからこそ被用者の加害行為による損害を予見し，回避することが可能であったと解することができるからである。しかし，一方では，報償責任原理との関連において考えても，現実に監督しているからといって，あまりに下位の使用人にまで代理監督者の責任を負わせるのは妥当ではない。

(2) **判例による代理監督者の責任**

判例には，代理監督者は「客観的にみて，使用者に代わり現実に事業を監督する地位にある者」（最判昭35・4・14民集14・5・863）と解するものがある。さらに，使用者が法人である場合において，その代表者が現実に被用者の選任，監督を担当しているときは，その代表者は715条2項にいう代理監督者に該当し，当該被用者が事業の執行につきなした行為について，代理監督者として責任を負わなければならないが，代表者が，単に法人の代表機関として一般的業務執行権限を有することから，ただちに，同条同項を適用してその個人責任を問うことはできないものと解されている（最判昭42・5・30民集21・4・961）。

(3) **要件と効果**

使用者の責任の場合と同様である。

第3節　請負の注文者の責任

1　716条の趣旨

請負の注文者は715条の使用者には該当しない旨を注意的に規定したものであるというのが，本条の立法趣旨であった（民法修正案理由書[2]）。しかし，その具体的な解釈をめぐり，特に715条との関連について，学説・判例は一致していない。

1　判例

判例は，請負の場合にも715条は適用され，注文者も使用者責任を負うが，716条によって免責の立証責任が転換され，注文者は715条の使用者の場合の無過失を立証しなくても免責される趣旨であると解しているもののようである（大判昭9・5・22民集13・784）。この見解は，716条を715条と同列に置くことになる。その結果，注文または指図と損害との間の相当因果関係は要件とならない（事実的因果関係は必要）と解する余地が生ずる（後述 **2** も参照）。注文または指図に関する過失は加害行為に関する過失ではないから，注文者にとっては自己の過失との相当因果関係を超えた損害についての責任を負うことになる。

2　学説

学説は，716条を715条の特則とは解していない。すなわち，注文者はその注文ないし指図と損害との間に相当因果関係があれば，不法行為の一般原則に従って損害賠償責任を負う（709条）のであるから716条は注意規定であり，過失責任主義に鑑みて余りにも当然のことであり，ほとんど無意味であると解している（我妻166頁，加藤170頁等）。

2　責任の内容

請負契約における注文者と請負人の関係において，請負人が第三者に加えた損害については，原則として，注文者は責任を負わないものとされている

---

[2] 「注文者ハ請負人ヲ選任シ之ヲ使用スルニアラズシテ，請負人ハ独立シテ一種ノ職業ヲ営ム者タルノミナラズ注文者ハ其仕事ヲ監督スルニアラズ」と述べている。

(716条本文）が，注文または指図について，注文者に過失があるときは，注文者の責任が生じることとされている（同条ただし書）。この規定（特に本文）は，前述の学説のように注意規定的性格のものと解しても，判例のように715条の特則と解しても，結論において差は生じないが，716条ただし書は，相当因果関係の範囲に関連して差を生じさせる場合がある。例えば，請負人の過失により建築中の建物が倒壊し，隣家の居住者に損害を与えた場合において，注文者が土木出張所から建物の補強工作を完備せよとの勧告があったにもかかわらず請負人にその工作をさせなかった等の事情のもとでは，同注文者に注文または指図について過失があったものと言えるとした判例がある（最判昭43・12・24民集22・13・3413）。

　前記学説の立場では，注文者の注文または指図と損害との間に相当因果関係が必要であるのに対し，大判昭和9年5月22日前掲によれば，この場合の注文または指図と損害との間には広義の因果関係が必要であるが，相当因果関係がなくてもよい（請負人の加害行為と損害との間の相当因果関係は必要であるが）と解する余地が残されている。最判昭和43年12月24日前掲の事案ではいずれの立場に立っても，注文者の責任を肯定することができる。[3]

[3) 密接して建物が存在する場所で建物の取り壊しと建築を請け負わせた者は，たとえ同人に建築工事についての専門的知識がなくても同工事が施行されれば隣接建物に被害を及ぼすことを容易に予測しうべかりしものというべきであるから，被害を及ぼさないような工事を講ずるよう請負人に対して命ずるべき等の注意義務があるとした判例もある（最判昭54・2・20判時926・56）。

第4節 共同不法行為者の責任

共同不法行為（719条）については，近時，719条と709条との関係，共同不法行為者の責任の法的性質および具体的責任の分担などについて議論が盛んである。本節では，まずこの点をめぐる学説・判例の動向について概観しておこう。

1 719条の意義

共同不法行為に関する719条は，条文上の規範内容が比較的簡単であるため，具体的解釈論において学説・判例も大いに対立している。まず，複数の不法行為者について709条を適用するだけではなぜ不十分であるのか，すなわち709条の他に719条が必要なのは何故か，が問われなければならない。

例えば，甲と乙とが共謀して丙の木造家屋に放火し，丙の家屋は焼失した。この場合に，719条によれば，甲と乙とは連帯して丙の全損害を賠償しなければならない（719条1項）。もし719条がなければ，丙は被った損害について甲の不法行為による損害と乙の不法行為による損害とを明らかにしてその賠償を請求しなければならない（709条）。丙の受けた損害は明らかであるが，甲の行為と相当因果関係を有する損害と乙の行為と相当因果関係を有する損害を別々に証明することは丙にとって極めて困難である。そこで，複数の者が関与する不法行為の場合に，何らかの方法で被害者の保護を図るために，719条が置かれていると解してよいが，同条各項の意味は必ずしも明確ではない。そのため，同条の解釈については鋭い対立が見られる。各条項に関する学説上の対立点の対応関係を示せば，次の通りである。

1 主観的または客観的関連共同性のある場合（同条1項前段）

客観的関連共同性があればよいとするのが従来の通説（客観的共同説）であったが，近時，719条の存在意義を強調する立場から主観的関連共同性を必要とすると解する説（主観的共同説）も有力である。主観的関連共同が成立する場合とは，共謀がある場合が典型であるが，共同行為者の行為を利用しようとする意思または自己の行為が利用されることを認容する意思を有する場

合を含むとしている。さらに，理論的には，教唆者や幇助者（同条2項）を含むと解すべきであり，過失（主観的要素）による加担者も含むとされている。この説に対しては，客観的共同説の側からの反論がなされている（特に近時の客観的共同説からの反論につき，後述264頁以下）。

2　加害者不明の場合（同条1項後段）

数人の行為者のうち誰の行為によって損害が生じたか不明の場合である。客観的共同説によれば，実際上は，客観的関連共同性があれば，同条1項前段が適用されるから，後段の適用が問題になるのは，甲と乙が2人でたばこを吸っていたところ，火の不始末で火事になったがいずれの火が原因であるか分からないというように，直接の加害行為ではなく，その前提となる集団行為について客観的関連共同性がある場合である（加藤211頁以下）。ただし，類型化を前提とした近時の客観的共同説（後述264頁）によれば，共同不法行為は関連性の強弱により二分され，弱い関連共同性のみが認定される場合には，1項後段が適用され責任の減免が問題になる（詳細は後述）。主観的関連共同説によれば，共同行為者の間に主観的関連共同性が存在しない場合（競合的不法行為）に後段の規定によって被害者の保護の機会を大きくするという意義がある。

なお，近時，後段の規定は行為者不明の場合だけでなく，行為者の寄与度が不明の場合にも適用されるとの見解が有力になりつつある。

3　教唆・幇助の場合（同条2項）

教唆・幇助行為は，客観的共同説によれば，不法行為自体と直ちに客観的関連共同に立つとは言えないが，その責任を重くするために共同行為者とみなされる場合であり，主観的共同説によれば，理論的には，同条1項の場合と区別する必要はないことになる。

4　広義の共同不法行為

主観的関連共同説に立つ説の中は，上記第1項前段・後段のいずれにも該当しない共同不法行為を広義の共同不法行為として扱う説がある（幾代＝徳本230頁以下）。この場合には，広義の共同不法行為の根拠を719条と709条とに求めている。客観的共同説に立てば，この類型は不要である。

② 共同不法行為に関する最近の学説・判例

すでに述べたところを基礎知識として，特に719条1項前段と後段との関連についての各学説について，もう一歩立ち入って説くことにしよう。ただし，あくまでも体系的理解に必要な限度に留めざるを得ない（本章末尾の第4節に関する参考文献参照）。

1 客観的共同説

(1) 従来の学説

(イ) 719条1項前段　客観的共同説においては，共同不法行為が成立するためには，甲および乙の行為による709条の要件の充足を理論的前提として，両者の間に客観的共同性があれば足りる。

従って，甲，乙双方について不法行為の要件（709条）を充足していなければならないが（我妻196頁，加藤207頁），因果関係については，「各人の行為と直接の加害行為との間に因果関係がありそこに共同性が認められれば，共同の行為という中間項を通すことによって，損害の発生との間に因果関係があるといってよい。」としている（加藤207頁）。

この説の場合には，各行為者の行為と被害者の全損害との間に通常の意味の相当因果関係が証明できない場合であっても，甲と乙の行為が客観的に関連共同した行為と認められ，かつ，その共同行為と損害との間に相当因果関係が認められれば，甲と乙とはそれぞれ被害者の全損害に対して賠償責任を負うことになる。例えば，中学生乙によりレール上に置石がされたために生じた電車の脱線転覆事故について，甲が，自らは置石行為をせず，また，置石をした乙と共同の認識ないし共謀がなくても，事故現場において事前に，乙を含めて仲間とその動機となった話合いをし，その直後に並行した他の軌道のレール上に石が置かれるのを現認し，事故の原因となった置石の存在を知ることができ，これによる脱線転覆事故の発生を予見することおよび置石の除去等事故回避の措置をとることが可能であった場合には，甲は，当該回

---

4) Xの家屋に接している甲所有地の崖の工事をAに実施させたところ，岩石の落下により崖下のXの家屋が損壊され，その後に乙がAに同じような工事を実施させたため，同様の落石によりXの家屋がますます損壊された。このような場合の後の落石について甲の共同責任が問題となりうるという。

避措置をとるべき義務を負い，これを尽くさなかったために生じた事故につき過失責任を免れない（最判昭62・1・22民集41・1・17）。

(ロ) **719条1項後段** この説では，1項後段の解釈について「加害者の挙証が困難で被害者が賠償を取ることができなくなるのを防ぐために，政策的に責任者の範囲を拡張したもの」と解している。例えば，3人が喫煙した際その吸いがらを消しとめなかったために発火した場合には，3人のうち誰がたばこの吸いがらを捨てたかわからなくても，3人が連帯して賠償責任を負う（朝高院判昭2・2・19評論16・民法304）。全損害との因果関係の不存在を挙証した者について減・免責を認めるか否かについては，かつての客観的共同説は，被害者の保護および共同行為者に対する戒めの意味から否定説に立っていたが，近時の学説は加害行為自体に共同性のないことを重視して免責を認めている（加藤211頁）。この説では後段の規定を個別的因果関係の推定規定と解することになろう。

(2) **判例**

判例も，意思の共通（共謀）もしくは「共通の認識」を要せず，単に客観的に権利侵害が共同でなされることをもって足りる，と解している（最判昭32・3・26民集11・3・543ほか）。ただし，各要件の解釈は柔軟になされている。例えば，加害者各自の行為と被害者の受けた損害との間に因果関係がなければならないが（大判大8・11・22民録25・2068），甲と乙とが共謀して丙を殺害しようとした場合において，実際には殺傷行為は甲のみが行ったときにも，その共謀と甲の殺傷行為との間に因果関係があり，そこに共同性が認められれば，損害の発生との間に因果関係があると解されている（大判昭9・10・15民集13・1874）。客観的関連共同が認められれば，甲の行為が故意に基づくものであり，乙の行為が過失に基づくものであってもよい（大判大2・4・26民録19・281ほか）。最近の判例は，これを次のように表現している。「共同行為者各自の行為が客観的に関連し共同して違法に損害を加えた場合において，各自の行為がそれぞれ独立に不法行為の要件を備えるときは，各自が違法な加害行為と相当因果関係にある損害についてその賠償の責に任ずるべきである」（最判昭43・4・23民集22・4・964[5]）と述べている。

(3) 客観的共同説に対する批判と反論

客観的共同説に対しては、後述のような理論面からの批判（後述、主観的共同説からは、709条以外に719条が存在する積極的理由が問われていた）の他に、客観説の内部においても効果（結果）の妥当性に関する批判もなされていた。

719条の積極的存在理由は、2つあると解してよい。すなわち、第1は、本条の立法趣旨であり、それは、個々の行為と損害との間の因果関係の立証の困難から被害者側を救済することである。そのためには不法行為者の主観的関連共同の有無を問わず、客観的関連共同があれば足りる。すなわち、客観的関連共同の存在を要件として、因果関係の立証を緩和する必要があるということである。

第2は、沿革的理由である。ボアソナードによる旧民法では共謀を要件としていたが、現行民法ではこの主観的要件が削除されたという沿革を尊重して、客観的要件のみで共同不法行為の成立をみとめるべきである。

さらに、内部での批判は、例えば、損害の発生に少ししか寄与していなかった共同不法行為者も全部責任を負うことは妥当でない、というものであった。これに対しては、各共同不法行為者は各人の行為の違法性に応じた範囲で連帯責任を負うべきであるとの主張がなされていた（川井・現代不法行為法研究202頁以下）。この点は、かつての客観的共同説の課題であり、それに対する一つの解答であったと言えよう。なお、この点は、客観的共同説の最近の理論的発展の過程（同条1項と2項の解釈論の枠組の変更を前提としている）において、特に同条1項後段の法的性格の理解をめぐって論じられており、後述のように、反証を挙げることによる減・免責を認めている（淡路・ジュリ981・66によれば減免責を認めることは近年の学説において一致している）。詳しくは、後述3参照。

(4) 最近の客観的共同説

同じく客観的共同説といっても、客観的共同性を絶対的要件とする従来の

---

5) 判例については、椿　寿夫「共同不法行為」総合判例研究叢書⑫104頁以下、川井　健「判例共同不法行為法」〔現代不法行為法研究199頁以下所収〕、前田・帰責論301頁以下等参照）。なお、最判昭和43年（前掲）については、狭義の共同不法行為の判例には該当しないとの批判がある（平井191頁）。

客観的共同説に対し、主観的共同と客観的共同とを併用する説があり、最近では後説が有力になりつつある（以下では「最近の客観的共同説」と呼ぶ）。この説は、共同不法行為の関連共同性の強弱による類型化を前提として「強い関連共同性」と「弱い関連共同性」という概念を719条1項の解釈と結び付けて主張している（「研究会・公害訴訟」における澤井発言、牛山　積・公害裁判の展開と法理論108頁以下参照、特に淡路剛久・公害賠償の理論129頁によって体系的に展開されている）。「強い関連共同性」とは、緊密な関連共同性ともいうが、「共同行為者各自に連帯して損害賠償義務を負わせるのが妥当であると認められる程度の社会的にみて一体性を有すること」と解され、「弱い関連共同性」とは、加害行為の一部に参加していることと解されている。淡路説によれば、「強い関連共同性」が認定されるときは同条1項「前段」が適用され、各人の行為と全損害との間の因果関係が存在するものとみなされる（反証をあげることは許されない）。「弱い関連共同性」が認定されるだけの場合には、同条1項「後段」が適用されるが、この場合には、因果関係は推定されるに過ぎないから、反証を挙げて個別的因果関係の不存在を立証することが許される。

2　主観的共同説

(1)　719条1項前段

　通説・判例であった客観的共同説に対して、主観的共同説は、何故各人がその行為と相当因果関係のない損害についてまで責任を負わされるのかという点について説得力のある理論的説明がないと批判し、それは共謀その他の主観的な関連共同によって説明すべきであると主張する（前田180頁以下）。特に、客観的共同説が、共同不法行為者は709条の要件を充足していなければならないと主張する点について、それでは709条によっても同様の結論を導くことができることになり、719条の独自の意味がなくなると批判している。この説の前提には、近代社会における不法行為責任の根拠は原則として各市民の意思に基づく行為に求めるべきであるとの近代私法理論が存在する。719条において709条責任の枠を超えて責任を負わせるためには、行為者に帰責根拠としての意思が働かなければならない（主観的要素）。これは共謀だけを意味するのではなく、各自が「他人の行為を利用し、他方、自己の

行為が他人に利用されるのを認容する意思を持つこと」を含むとしている。このような主観的関連共同には，①故意ある共同不法行為，②過失ある共同不法行為，③一方のみが権利侵害を目指している片面的共同不法行為（この場合には共同不法行為の不成立の余地がある）の３つの類型がある（ここでは，前田説を中心にして述べたが，幾代＝徳本 225 頁以下，平井宜雄「共同不法行為に関する一考察」民法学の現代的課題 289 頁以下所収，森島昭夫「四日市判決における共同不法行為」ジュリ臨時増刊 50 頁など近時有力に主張されている。なお，森島 99 頁以下も参照）。[6]

この説においても，前段が適用される場合には責任の減免を認めない。

(2) 719 条 1 項後段

加害者不明の場合の共同不法行為に関する 719 条 1 項後段は，各加害行為と損害との因果関係に関する挙証の困難を救うために因果関係を推定したものであると解している（前田 191 頁）。従って，この説においても反証を挙げて責任の減免を主張することが許される。なお，この規定は，行為者不明の場合のほか損害に対する寄与度が不明の場合と，いわゆる広義の共同不法行為の場合にも適用があると解されている。

3　学説における対立点の現状・まとめ

(1) 主観的関連共同説からの批判に対する反論

主観的共同説からの「客観的共同説に立ったのでは 719 条の独自の意味がなくなる」という批判点について，最近の客観的共同説は，共同行為を構成する個々の行為が不法行為の要件を満たすということが強調され過ぎているために生じる批判である，とする。不法行為の要件は共同行為と損害との関

---

6)　**平井説の 3 類型**　①意思的関与が存在する場合（主観的関連共同性のある場合），これには共謀の場合，共同行為の認識がある場合，教唆・幇助の場合が含まれる。②意思的関与が存在しない場合（関連共同不法行為），この類型では，各人の加害行為が社会観念上「一体」をなすと認められるべき程度にまで相関しており，かつその一体的行為と損害との間の事実的因果関係が認められることが必要である。③各行為がそれによる損害に対して 709 条の要件を満たすが，前述のような一体性がないので減免責が許される場合，これは共同不法行為とは区別して競合的不法行為と呼んでいる。通説・判例では，この類型をも共同不法行為に含めていたが，それは，通説が共同不法行為においても各人が独立に不法行為の要件を満たすことを要求していたことによる，と主張している。（平井 193 頁以下，なお，③類型の扱いについては，本書次項 3 (1)参照）。

係の枠組みにおいて判断されるべきものであるから，例えば，因果関係についても個々の行為との因果関係ではなく共同行為との間の因果関係の存否が問われるべきなのであり，その意味でも共同不法行為は特殊な不法行為の類型である。その根拠が719条なのであるから，同条はそのような特殊な不法行為の不可欠な根拠として独自の意味を有していると反論している。

(2) 結論上の差異

　このような反論を前提として，共同行為者間において主観的関連共同性が認定できなくても，強い関連共同が認定できる場合であれば，719条1項前段を適用することができるというのが，最近の客観的共同説であるから，主観説と客観説との差は，主観的関連共同性を認定できないが強い関連共同性を認定できる場合に生じることになる。しかし，主観的共同説においても各行為者が共同行為によって損害を発生させているということについて予見または予見可能性（言わば横を意識した縦の主観的要素）があれば1項前段の要件を満たすと解するのであれば，両説の差は実際には大きいものではない。

　もちろん両説の差異は共同不法行為の一般論の次元においては依然として基本的意義を有しているが，共同不法行為の類型化を前提とする場合には，両説の差はほとんどなくなるとの指摘もなされている（森島105頁）。たしかに，近時の客観的共同説には関連共同の判断要素として主観的要素が取り込まれているし，主観的共同説における意思の要素も結局は客観的諸事情から認定することを考えれば，両説の間に於ける理論的差異が結果的に大きなものとして現れることは少ないであろう。西淀川大気汚染訴訟判決が客観的共同説に立ったうえで，原告企業に関する主観的要素を援用しつつ強い関連共

---

7)　本来は弱い関連共同性しかない被告企業10社の間においても，遅くとも昭和45年以降においては，719条1項前段に定める共同不法行為が成立するとし，その理由として次のように述べた。①「公害に対する公的規制の拡充強化に伴い……各企業の活動が，公害環境問題の面では互いに関連していることが認識されてくるし，また認識すべきである。」，②「西淀川区大気汚染緊急対策策定に至る経過の中で，いわゆる大企業である被告企業らは各企業の活動が，公害環境問題の面では互いに強く関連していることを自覚し，または自覚すべきであった。」，③「被告企業の工場・事務所から排出される汚染物質が合体して西淀川区を汚染し，原告らに健康被害をもたらしたことを認識し，または認識すべきであったということができる。」これら3点のすべてについての「認識」または「自覚」を通じて「強い関連共同性」が認定されるという構成をとっている（田山「西淀川大気汚染訴訟第一審判決」判時1406号132頁以下参照）。

同性を認定したのも、この問題を考える上で恰好の素材を提供している。

(3) まとめ

このように各説を検討してみると、最近の客観的共同説が最も難点の少ない学説であるように思われる。また、最近の不法行為の中で最も重要な意義を有するものの1つである公害事件について妥当な結論を導きうることを考え、さらに判例が基本的には客観的共同説に立っていることも合わせて考慮するならば、この説を支持するのが妥当であろう。

③ 共同不法行為の要件

以上の諸学説に対する一定の評価(最近の客観的共同説の支持)を前提として共同不法行為の要件を整理しておこう。

1 各自の行為の独立性

各自の不法行為が独立の行為として評価できることが必要である。

2 不法行為の一般的成立要件

各自の行為について、因果関係を除いて709条の要件を充足していることが必要である。さらに、各人の行為と直接の加害行為との間に因果関係があり、そこに共同性が認められれば、共同の行為という中間項を通すことによって、損害の発生との間に因果関係があるといってよい。

3 無過失行為の混合

共同行為者中の1人の行為について無過失責任が成立する場合であってもよい。719条を709条との関連を重視して理解するのであれば、無過失行為には719条の適用をすべきではないということになろう（前田184頁）。しかし、現代のように無過失責任を定めた法律が多くなっている社会において共同不法行為の成立を排除してしまうと、719条の役割を極めて限定したものにしてしまうであろう。

法典の論理構造からみても、ほとんど無過失責任規定と解されている717条の後に、それらを前提として共同不法行為に関する719条が配置されているのであるから、無過失行為を含めて共同不法行為を想定することは決して無理なことではない。論理的にみても過失行為と無過失行為との客観的共同性を認めることは可能である。

4 関連共同性があること

関連共同性の要件の判断に際しては，基本的には客観的関連共同性が充足されればよいが，西淀川大気汚染判決のように，主観的関連共同性をも判断要素として取り入れて，関連共同性（強い関連共同性）を認定すべき場合がある。

(1) 主観的関連共同性

複数の者の行為が共謀に典型的に現れるような主観的関連共同性を有する場合には，共同不法行為責任を負うが，主観的関連共同性は要件ではない。共謀し共同の加害行為をも行った場合にはもちろんのこと，共謀に加わり，直接の加害行為には加わらなかった場合であっても，共謀と結果発生との間に相当因果関係が認められれば，共同不法行為責任を負う。

共謀はなくても，共同行為を行っているとの認識のもとにその共同行為を行った者は，その共同行為の結果について責任を負うべきである。

教唆者および幇助者についても，民法は共同不法行為責任を負わせている（719条2項）。

(2) 客観的関連共同性

共同不法行為の成立要件としては，主観的関連共同性がなくてもよい。客観的関連共同性があれば共同不法行為責任は成立する（最判昭32・3・26前掲）。

客観的関連共同性の概念は，学説上は，物理的一体性と社会観念上の一体性とに分けて説明されている（澤井334頁，平井196頁等）。

(イ) **物理的一体性**　その事件の性状から一体性を判断できる場合が多い。自動車相互の衝突によって第三者に損害を与えた場合がその典型である。

(ロ) **社会観念上の一体性**　この場合の一体性は，場所的および時間的近接性によって判断される。大気汚染型の公害の場合には，工場群の近接性もさることながら，排煙の混合と汚染を構成する量が問題であるとされている（澤井335頁）（具体的には，266頁注6）の学説と判例参照）。

(3) 強い関連共同性と弱い関連共同性

前述のように，客観的関連共同性を基本としつつ，主観・客観双方の関連性を総合的に考慮して関連共同性の強弱を判断すべきである（この点については，西淀川大気汚染訴訟第一審判決参照）。強い関連共同性とは，緊密な関連

共同性とも言われ，共同行為者各自に連帯して損害賠償義務を負わせるのが妥当であると認められる程度の社会的に見て一体性を有する行為の場合に認められ，弱い関連共同性とは，行為者が加害行為の一部に参加しているに過ぎない場合に認められる（具体的には264頁(4)以下参照）。

④ 共同不法行為の効果

1 賠償の範囲

共同不法行為者は各自連帯して損害を賠償しなければならない（719条1項前段）。各不法行為者は，その行為と相当因果関係の範囲内にある損害について賠償しなければならない。なお，複数の加害者の過失と被害者の過失が競合する1つの交通事故において，その交通事故の原因となったすべての過失の割合（絶対的過失割合）を認定できるときは，絶対的過失割合に基づく被害者の過失による過失相殺をした損害賠償額について，加害者らは連帯して共同不法行為に基づく賠償責任を負う（最判平15・7・11民集57・7・815）。

2 連帯責任の性質

719条にいう「連帯」とは，通常の連帯債務（432条以下）を意味するのか，それとも不真正連帯債務を意味するのかが問題となる。

(1) 連帯債務規定の適用の可否

「各自が連帯して」（719条）とは，民法上の連帯債務を意味するというのが旧判例と従来の学説の態度であった（大判大3・10・29民録20・834，谷口知平＝植林 弘・損害賠償法解説172頁以下等）。しかし，学説は共同不法行為における被害者（債権者）保護の趣旨から（主として，連帯債務における絶対効の有無の点での相違），しだいに不真正連帯債務と解する者が多くなった。不真正

---

8) ①交通事故と医療事故とが，いずれも死亡という不可分の結果を招来し，この結果について相当因果関係を有する関係にある場合には，同交通事故と医療事故とは本条所定の共同不法行為にあたるから，各不法行為者は損害の金額について連帯責任を負うべきであり，複数の不法行為が順次競合した共同不法行為においても別異に解する理由はないから，各不法行為者の結果発生に対する寄与の割合をもって被害者の被った損害の額を案分し各不法行為者の責任を限定することは許されない。②本件のような共同不法行為においても，過失相殺は，各不法行為の加害者と被害者の過失の割合に応じてすべきものであり，他の不法行為者との間における過失の割合を斟酌して過失相殺することは許されない（最判平13・3・13民集55・2・328）。

連帯債務の場合には，通常の連帯債務におけるような主観的共同関係を要件としないで全額の支払債務を発生させる点に意義と特徴があるからである。判例も，近時，不真正連帯債務と解するに至った（最判昭57・3・4判時1042・87は434条の適用を否定し，最判平6・11・24判時1514・82は437条の適用を否定する，我妻192頁，加藤206頁以下ほか）。なお，1つの交通事故について甲および乙が連帯して丙に対して損害賠償責任を負う場合において，この損害賠償責任についてのみ過失相殺がされて両者の賠償すべき額が異なるときは，甲がした填補の額は丙の本来の損害額から控除すべきであって，控除後の残損害額が乙の賠償すべき損害額を下回らない限り，乙の賠償すべき額に影響しないものと解するのが相当である（最判平11・1・29判時1675・85）。

(2) 損失分担基準と求償

不真正連帯債務自体から一定の損失分担基準を導き出せるか否かは別として，その1人が損害賠償義務を履行した場合には，不真正連帯関係に立っている者相互の関係（例えば，使用者責任における使用者Ｘと被用者Ｙの関係）により，他の債務者に対して求償することができると解されている（我妻栄・新訂債権総論213頁，加藤212頁など）。このように解しないと，不真正連帯債務の場合には，債務者の1人の弁済により他の債務者についても債務消滅の効果は生じるから，求償関係を生じないとすれば，早く賠償義務を履行した者が損失を全部負担することになってしまうからである。その結果，誰もが先に弁済することを躊躇してしまうであろう。このことは被害者の迅速な救済を困難にし，複数関与者間に於ける利害の衡平な調整をはかることを困難にすることになる。もっとも，上の例においてＸとＡとの関係（使用者・被用者の関係）だけで考察するのであれば，Ｘが先に賠償義務を履行し，それが最終的責任となってもよい，との判断はありうる。しかし，これは，使用者責任が生じるような場合だから妥当するのであって，不真正連帯債務と呼ばれている関係一般に妥当することではない。

また，求償を認めると損害の分散が生じ，これが不法行為の抑止機能(その意義につき，森島451頁参照)を減少させるという心配も，これを認めることによるメリットに比べれば取るに足らないものであろう。さらに，求償権の行使を認めないことは，被害者に損害賠償の最終的負担者を決定させてしまう

ことを意味するが，一般的にはその必要はないし，むしろ不当な結果を導くことになろう（青野博之「不法行為における複数関与者間の求償権」法律時報60巻5号40頁）。

もっとも，連帯債務を否定する学説には，不真正連帯債務という法的枠組みを用いないで，絶対効の生じる場合を極端に制限していく学説[9]も有力である（効果の点では不真正連帯債務説と近似する）。

ただし，不真正連帯債務となることを認めて全部責任を前提にする多数説にあっても，それは通常事情を前提とする損害について言えるのであって，特別事情（416条）に基づく損害についてはその予見可能性のあった者だけが責任を負うとの見解（加藤（一）212頁）もある。この説によれば，特別事情による損害に関する求償額は結果的に制限されるから，実際の結論において連帯債務性を否定する学説との間において大きな差は生じないであろう。

(3) 請求権競合との関係

通常の連帯債務は，債務者間において実体（主観的共同関係）を伴っているが，不真正連帯債務の場合はそうではない。そこに他の法律関係が存在していることはあるが，不真正連帯債務を生じさせることを目的とした関係ではない。例えば，Aがある動産をBに寄託していたところ，第三者Cが同動産を損傷してしまったとしよう。この場合にBに善管注意義務違反があったとすれば，AはCに対して不法行為に基づく損害賠償の請求ができると同時に，Bに対しては寄託契約上の債務不履行を理由とする損害賠償の請求ができる。この場合のBとCの損害賠償義務は不真正連帯債務の関係にあると解されている。しかし，この場合において，仮に，Bが自分の過失で損傷して

---

[9] この説（森島125頁以下）によると，絶対効については次のようになる。まず，弁済・代物弁済・供託については絶対効を認める。請求については，原則として絶対効は生じないが，極めて強い主観的共同関係があるときは，434条（絶対効）を適用する（判例は不適用）。免除については，絶対的免除と相対的免除（特定の債務者との関係においてのみ免除する）に分け，前者については437条（免除の絶対効）を適用してよいが，後者については適用すべきでないとする。時効については絶対効は生じないとする。ただし，A・BのCに対する共同不法行為の場合において，CのAに対する損害賠償債権について消滅時効が成立したが，時効が成立していないBが全額をCに支払ったときは，BのAに対する求償権を認める（CのAに対する請求権が消滅しても，それだけでは未だ発生していないBのAに対する求償権の消滅時効は進行しないと解するようである）。

しまったのであれば，AのBに対する不法行為と債務不履行に基づく損害賠償請求権が競合しているにすぎない。

このように同一の法主体が同時に複数の法律要件を充足すると請求権競合の問題となるが，別個の法主体が複数の法律要件を充足すると不真正連帯債務を発生させることになる。この点からも真正連帯債務との相違点を看取することができる。

(4) 共同不法行為者と求償関係

共同不法行為者の1人甲と被害者丙との間で成立した訴訟上の和解により，甲が丙の請求額の一部につき和解金を支払うとともに，丙が甲に対して残債務を免除した場合において，他の共同不法行為者乙に対しても残債務の免除の効力が及ぶときは，甲の乙に対する求償金額は，確定した損害額である当該訴訟上の和解における甲の支払額を基準とし，双方の責任割合に従いその負担部分を定めて，これを算定すべきである（最判平10・9・10民集52・6・1494）。

5 共同不法行為と使用者責任

複数債務者が債権者に対してそれぞれ損害の全額について債務を負担している場合には，債務者の1人が請求を受けると内部的には実質的負担割合がある場合でも，当該債務者が全額を支払わなければならない。その結果，自己の負担割合を超えて支払った債務者は，他の債務者に求償することができなければ不公平である。ここでは，使用者責任（715条）に絡んだ事案における共同不法行為者間の求償をめぐる問題点について詳細に検討してみたい。企業の従業員が関与した不法行為は，今後ますます多くなることが予想されるし，その場合には，単に使用者責任のみが問題になる事案は少なく，むしろ複数の企業に属する従業員が関与した共同不法行為が多くなると思われるからである。

1 問題点の整理

(1) 判例上の素材

この問題を考察するには，平成3年10月25日の最高裁判決（民集45・7・1173）[10]が最も適当な素材を提供してくれる（後述275頁以下の判例も参照）。

(2) 求償権をめぐる問題点の整理

通説に従えば，X会社とその被用者Aとの間には雇用関係があるから，求償権もそこから導き出されるべきであるが，それによって負担割合が自動的に決定されるわけではない。直接の不法行為者はAであり，XはAの代位責任を負うに過ぎないと解するのであれば，XとAとの間においては，過失割合は0対10となり，賠償責任を果したXは全額をAに求償できることになる。しかし，前述のような使用者責任の根拠から考えても，このような結論は不当である。この点について，判例は「事業の性格，規模，施設の状況，被用者の業務の内容，労働条件，勤務態度，加害行為の態様，加害行為の予防若しくは損失の分散についての使用者の配慮の程度その他諸般の事情に照らし，損害の公平な分担という見地から信義則上相当と認められる限度において」（最判昭51・7・8民集30・7・689）求償できると解している。判例は，715条の使用者責任は基本的には代位責任と解しつつも，使用者の自己責任としての要素をも認めていると解してよいであろう。

これを前提とした上で，同一事件において使用者を含む複数の損害賠償義務者が問題となる場合が生じ，それらが共同不法行為の関係に立つことがありうる。近時，判例においてこのような事件が多く見られる。

---

10) やや長いが以下に事実関係を引用しておこう。各問題点ごとにまとめれば，次のようになる。

(イ) 事故の態様　本件事故は，集じんダクト配管工事現場においてクレーン車(以下，本件車両)で鋼管をつり上げて移動中，鋼管が均衡を失して着地し，ワイヤーロープから抜け落ちて倒れ，近くで作業中のTの背面に激突して生じたものである。

(ロ) 使用者責任の前提　事故は，本件車両を運転していたA及び鋼管をつり上げるための玉掛け作業を行っていたBの過失に原因するものであるから，A及びBはTに対して709条による損害賠償責任がある。

(ハ) Yの使用者責任　Y会社は訴外会社から請け負った前記集じんダクト配管工事を行うため，X会社から本件車両を賃借し，また，これを運転していたAを指揮監督するほか，Yから当該工事を下請けしたZ会社の代表者として前記玉掛け作業を行っていたBを指揮監督していた者であるから，本件車両の運行供用者として，かつA及びBの使用者として，Tに対して自動車損害賠償保障法3条および民法715条1項による損害賠償責任がある。

(ニ) Xの使用者責任　XはYに本件車両を賃貸し，またその運転手として作業員のAを派遣していた者であるから，本件車両の運行供用者として，かつAの使用者としてTに対して自賠法3条および民法715条1項による損害賠償責任がある。

(ホ) Z会社の責任　Z会社はその代表者であるBが同会社の職務を行うについて引き起こした本件事故につき，Tに対して会社法429条，600条または民法旧44条1項（一般法人78条，198条）による損害賠償責任がある。

2 715条をめぐる求償関係とその類型化

(1) 715条の適用と求償関係

　求償関係は，判例においてもすでに，①上に述べた使用者と被用者との間において（最判昭51・7・8民集30・7・689），②被用者と共同不法行為の関係に立つ第三者と使用者との間において（最判昭41・11・18民集20・9・1886，最判昭63・7・1民集42・6・451），問題とされてきたが，③平成3年の最高裁判決においては，共同不法行為関係に立つ複数の被用者のそれぞれの使用者相互間での求償の可否が問題とされている。

(2) 最判昭和41年判決の先例的意義

　この判決における当事者を，平成3年事件の当事者に用いている記号で表示するならば，Aが運転するX所有のタクシーとBが運転する自動車とが衝突して，タクシーの乗客Tが負傷したので，その全損害（約10万円）をXが賠償した，という事案であった。XはAの過失は軽微であるからBが全額負担すべきであるとして賠償全額を求償した。原審判決はBとAとの過失割合を8対2と認定した上で，Bに対する約8万円の求償を認めた。

　ここにおいてもすでに，X，A，Bは並列的には捉えられておらず，責任の本質的割合はAとBとの間において決定され，Aの使用者Xはその代位的責任を負うと解されている（内部関係において問題にされているわけではないが，少なくとも直接の加害者である被用者Aと直接の加害者として共同不法行為者の関係に立つ者Bとの関係においては，XはAの代位責任を負うとされている）。

　これに対して，Bは，「BとAは共同不法行為者の関係にあるが，BとXとは共同不法行為者の関係にない。したがって，BとXとの間に連帯債務関係は発生せず，XがTの蒙った全損害を賠償しても，Bに対して求償しうるものではない。Xの求償権を肯定した原判決には，民法719条の解釈を誤った違法がある」として上告した。

　最高裁は，「X，B，AはTに対して，各自，Tが蒙った全損害を賠償する義務を負うものというべきであり，また，右債務の弁済をしたXはBに対し，BとAとの過失の割合にしたがって定められるべきBの負担部分について求償権を行使することができるものと解するのが相当である」と判示した。

　同判示の前段においては，X，B，Aがそれぞれ全額賠償義務を負うことが

明らかにされており（後述のように，連帯債務か不真正連帯債務かは明らかではない），後段においては，前述の平成3年事件の最高裁判決と同様の理論構成（273頁以下）が示されていると解してよい。

　(イ)　**全額賠償義務**　　同判示の前段において，XもBもTに対して全損害を賠償すべき立場にあるということを認めているが，①それが共同不法行為（719条）であるが故に（同条の「連帯」に基づいて）そうであるのか，②単にX，B，Aが全額の賠償義務を負い，誰かが全額支払ったときは全員の債務が消滅する関係に立っているに過ぎないと解する（共同不法行為であることを前提とせず，かつこれを不真正連帯債務の最小限度の効力と解する）のかは明らかではない。

　①説に立っても，同条の「連帯」の意味を不真正連帯として理解するのであれば（近時の判例も同旨——最判昭57・3・4判時1042・87），①説と②説は極めて類似したものとなりうる。

　(ロ)　**代位責任**　　後段においては，Tが蒙った損害は究極的にはBとAが負担すべきものであることを前提として，使用者Xの責任をAの代位責任として捉えるべきことを明らかにしている。

　(ハ)　**負担割合**　　そして，A・Bの負担部分はそれぞれの過失割合に従って定められるべきであるとしているが，従来の判例は，「其分担ノ割合ニ差等ヲ立ツヘキ特別ノ事実存セサル限リハ平等ニ債務ヲ分担スヘキハ当然ノ事ナリトス」（大判大3・10・29前掲）としていたから（同趣旨の学説として，我妻・債権総論445頁，加藤212頁など），①判例の場合も，平成3年事件の場合も「差等ヲ立ツヘキ特別ノ事実」が存する事案に該当すると考えてよい。

　これに対して，負担部分の決定に当たっては，過失の程度のみならず，損害発生への加功度ないし原因力を基準とすべきであるとする説もある（原田和徳「自動車事故と共同不法行為」賠償法講座3　195頁）。確かに，共同不法行為には，過失と過失の組み合わせの場合のみならず，故意と過失の場合，故意と故意の場合もあり，さらには使用者責任のような縦系列の場合（常に共同不法行為になるわけではないが）もある。従って，一般的基準としては，損害発生に対する加功度ないし原因力にその基準を求めるべきであるとの説が妥当であろう（安井桂之介「共同不法行為者間の求償」判タ632号38頁以下）。前掲昭和

41年最判は過失と過失の組み合わせの場合であったから，前述のような表現（過失割合）をとったものとも考えることができる。従って，上の安井説等は判例の見解と矛盾するとは思われないが，同事件の原審判決のように縦系列の共同不法行為（この場合には不真正連帯債務）の当事者までも含めた統一基準として機能させる（使用者にも独自の加功度を考える）意図であるならば，それは判例とは矛盾しうる見解ということになる。

(3) **最判昭和63年判決の先例的意義**

(イ) **争点** 平成3年の最判の事案の表記を用いて，この判決の事実関係および論点を示せば，A・Bの共同不法行為において，Aが全損害を被害者に支払った場合に，AはBの負担部分の限度でBの使用者Yに求償することができるか，という点が問題になった事例である。

下級審判決（例えば，大阪高判昭60・6・28判タ568・77——63年最判の原審）は，共同不法行為者Aから他の共同不法行為者Bの使用者Yに対する求償権の行使がなされたのに対して，「求償の対象となりうる使用者の過失すなわち負担部分の認められない以上，使用者に対する求償権の行使を認めることは相当でない」と判示したため，結論と理論構成の両面について，学説から批判されていた（林田清明「使用者責任と共同不法行為が交錯する場合の求償」判タ613号91頁以下，なお，後藤巻則・同判例評釈・判タ624号74頁以下は，従来の下級審判決を詳細に分析している）。

(ロ) **判例の結論と意義** 最高裁判決は「被用者Bがその使用者Yの事業の執行につき第三者Aとの共同の不法行為により他人に損害を加えた場合において，右第三者Aが自己と被用者Bとの過失割合に従って定められるべき自己の負担部分を超えて被害者に賠償したときは，右第三者は，被用者Bの負担部分について使用者Yに求償することができるものと解するのが相当である」として破棄・自判した（最判昭63・7・1民集42・6・451）。

この問題については，すでに原審の大阪高裁判決に関連して，同判決のような求償権を否定する結論を回避し，Yに対する求償を認めるためには，その前提として，過失割合以外の負担部分の決定基準を用いるか，Bの負担部分を援用できるとするか，の2つの方法が理論的可能性として検討されるべきであるとされていた（林田・前掲論文92頁）。

この点で，前述の最高裁 63 年判決では，使用者は，その指揮監督する被用者と一体をなす者として，被用者と同じ内容の責任を負うべきであるとの考えの下に被用者の過失を援用することを認めたと解することができよう。

(4) **求償権行使の要件**（全額弁済の要否）

(イ) 真正連帯債務の場合に，債務者の 1 人が全債務額を弁済しない限り，一切求償することはできないと解する説は現在では見当たらない。しかし，自己の負担部分ないし額を超えて支払ったことを要するか，またはそれに満たない場合であってもよいかについては学説は分かれている。連帯債務一般については，連帯債務者の 1 人が負担部分以下の弁済をした場合でも，主観的関連を根拠として他の連帯債務者に求償することができると解するのが通説・判例であると解してよいが，共同不法行為における不真正連帯債務の場合においては，本来債務者間に主観的関連がないため，求償を認める根拠は，他に求めなければならない。

すなわち，各共同不法行為者は被害者に対して全部義務を負うが，債務者間に存在している別個の関係に基づいて本来の責任を分担すべきであるから，それを超えて賠償した場合にのみ他の債務者に対して求償することができると解されている（安井・前掲論文 41 頁）。最判昭和 63 年も結論において同旨である。共同不法行為者が全部責任を負っているのは被害者保護のためであるから，最終的には他の法律関係に基づいて分担することになるわけである。

(5) **複数被用者の各使用者相互間の求償**

この問題については，前述の平成 3 年 10 月 25 日の最高裁判決（前掲）を素材にして検討しておくことにする。

(イ) **求償の可否**　従来の判例理論によれば，A の使用者 X は，A の共同不法行為者 B との関係においても，損害賠償の履行後においては，求償権を行使することが認められているのであるから，B の使用者である Y に対しても求償権の行使が可能であると解することは論理的にみても妥当であると考えられる。前記判決は，まずこの点を確認したものである。

(ロ) **求償の範囲**　この問題は，使用者の賠償責任をいわゆる代位責任と解するか否かにより，理論構成が異なっている。同判決の原審は，この点に

つき，使用者と被用者（加害者）とを問わず，損害賠償義務を負う者全員の間で負担部分を定めるのが，求償問題を一気に解決するためにも相当であると解した。当該事故については，前記の通り，損害賠償責任を負う者は，直接の行為者 A，B と，その使用者 Y，X および B を代表者とする会社 Z であったので，負担割合を A につき 1 割，B と Z（B を代表者とする会社）とは連帯して 1 割，Y につき 3 割，X につき 3 割と認定した。これらのうち，自己の出捐の下にその負担部分を超えて損害賠償義務を履行した者（X）は，他の損害賠償義務者に求償することができるとした上で，X から Y への請求を同負担部分の限度で一部認容した（第 1 審と 2 審については民集 45 巻 7 号 1183 頁以下参照）。

確かに，このような方法によれば，求償関係を一挙に解決することはできる。「一挙に」とは言っても，最初に自己の負担割合を超えて弁済をした者が他の不真正連帯債務者全員に対して各負担割合の限度で求償権を行使することができる，という趣旨である。しかし，この考え方は，A とその使用者 X との関係，および B とその使用者 Y との関係をも対等な関係として把握するものであり，その場合に使用者の責任を代位責任と解していた従来の学説・判例の立場とは相容れないことになるのではないか，との疑問が生ずることになる。このような原審の立場は，最近主張されている逆求償（被用者に請求がなされて支払った場合に使用者に求償すること）を認める立場と結合し易いとも言われている。しかし，使用者から被用者への求償権の行使を制限した前掲最高裁判決（昭和 51・7・8）は逆求償を認めたものではないと解されており（島田・最判解民昭和 51 年度 275 頁は「未だ現実の問題となっていない」とする），その意味でも原審の判示は最高裁判例の流れに従ったものとはいえないであろう。

715 条に関する伝統的な代位責任論に従えば，本件では A，B，X，Y の 4 人の独自の責任が連帯して成立しているのではなく，本質的には，A と B の責任が共同不法行為として成立し（それが連帯関係に立ち），それぞれについて X と Y とが使用者として「連帯責任」を負っていることになる（最高裁判決によれば，使用者と被用者は同じ内容の責任を負う）。そうであるならば，責任の割合は，それぞれのグループについて，本質的には加害者 A，B の過失割合を

基準として定めるべきであるということになる。従って、まず、AとBとの過失割合に従って両者の負担部分を定め、その後にBの使用者としてのYの負担部分を確定すべきことになる。つまり、Xはその指揮監督する加害者（A）の過失割合に従って定められる負担部分を超えて損害を賠償したときは、その超える部分につき、他方の加害者Bの使用者Yに対して（も）Bの過失割合に従って定められる負担部分の限度で求償することができる。

3 加害者の複数の使用者間における各使用者の負担部分

1人の加害者に複数の使用者がいて使用者責任を負う場合にも、各使用者間の分担の公平を図るために賠償義務を履行した使用者には他の使用者に対する求償権が認められるべきである。平成3年事件の最高裁判決はこの点を初めて確認した上で、求償の前提としての使用者の責任割合は、「被用者である加害者の加害行為の態様及びこれと各使用者の事業の執行との関連性の程度、加害者に対する各使用者の指揮監督の強弱などを考慮して」定めるべきであるとしている。従って同判例理論からすれば、この点がAをめぐる2人の使用者について検討されるべきであった。すなわち、Aの負担部分を前提とした上で、それについてもXとYとの負担割合が前記の基準に従って決定されるべきであった。

しかし、原審はこの点でも、被用者と使用者とを区別せず、不真正連帯債務関係に立つ損害賠償義務者全員の間で負担部分を決定するという方法を採用して、求償問題を一挙に解決しようとしたのであった。しかし、最高裁はこの点でも原審の見解を採用せず、以下のように判示した。

4 加害者の複数の使用者間における求償権の成立範囲

(1) 求償範囲の決定

前述のような求償可能性を前提とした上で、まず前記の直接の加害者の過失割合に従って定められた負担部分を前提として、その使用者の1人が自己の負担額を超えて賠償をしたときは、その負担部分を超えた部分につき、他方の使用者に対してその負担部分の限度で求償することができる。従って、具体的には、Xが全損害を賠償した場合には、まずAとB（ZはBと連帯するとされている）との負担割合を決定して、Aの負担部分についてその使用者であるXとYとが前述3の基準に従って各負担割合を決定し、Xは自己の

負担割合を超えた部分についてYに求償することができる。その際，Yに対してはAの負担割合の一部（YはAの使用者でもあるから）とBの負担割合の双方について求償することができる。

YはXからの求償に応じた後に，AおよびBに求償することが可能であるが，それは，YとAおよびYとBとの内部関係であって，XがYに対して求償する際に考慮すべきことではない，と解されている。XA間，YB間では，それぞれ求償権の制限が問題となりうる。

(2) **横系列の求償と縦系列の求償**

不真正連帯債務の関係に立つ債務者が弁済して他の債務者に求償する場合の範囲については，本件のA・B間のようないわゆる横系列の場合と，A・X，A・Y，B・Y間のようないわゆる縦系列の場合とを区別すべきである。

横系列の場合には，仮にA・B・Cが不真正連帯債務を負担していてAが全額を支払った場合には，通常の連帯債務の場合と同様に，原則として負担割合は平等と解して（過失割合を平等と推定して），AはBとCに対してそれぞれ3分の1ずつを求償することができると解すべきだが，B・Cに使用者等の縦系列の不真正連帯債務者がいる場合には（例えば，Bの使用者Yがいるときは），B・Y間において最終的には負担割合があるとしても，Xからの求償に際してはその点は無視し，XはYにY側が負担すべき全額を求償することができると解すべきである（安井・前掲論文でも指摘されている）。

5 **第三者・被用者・使用者間の実質関係と求償関係**

被害者との関係においては，不真正連帯債務関係が成立するから，全額を請求された債務者の1人がそれに応じて履行することがある。その場合に，不真正連帯債務関係自体の内部関係というものは考えられないが，その債務者相互間には様々な法的関係が存在している。それを根拠にして相互の求償関係を肯定することができるか，が問題となる。これを説明するために次のような説がある。

(1) **帰責事由基準説**

共同不法行為者間には，客観的関連共同しかない場合であっても，債務者間においては帰責事由（AおよびBの過失）の大小を基準として負担基準を定めることが可能であるから，それを前提として求償関係を肯定することがで

きる。

(2) 賠償者の代位または代位弁済で説明する説

(イ) 賠償者の代位　Xは被害者Tへの賠償によって，Tに代位してYに求償できるのであろうか（後藤・前掲論文79頁）。賠償者の代位においては，賠償を受けた者のもとに物または権利が残存しうることが論理的前提であるが（そのことが実質的には賠償を受けた者にとっては不当利得となるから，法律上当然に権利の移転が生じる——422条），不真正連帯債務の場合には，そのような関係は生じていない（潮見佳男「求償関係における共同不法行為と使用者責任の交錯」ジュリ926号67頁以下）。複数の債務者中の1人が全債務を弁済すると，他の債務者の債務も消滅する。従って，賠償者の代位よりも，弁済者の代位に近い関係が生ずることとなる。

(ロ) 弁済者の代位　代位弁済の理論に従えば，Xが被害者Tに対して全損害を賠償すると，TがX以外の不真正連帯債務者に対して有していた損害賠償請求権はすべて消滅すべきはずであるが，代位が生じる範囲内において消滅せずに，Xに移転することとなる。しかし，弁済者の代位の制度は，弁済者が固有に取得する求償権を強化するために生じると解されているから，Xが他の者（YまたはA，B）に対して取得する求償権が前提とならざるをえないのではないかと考えられる。だとすれば，代位が生じることは認めるとしても，それによって求償権を説明することにはならないのではないだろうか。従って，この説によっても，前提としての求償権の存否（根拠）の問題は依然として残っている（後述6(2)(ハ)参照）。

求償関係が問題となる当事者間ごとに検討すべきである（後述6(2)参照）。

6　共同不法行為と使用者責任の交錯

使用者責任（715条）の場合には，使用者が独自に709条の要件を充足するとは限らないから，使用者は単に被用者の不法行為（709条）の代位責任を負うと解すべき場合も少なくない。複数の不法行為が成立する場合に常に共同不法行為が成立するわけではない，という点に留意しつつ，715条と719条の関係について検討してみよう。

(1) 715条と719条の関係——共同不法行為との関連

平成3年事件（278頁）のように，AとBとが共同でTに対して不法行為

第4節　共同不法行為者の責任　283

をした場合には，A・B間に共同不法行為が成立しうることは疑いないが（709条，719条），被用者Aと使用者Xとの間にも共同不法行為が成立し（715条，719条），同様にB・Y間にも共同不法行為（715条，719条）が成立すると言われることがある。

　(イ)　**使用者と被用者**　しかし，X（またはY）について709条の要件を充足していない限り，通常の場合にはAの709条による不法行為とXの715条による特別な不法行為（BとYについても同様）とが競合しているだけであるから，共同不法行為ではなく（前述の大阪高裁判決では，A・B・Yを共同不法行為者の関係に立つ，と言っているが），A・X（B・Y）間には単に不真正連帯債務関係(715条)が成立しているに過ぎないと解すべきである。これは，709条と715条の不法行為の競合である。

　(ロ)　**共同不法行為者と他の共同不法行為者の使用者**　X・B間とY・A間には，共同不法行為が成立するのであろうか。この場合についても，上に述べたと同様の理由により，不真正連帯債務関係を認めることはできるが，原則としてそれ以上に共同不法行為関係を認めうる関係にはないと解すべきである。

　(ハ)　**共同不法行為者の使用者相互間**　では，X・Y間には共同不法行為は成立するのであろうか。この場合にも，同様の理由によりこれらの者の間には不真正連帯債務関係は成立するが，原則として共同不法行為は成立しないと解すべきである。

　(ニ)　**まとめ**　719条の要件を充足する者を共同不法行為者と呼び，その他に715条等によって法定不真正連帯債務が発生することがあると解する立場によれば，上記(a)～(c)に挙げた者相互間においてはA・B間を除いて，通常，共同不法行為は成立しない。ただし，使用者についても709条の不法行為が成立することはありうるから，その場合には全員が対等の立場で共同不法行為者となる。

　しかし，現実には，使用者は上に述べた不真正連帯債務が生じるに過ぎない場合（不法行為の競合の場合）においても，共同不法行為者として不真正連帯債務を負うと表現されることがあるから注意が必要である。

(2) 求償関係肯定のための理論構成——まとめ

すでに論じた弁済者の代位（求償の根拠を説明できないから）以外に、さらに実質的な求償関係は、上記の者の間において生じるのであろうか。順次検討してみよう。

(イ) **現実の加害者相互の関係**　A⇒B、B⇒A 間の求償は、実質関係（帰責事由の割合や加功度等）に基づいて発生すると考えてよい。A の不法行為と B の不法行為とは、客観的関連共同の下で把握することができる関係にあり、被害者に対する関係においては全部責任を負うが(719条)、加害者である A・B 間においては実質関係に応じた負担をなすべきだからである。

(ロ) **共同不法行為者の使用者からその被用者へ**　X⇒A、Y⇒B 間の求償は、民法715条3項（雇用契約等の実質関係によると解するならば、同項は注意規定）に基づくと考えてよいが、代位責任思想を前提としつつも、同条の制度趣旨（報償責任の原則・危険責任の原則）との関連から、求償権の制限が問題になる点に特徴がある。

(ハ) **共同不法行為者の使用者から他の共同不法行為者へ**　X⇒B、Y⇒A 間の求償は、いずれにせよ X の A に対する求償が認められれば、A は B に対して求償するであろうから（しかも X の責任は A・B 間における A の負担割合を前提としている）、B の負担割合の限度で X の B に対する求償を認めることは、X⇒A⇒B（Y⇒B⇒A の場合も同様）の迂遠な方法を回避しうる点でむしろ合理的である（潮見・前掲論文67頁以下）。

(ニ) **逆求償の関係**　A⇒X、B⇒Y 間の求償は、いわゆる逆求償の問題（この点については244頁参照）であり、これ自体が、可否を含めて715条の立法趣旨との関連で論じられるべき重要問題である。この点については、前述したので、X から A への求償を制限することを認めること（例えば、最判昭51・7・8民集30・7・689）が必ずしも逆求償を認めることにはならないとされていることを指摘するに留めておく。

(ホ) **A⇒Y、B⇒X 間の求償関係**　B⇒Y、A⇒X の逆求償を肯定することを前提とし、X⇒Y、Y⇒X の求償を前提として、A⇒B⇒Y もしくは B⇒A⇒X の過程または A⇒X⇒Y もしくは B⇒Y⇒X の過程を省略して、求償できるか、という問題として検討すればよい（ただし、逆求償の問題が生じないよう

な理論構成については，255頁参照)。

(ヘ) **共同不法行為者の各使用者相互の関係**　X⇒Y間の求償はやや複雑になるが，X⇒A⇒Bという求償関係を認めた上で，Bの責任についてのYの使用者責任 (715条1項) の追及の方法として，XからYに対する直接の求償を認めるべきである。

(ト) **複数の使用者相互の関係**　共通の被用者Aの使用者X_1とX_2（本書の設例ではY）との間の求償については，さらに複雑にならざるをえない。B側との関連におけるX_1とX_2の負担割合については，A・B間の実質関係を基準とすべきであるが，それを前提とした上でX_1とX_2との間における責任割合の決定基準としては，X_1とX_2のAに対する指揮・監督等の要素を用いる以外にない。

第5節　個人的被害と企業損害

1　序

　X会社の従業員Aが，Yの不法行為により労働ができなくなり，Xはこれに関連して治療など相当な出費を余儀なくされたため損害を受けたという場合に，Aのみならず，XもYに対して直接にその賠償を請求できるであろうか。

　さらに，この場合とは異なり，Xは法人とは名ばかりの個人会社で，その実権はA個人に集中しているという場合において，加害者YのAに対する侵害によりX会社に営業上の損害が生じたときは，XはYに対して損害賠償を請求することができるか，が問題になる。例えば，個人商店を株式会社組織に改めて営業していたところ，その経営主（代表取締役）が交通事故で負傷したという場合には，事故により直接の被害（ケガによる損害と慰謝料等）を受けたのは個人であるが，その個人が会社の機関として活動できなかったことによる損害が会社にも発生している。

　このような場合には，当該個人に対する加害行為と同人の受傷による会社の逸失利益との間に相当因果関係が認められる限りは，形式上間接被害者である会社も損害賠償の請求をすることができると解すべきである（最判昭43・11・15民集22・12・2614）。

2　反射的損害（一般従業員の場合）

　この問題は，従業員の受けた損害との関連で使用者である企業が反射的に受ける損害について，直接加害者に対して賠償請求できるか，という問題として論じられている。これを肯定する場合には，被害者本人が受けた損害の因果関係の問題となるが，これを否定する立場においては，賠償者の代位（422条の類推），代償請求権（536条2項類推）または代位弁済（499条，500条）のいずれかの類推適用によって説明するのが一般である（好美清光・後掲論文など[11]）。

　AがYの不法行為により就労できず，その間にXが，労働協約，就業規則，

労働基準法等に基づいて義務的にAに対して一定の給付をした場合には，Xは，422条を類推適用してYに対して損害賠償の請求をすることができると解するのが妥当であろう。

また，X会社が従業員Aに対して労働協約等において上記のような法的義務を負っていない場合においても，499条，500条さらには422条の趣旨を類推適用して，AのYに対する損害賠償請求権を代位取得すると解するのが妥当である（幾代＝徳本270頁）。

③ 企業の固有損害（中心的経営者等の場合）

企業Xの損害は，上に述べたようなものには限らず，従業員Aが就労できないために売上の減少をきたすような場合も考えられるので，このような損害をXの固有の損害として，Aに対する加害者Yに，賠償請求できるであろうか。判例は，経営主と会社との間に経済的一体関係がある場合に限って会社の損害賠償請求権を肯定している（最判昭43・11・15民集22・12・2614）。企業主が生命または財産を侵害されたため企業に従事することができなくなったことによって生ずる財産上の損害額は，特段の事情のない限り，企業収益中に占める企業主の個人的寄与に基づく収益部分の割合によって算定されるべきである（最判昭43・8・2民集22・8・1525）。

一般論としては，企業の従業員に対する労務請求権の侵害としての損害賠償請求権は認められていない。このような損害も純理論的には賠償請求の可能性があるが，学説は制限的に考えている。その理由は，①これを肯定すれば，一般的に「間接損害」（後続損害ともいう，131頁参照）についてもバランス上肯定せざるを得なくなる。②この種の間接損害は企業の有する債権に対する侵害となるが，このような債権侵害は一般的に制限的にのみ認められている。③企業の従業員に対する債権は本来その程度に不安定なものであるから，その安定を確保するには，企業として保険制度等を利用すべきである。

---

11) 好美清光「間接被害者の賠償請求」判タ282号24頁，徳本伸一「間接被害者の損害」賠償法講座7 298頁など

第6節　土地工作物の設置・管理上の瑕疵による責任

1　責任の意義

　土地の工作物の設置または保存に瑕疵があったときは，その瑕疵から生じた損害についてその工作物の占有者または所有者は無過失的責任を負う。709条の要件を満たすような場合については，同条の責任追及はもちろん可能であるが，717条は，土地工作物の設置または保存の瑕疵のみを要件として，故意または過失を要件とせずに，不法行為責任を認めている点で，無過失責任に近い特別な不法行為責任である。ただし，「瑕疵」を過失（それ自体主観的なもの）の客観化したものと解するときは，その限りで過失責任との連続性が残っていると解することは可能である。

　この特殊な責任は，竹木の栽植または支持に瑕疵がある場合にも準用される（717条2項）。

(1)　責任の性質

　717条に基づく責任が厳しい（無過失責任に近い）ものとなっている理由は，危険物保有者の責任として説明するのが一般であるが，土地工作物は企業の生産手段として存在している場合も多いから，補充的に報償責任原理も加えて理解すべきである（澤井305頁）。また，同条に基づく責任は，理論構成上は，行為に基づく責任ではなく，占有者または所有者としての法的地位に基づく責任として構成されている。従って，行為と損害との間の因果関係は問題にならず，それに代わって瑕疵と損害との間の相当因果関係が必要となる点に特徴がある。

(2)　占有者の責任

　土地工作物の占有者に損害賠償責任が課されている趣旨は，占有者が目的物を管理ないし支配しており，瑕疵による危険の発生を防止しうる地位にあるからである。717条1項ただし書によれば，損害の発生を防止するために必要な注意を払ったときは占有者は免責されるから，過失責任と無過失責任との中間責任である。

(3) 所有者の責任

所有者については，上のような免責は認められないから，無過失責任であると解されている。ただし，前述のように，瑕疵を過失の客観化と解するならば，その限りで完全な無過失責任ではない。また，瑕疵を規範的概念（例えば，安全基準違反）として取り扱わざるをえない以上（後述**2**2），安全性との関連で，義務違反類似の判断が必要となる。

2 要件

1 土地の工作物

(1) 人工的要素

土地の工作物とは，土地と結合した人工的なものであることを要するが，建物，石垣，鉄塔，トンネル，橋，道路，池等の他，単なる工事現場に水が溜まったような場合でも，工作物となりうる。河川のような土地と結合したものであって，かつ，天然物である場合にも，一定の設備を施すべきところそれを保有（管理）者が怠っていたというような場合には，土地工作物責任が発生しうると解すべきである。その意味では「土地工作物」も規範的概念である。堤防を有する河川も土地工作物であるが，その改修と洪水等の損害の発生との関係については，通常は国家賠償法（同法2条）に基づいて議論されている（最判昭59・1・26民集38・2・53——大東水害訴訟）。

(2) 土地への定着性

大審院は，工場内の機械について土地への定着性がないことを理由として土地工作物性を否定したが（大判大元・12・6民録18・1022），市立小学校の遊動円棒の保全につき相当の注意が欠けていたため，児童が死亡したときは，市に損害賠償責任があるとし（大判大5・6・1民録22・1088），炭坑の坑口付近に設置された捲上機の一部をなし，炭車を坑口に巻き上げるために使用されるワイヤロープは，717条にいわゆる「土地の工作物」に該当する（最判昭37・4・26民集16・4・975）としている。工場に関連する機械設備の例として，液化石油ガス消費設備の導管が一部地中を通り，建物に金具で固定されている場合には，ガスボンベを含むその設備を一体として土地工作物と解すべきであり，当該導管に接続する高圧ゴムホースもその一部分を成すものとした

判例がある（最判平2・11・6判時407・67）。

2　設置・保存の瑕疵

瑕疵とは，工作物がその用途に応じて通常有すべき安全性を欠くことである。安全設備が講じられていなかったために危険な状態が生じている場合を含む。瑕疵という表現をとっているが，損害防止義務違反と解することもできる。

(1) 認定例

この問題を考える上で踏切道の保安設備に関する最高裁判決（最判昭46・4・23民集25・3・351）は恰好な素材を提供している。踏切道は必要な保安のための施設が設けられてはじめてその機能を果たすことができるのであるから，土地工作物としての踏切道の軌道施設は，保安設備と併せ一体として考察すべきものであるとして，警手の手配もなく遮断機や警報機等の保安設備を欠く踏切道には設置上の瑕疵があると判示した。上記判決では，①見通しの良否，②交通量と列車回数等の具体的状況を基礎として，列車運行の確保と道路交通の安全性とを調整すべきであるとしている。ここでいう安全性が「あるべき安全性」であるならば，瑕疵の存否の判断は限りなく過失の判断に接近する。なお，この場合には，工作物について，接近する者の過誤に耐えうる安全性が要求されると解されている（澤井310頁など）。

他の例としては，高圧電柱に危険を引き起こす恐れのある状態（電柱が一部腐り，腕木も傾いて，電柱との接触で引火しやすい状態）が生じたのに，電気会社がこれを除去する方法を講じない場合には「瑕疵」があるとしたもの（大判昭8・5・16民集12・1178），高圧線のゴム被覆の古損による感電事故の場合に，ゴム被覆がなくても当時の取締規定に違反せず，また終戦後の物資の乏しい時代であり全部の修補が困難であるとしても，なお事故現場の電線の修理が不可能でない限り，電力会社の免責は認められない（最判昭37・11・8民集16・11・2216）とした例がある。

炭鉱内の落盤事故の発生した場所は，荷負または支柱を入れれば落盤を防止しうるのに，枠の設置がなくまた荷負，支柱も手抜きをしていた場合には，「瑕疵」があるとしたもの（大判昭18・4・15法学12・786）等がある。

(2) **否定例**

　本条の定める土地の工作物の占有者等の損害賠償責任を認めるためには，工作物に損害の発生と相当因果関係のある設置または保存の瑕疵がなければならないから，7階建てマンションの設置によりビル風等の被害がいまだに現実に発生していないにもかかわらず，将来被害を生ずるおそれがあるとして，隣接する平家の所有者がその予防のための工事を施したとしても，その工事を施さざるをえない特段の事情のない限り，その工事のために費用を出捐したことをもって［瑕疵による］損害が発生したということはできない（最判昭 59・12・21 判時 1145・46）としたものがある。

3　瑕疵と損害との因果関係

　仮に，土地工作物に瑕疵がなかったとしても，発生したであろう損害については，瑕疵と損害との因果関係を欠くから責任を負わないが，被害者の行為が近因をなした場合であっても，土地工作物の設置または保存の瑕疵によって生じた損害については賠償責任を負う。従って，電線の仮支持線が容易に取り外し可能の状態にあったため，被害者がこれを擅に取り外して誤って送電線に接触して死亡した場合においても，そのような仮支持線につき危険予防の処置をせず放置していたときは，その工作物の所有者または占有者には損害賠償責任があるとした判例がある（大判大 7・5・29 民録 24・935）。

　なお，壁面に石綿が吹き付けられた建物に長期間勤務していた者（被害者）が悪性胸膜中皮腫に罹患して自殺した場合において，同建物の所有者が 717 条 1 項ただし書の規定に基づく土地工作物責任を負うか否かは，当該建物が通常有すべき安全性を欠くと評価されるようになったのはいつの時点からであるかを証拠に基づいで確定した上で，その時点以降に被害者が当該建物の壁面に吹き付けられた石綿の扮じんにぼく露したことと被害者の悪性胸膜中皮腫の発症との間に相当因果関係を認めることができるか否かを審理して判断すべきであると解されている（最判平 25・7・12 判時 2200・63［差戻し］）。

4　免責事由のないこと

　占有者が損害の発生を防止するのに必要な注意をしたときは，免責される（717 条 1 項ただし書）。占有者と所有者について責任能力を必要とするかについては，前述（126 頁）参照。この点では「行為」が問題とされていない点に

注意する必要がある。

③ 効果
1 賠償責任の主体
損害賠償責任を負うのは，第1次的には占有者，第2次的には所有者である（717条1項）。

(1) 占有者
占有者とは，前述のように，土地工作物を事実上支配する者であり，物権法上の占有理論によって決定されると解してよい。ここでいう占有者には，占有機関は含まれない。直接占有者のみならず，間接占有者も含まれると解されている（最判昭31・12・18民集10・12・1559）。

占有者は物権法の理論に従って決定されるから，複数存在しうるし，占有者同士の間でも占有者の責任が問われることがある。このような場合には，直接占有者が第1次的責任を負うと解すべきである（幾代＝徳本170頁）。前述の最判平成2年11月6日の事案はそのような例である。[12]

(2) 所有者
所有者は，占有者が免責される場合，または同時に占有者でもある場合には，損害賠償の責任を負う（717条1項ただし書）。

所有者であることについて，登記が未了である場合についても，土地工作物責任を負うべきかは問題である。被害者との関係は取引関係ではないが責任追及の相手方を明確にする趣旨から，当該工作物の譲渡人と譲受人のいずれに対しても被害者は損害賠償を請求することができると解すべきである。判例は，工作物の所有者は，その設置または保存による瑕疵が前所有者の所

---

[12] Xは住居兼アトリエ（借家）の敷地内に作業場を設けて陶芸用の窯を設置し，継続的液化石油ガス供給契約に基づいて，Yからブタンガスの供給を受けていたところ，当該ガス消費施設の瑕疵により出火し，借家の大部分と作業場の一部を焼失し，Xも火傷を負った。当該ガス消費施設は，一体として土地工作物と評価しうるが，その占有者が問題となる。ガス施設は被害者Xの居住家屋に接着している物（設備）であるからXが占有者であると考えざるを得ないが，当事故との関係においては，この設備の保守，管理および操作をYが行うべき旨がX・Y間において合意されていた。このような場合には，当該施設に直接的・具体的な支配を及ぼしていたのはYであるとして，717条における「占有者」はYであるとされた（最判平2・11・6判時407・67）。

有していた際に生じた場合であっても，717条の責任を負う（大判昭3・6・7民集7・443）としている。

2　求償権

占有者・所有者は，損害の原因につきその責に任ずべき者（例えば，工作物を建設した請負人——638条参照）に対して求償することができる(717条3項)。ただし，この場合の被求償者の不法行為責任は通常の過失責任である。求償者と被求償者とは被害者との関係においては不真正連帯債務者であると解される（共同不法行為者ではない）。

3　竹木の栽植または支持の瑕疵

竹木の栽植または支持に瑕疵があった場合も，その占有者および所有者は土地工作物の場合と同様の責任を負う（717条2項）。

4　公の営造物の瑕疵についての国家賠償法上の責任

道路・河川その他の公の営造物の瑕疵により，損害が発生した場合には，国家賠償法が民法717条に優先して適用される（❷1(1)も参照）。717条による責任との相違点は，次の点にある。①土地への接着性が要件となっていないから，「営造物」は動産でもよい（東京高判昭29・9・25下民集5・9・1523）。②営造物の設置・管理者が責任主体であり（国賠2条），国・地方公共団体が単なる占有者であった場合でも，責任を強化する趣旨で，717条のような免責事由は規定されていない。③設置・管理の費用負担者も賠償責任を負っている（同法3条）。

第7節　動物占有者の責任

1　責任の意義

動物の占有者は，その動物が他人に加えた損害を賠償する責めに任ずる（718条1項本文）。動物の種類および性質に従って相当の注意をもって保管した場合には免責されるから（同項ただし書），無過失責任ではない。占有者に代わって動物を保管する者も同様の責任を負う（同項2項）。本来は，農耕用の牛馬のようなエネルギーとしての動物に関する危険責任の思想に基づくものである。しかし，現在では，犬などのペットによって引き起こされる損害が重要である。

2　要件

1　動物が他人に損害を加えたこと

動物とは，家畜に限らずその他の動物も含む。動物には，細菌やウイルス等も含まれる（前田170頁）。他人に対する損害には身体に対する損害のみならず，財産に対する損害も含む。荷馬車の馬が狂奔した結果，その車体の衝突により他人の物品を損傷した場合には，たとえ馬が車体から分離していたときでも，動物が加えた損害でないとはいえない（大判大10・12・15民録27・2169）とした例がある。

2　免責事由がないこと

動物の種類および性質に従って相当の注意をもってその保管をした場合には，責任を免れる[13]（718条1項ただし書，2項）。この点に関する立証責任は，

---

[13] **犬の保有者の責任が認められた事例**　①2頭の大型犬を引綱で連れて運動中にこれらを制御できず，通行人に怪我をさせた事例（最判昭37・2・1民集16・2・143），②犬のけい留を解くときは，犬が近くの道路に飛び出して，近接する原動機付自転車の高い排気音に驚いて右自転車に接触するというような事故が発生することまで予測して，飼主は，飼犬を管理すべきであるとした事例（最判昭56・11・5判時1024・49），③犬が近づいてきたために7歳の児童が自転車の操縦を誤り道路から転落して受傷した場合において，ダックスフントのような比較的小型の犬でも，犬が飼主の手を離れれば，犬に恐怖心を有する者等に影響を与え，このような事故が発生することは予想できないことではないとした事例（最判昭58・4・1判時1083・83）等において賠償責任を認めた判断はいずれも，正当である。

占有者・保管者が負担する。

3　動物の行動と損害との因果関係

因果関係に関する具体例については**2**注（13）参照。

なお，被害者の自招行為が問題となる。被害者が犬等に積極的に干渉さえしなければ，犬が噛みつくようなことはなかったのであれば，まず，過失相殺が問題となり，場合によっては占有者が免責されることもありうると解すべきである。

③　損害賠償義務者

1　占有者と保管者

損害賠償義務者は，動物の占有者（718条1項）（占有代理人がいる場合の本人は含まれない——判例は反対）と占有者に代わって動物を保管する者（同条2項）である。損害防止を最もよくなしうる立場にある者に重い責任を負わせる趣旨から，間接占有者（賃貸人，寄託者）や独立的地位を有しない占有機関（占有補助者）は，「保管者」にも含まれないと解すべきである。例えば，父所有の農耕馬を長男が父の農作物の収穫について使用した場合には，長男は占有補助者にすぎず，父が占有者として責任を負う（大判大4・5・1民録21・630）。これらの者に特に重い責任を課する理由はないからである。ただし，判例は，間接占有者については，「保管をさせた者」（＝占有者）に含める解釈をとり，かつ，動物の種類および性質に従い相当の注意を以てその保管者を選任・監督したことを立証したときは，免責されるとしている（最判昭40・9・24民集19・6・1668）。

2　求償

占有者と保管者の責任とが併存する場合に，占有者が賠償した場合には，保管者に求償することができると解されている。717条3項に対応する規定は存在しないが，当然に認められると解されている。

第8節　特別法上の不法行為責任

第1　失火責任

① 失火責任法の意義

　失火によって他人の財産を焼失させた者についても，通常の故意または過失に基づく損害賠償責任を課するとすれば，木造家屋の多いわが国ではその損害の範囲は意外に拡大することが予想される。また，火事は通常失火者自身の財産をも焼失させるものであるから，過失についても同情の余地のある場合が少なくない。そこで，特別法（明 32 年法 40）を以て，失火の場合には，重大な過失が無いかぎり（故意の場合は適用外），損害賠償責任を負わないものとした。失火ノ責任ニ関スル法律（明治 32 年法律 40 号）は，不法行為による損害賠償責任に関する例外規定である（大判明 45・3・23 民録 18・315）。

　同法は，失火により他人の権利を侵害しても，重大な過失に基づく場合でない限り，損害賠償義務を負わないという趣旨で，不法行為責任を軽減したものである。従って，隣人 C との関係では，主として重過失が問題となる。重過失とは，A が軽過失の前提としての善管注意義務を著しく怠ることと解するか，それとも，その善管注意義務よりも量的・質的にみて行うに容易な注意義務の違反と解すべきか，に分かれているが，前者が通説である。

② 適用範囲の限定
1　立法趣旨からの限定

　同法は，制定の趣旨から考えて，不法行為責任の免除を定めたものと解されている。失火により同時に債務不履行責任をも生じさせることがあるが，その責任は免除されない。この点を具体的に検討してみよう。例えば，借家人 A が失火によりその家屋を焼失し，併せて隣人 C の家屋をも類焼させたので，家主 B が，借家契約に基づく家屋返還義務の不能（債務不履行）を理由として，借家人に損害賠償を請求したとしよう。

　同法は，制定の趣旨から考えて，債務不履行には関係しないから，失火者

Aの行為が債務不履行の要件を充足する場合には，Aは債務不履行に基づく損害賠償責任を負う。従って，契約当事者であるA・B間ではAの債務不履行責任が問題となる（大連判明45・3・23民録18・315，最判昭30・3・25民集9・3・385）。

では，Cは不法行為に基づいてAに対して損害賠償を請求することができるだろうか。C・A間の法律関係は純粋に不法行為の関係であり，Aは重大な過失がない限り，失火責任法により免責されるから，CはAに対して損害賠償を請求することはできない。

2 土地工作物責任との関係

失火責任法は，失火者の不法行為責任を免除しているが，土地工作物の設置または保存に瑕疵があり，そのために失火した場合には，無過失的責任を定めている717条との関連が問題となる。717条と失火責任法の適用に関しては，それぞれの趣旨を生かしつつ，次のような説が主張されている。

(1) 択一的適用説

717条か失火責任法のいずれかを適用すべきであるとするが，さらに2つに分かれる。

㈲ **失火責任法優先説**　特別法である失火責任法のみが適用される。戦前の学説と明治期の古い判例にみられたが，717条の趣旨が生かされないことになるので，近時は支持者はみられない。

㈹ **工作物責任優先説**　失火者の責任を特別の規定によって加重する717条のみが適用される（広中・債権各論466頁等）。この説に対しては，延焼部分が大きい場合に失火者に酷であるとの批判があるが，その点については相当因果関係によって調整できるとの反論もある。

(2) 双方適用説

調整を図る観点から両方の適用を検討する説として，次のようなものがある。

㈲ **失火責任法はめ込み説**　717条に失火責任法をはめ込む考え方であり，工作物の設置・保存に重過失がある場合に責任を問うべきであるとする（大判昭7・4・11民集11・609，大判昭8・5・16民集12・1178）。この説に対しては，失火の場合につき，717条の責任を重過失責任にしてしまうとの批判がある。

㈡　**直接火災・延焼部分区別説**　　直接的な火災部分と延焼部分とを分け，前者については717条を適用し，後者については失火責任法を適用する（高木ほか・民法講義6・325頁〔石田　穣〕等）。この説に対しては，相当因果関係論を前提とすれば，両損害の区別の合理的理由はないとの批判がある。

㈢　**延焼部分失火責任法はめ込み説**　　前説を前提としつつ，延焼部分については，717条に失火責任法をはめ込み，工作物の設置・保存につき重過失がある場合にのみ責任を負うべきであるとする（幾代＝徳本187頁）。

㈣　**危険工作物・通常工作物区別説**　　石油タンク，電柱・電線等の危険な工作物については，717条を適用し，一般住宅等の場合には，失火責任法を適用すべきであるとの主張もある（前掲大審院判決はいずれも電柱・電線に関するものであり，重過失を認定している）（吉原・民法判例百選Ⅱ〔旧版〕211頁）。この説によれば，危険工作物については直接に717条の適用が可能であるが，対象グループの区別が容易でないとの批判がある。

(3)　**まとめ**

この問題を考えるにあたっては，失火責任法の現代的意義自体を最近の建物の状況等（不燃建築物の増加等）を考慮しながら再検討することが必要である。とすれば，(1)㈠は失火責任法の趣旨を重視しすぎであり，(1)㈡は逆に軽視しすぎである。そこで，最近の学説においては，適用上の調整が図れるので，(2)の㈡または㈢説が有力であると考えてよいだろう。

3　責任無能力者の監督者責任との関係

9歳と10歳の未成年者が，近所の子供の間で「お化け屋敷」と呼ばれていた荒れ放題の倉庫の中で火遊びをしているうちに，同倉庫が全焼した，というような事件が生じたとしよう。このような場合に714条と失火責任法との関係をどのように解したらよいであろうか。この点については次のような考え方がある。

(1)　**714条単純適用説**

失火責任法の適用を排除して，単に714条のみの適用を考える（川添）。

(2)　**失火責任法はめ込み説**

監督者の未成年者に対する監督につき重過失がある場合に責任を問うとする説（山口，上井）である（最判平7・1・24民集49・1・25）。

(3) 延焼部分失火責任法はめ込み説

直接火災の部分については714条を適用し，延焼部分については失火責任法をはめ込む。つまり，延焼部分に関してのみ監督義務者の監督に重過失がなかったかを問題にする（加藤(一)，四宮）。

(4) 責任無能力者要件説

責任無能力者の行為の態様（事理弁識能力を前提とし）につき重過失的なものがあれば，失火者に重過失があったものと解して714条が適用される結果，監督者に過失があれば責任を負うものと解する（幾代）。

(5) 相関関係説

直接火災部分については(3)説と同様に714条のみを適用し，延焼部分については責任無能力者の行為と監督義務者の義務違反を相関させて責任の有無を判断する（澤井）。

(6) まとめ

論理的な問題としては，基本的には前述の土地工作物責任の場合と同様に考えてよいが，責任無能力者の監督義務者の置かれた状況を十分に配慮した理論が必要である。その意味では(3)説または(5)説が妥当であると思われるが，直接火災部分と延焼部分との区別は，物的・法的単一性を基準にすべきである。区分所有建物であれば，専有部分が基準となると解すべきである。

4 使用者責任との関係

Y会社の経営する公衆浴場において，ボイラーマンAがボイラー室を離れた時間に，ボイラー室付近から出火して，隣接するX宅を焼失した，というような事件が発生した場合に，失火責任法と715条との関係をどのように考えたらよいであろうか。

失火責任法は失火者Aにのみ適用され，使用者には適用されないから，Aに責任を負わせるにはAの重過失が必要であると解すべきである（最判昭42・6・30民集21・6・1526）。従って，被用者Aに重過失があれば，使用者の選任・監督義務につき重過失がなくても，715条1項により，使用者は不法行為責任を負う。

5 国家賠償法との関係

国または公共団体の損害賠償の責任について，国家賠償法4条は，同1条

1項の規定が適用される場合においても，民法の規定が補充的に適用されることを明らかにしている。また，失火責任法は，失火者の責任条件について民法709条の特則を規定したものであるから，国家賠償法4条の「民法」に含まれると解するのが相当である。さらに，失火責任法の趣旨にかんがみても，公権力の行使にあたる公務員の失火による国または公共団体の損害賠償責任についてのみ同法の適用を排除すべき合理的理由も存しない。従って，公権力の行使にあたる公務員の失火による国または公共団体の損害賠償責任については，国家賠償法4条により失火責任法が適用される結果，当該公務員に重大な過失のあることを必要とするものと解すべきである（最判昭53・7・17民集32・5・1000）。消防署職員の消火活動が不十分なため残り火が再燃して火災が発生した場合における公共団体の損害賠償責任についても，失火ノ責任ニ関スル法律の適用があるとされている（最判平元・3・28判時132・66）。

第2　自動車による人身損害に対する責任

① 意義

自動車損害賠償保障法（3条）よれば，「自己のために自動車を運行の用に供する者」（運行供用者）は，「その運行によって他人の生命又は身体を害したときは」，これによって生じた損害を賠償する責に任ずる。これを前提としたうえで，①「自己及び運転者が自動車の運行に関し注意を怠らなかったこと」，②「被害者又は運転者以外の第三者に故意又は過失があったこと」ならびに③「自動車に構造上の欠陥又は機能の障害がなかったこと」を証明した場合に限り，運行供用者は免責される。

② 運行供用者の範囲

誰が自動車の運行供用者に該当するかは，自動車の運行に対する支配とそれによる利益が誰に帰属しているかによって決定される。

③ 具体例

第1章第5節③責任保険の具体例も参照。

第3 製造物責任

1 問題点の整理

製造物責任とは、生産物の生産・流通・販売に関与した者が、生産物の欠陥により惹起した生命・身体・財産などに対する侵害により生じた損害を消費者や第三者に賠償すべき責任をいう。

今日の商品流通を体系的にみると、生産者（M）、仲介者（D）、販売者（S）、消費者（U）といった順番になる。欠陥商品により損害を被るのは、直接の買主に限らないが、前記の記号によればUである。真の加害者は被害者Uにとっての直接の売主Sではなく、生産者Mである場合が圧倒的に多い。商品に関する安全を確保すべき者またはそれができる者はMであるから、民事責任としてはUとMとの法律関係が問題となる。その理論構成は、契約責任的構成と不法行為責任的構成とが考えられる。

(1) **契約責任的構成**

UとMとの間には契約関係はないから一般的には直接の契約責任を問うことはできない。しかし、製造物に関する品質保証書を交付している場合には、それを通じて契約類似の関係を認めることはできる。

UとMとの間に契約責任を認めることが困難であっても、UとSとの間には売買契約が存在するから、UはSの債権者としてDに対して債権者代位権を行使し、さらにDのMに対する権利を代位行使することにより、Mに対する権利を行使をすることも可能であるが、かなり迂遠な方法（重畳的代位）であり、また、債権者代位の要件との関連で常に可能であるとは限らない。

(2) **不法行為的構成**

UとMとの間に契約類似の関係もない場合には、UはMに対して不法行為責任を追及する以外にない。この場合に、学説は、注意義務の高度化、一定の製造物については瑕疵の事実上の推定等により、実質的には過失の証明責任を転換し、それにより、被害者の保護を図ることに努めてきたが、製造物責任法の制定により、製造者の過失は要件ではなくなった（その意味では無過失責任）。

しかし、欠陥の存在、損害、欠陥と損害の因果関係は被害者が証明しなけ

ればならないとした点など従来からのの解釈論を今後さらに発展させなければならない点も残されている（後述305頁以下）。

② 法制定前の判例

新製造物責任法の説明に入る前に，同法制定までに判例等において明らかにされてきた製造物責任について概観しておこう。議論の範囲は，新法とは異なり，動産の場合に限定されていない。

1 製造物の定義

製造物責任の対象である商品は，その物品の種類，規格，構造，使用原材料，副資材，制作技術工程，性能等および流通過程の重要部分に関して，契約によって消費者または利用者の意思を介入する余地がなく，製造業者らの一方的意思で上記のようなことが決定される商品であり，かつ原則として完成品であることが必要である（東京高判昭50・6・30判タ330・287——分譲マンションの例）。ただし，製造物責任法では完成品であることを要件としていない。

2 製造業者等

責任主体は原則として当該商品の生産に関する重要事項について事実上の決定権をもつ者および当該商品の流通過程に関して事実上の支配力をもつ者であることが必要である（東京高判昭50・6・30判タ330・287——分譲マンションの例）。

3 欠陥の例

小型ドーザは，排土などの作業目的から強力なエンジンを搭載しており，その形状とあいまって，特に無謀な操作方法をとった場合でなくとも，操作者または第三者に対する生命，身体等の危険を伴うものであるから，小型ドーザ製造者としては，予見可能な危険を回避して安全な小型ドーザを製造すべき義務があり，この義務に違反して欠陥品を製造，流通させた場合は同欠陥品の使用によって損害を被った被害者に対して不法行為責任を負う（長野地判昭61・3・27判時1191・107）。

他に，コンプレッサー（東京高判昭52・11・28判時882・5——消極），サウナ浴場施設（東京地判昭55・4・25判時975・52——積極），金属性釘抜き（京都地

判昭 58・3・30 判時 1089・94――消極), ガスストーブ (東京地判昭 59・3・26 判時 1143・105――消極) の例があった。

4 損害発生回避義務

製薬会社は, その製造する薬品の安全性を確保すべき義務を負っており, それに副作用のあることが疑われるに至ったときは, この疑いを解明し, その一方でこの副作用による被害の発生を抑止するための相当な回避措置を採るべき義務を負担する (名古屋地判昭 60・5・28 判時 1155・33)。

5 医薬品・食料品に特殊な問題点

(1) 回収義務等

結果回避義務の内容としては, 副作用の存在ないしその「強い疑惑」の公表, 副作用を回避するための医師や一般使用者に対する指示・警告, 当該医薬品の一時的販売停止ないし全面的回収などが考えられるが, これらのうち, そのいずれの措置をとるべきかは, 予見義務の履行により把握された当該副作用の重篤度, その発生頻度, 治癒の可能性に加えて, 当該医薬品の治療上の価値などを総合的に検討して決せられなければならない (東京地判昭 53・8・3 判時 899・48, なお, 金沢地判昭 53・3・1 判時 879・26, 広島地判昭 54・2・22 判時 920・19, 静岡地判昭 54・7・19 判時 950・199, 大阪地判昭 54・7・31 判時 950・241, 前橋地判昭 57・8・21 判時 950・305)。

(2) 食品業者の具体的注意義務

食品は直接に我々の体に摂取されるから, 絶対に有害物質が含まれていてはならない。そのためには製造工程における厳重なチェックと, 欠陥が発見された場合の安全確保義務が決定的に重要である。[14]

---

14) **安全確保義務の例** ① 食品製造販売業者は, 人体に有害なカネクロールを食用油精製工程に使用する以上, これが製品油に混入することがないようにその製造工程における万全の管理をなし, いったん混入を知った場合においては, 直ちに汚染油を廃棄するか, 少なくともカネクロールを完全に除去する手段を講ずべきはもちろん, 出荷前には安全性を確認するに足りる十分な点検を行う等して, 製品油による人体被害の発生を防止すべき極めて高度の注意義務を負う。
② 合成化学物質の製造業者が食品製造販売業者にカネクロールを供給した当時, それは一般に低毒で金属腐食性のない比較的安全な合成化学物質と考えられており, 閉鎖系内を循環させるだけの形で使用するという条件下においては, 食品製造販売業者へのカネクロール供給自体を合成化学物質の製造業者としての注意義務違背であるとはいえない (福岡高判昭 61・5・15 判時 1191・28)。

(3) 安全性につき高度な注意義務が課される製造物

製品の開発にあたっては，その利用上の安全性について高度な注意義務が要求される。[15]

6 因果関係

完全に科学的な証明ができなくても，その欠陥による結果発生の蓋然性があれば，相当因果関係を肯定してよいと解すべきである。噴霧式の「カビキラー」の使用に伴い，被害者が，その薬液を相当程度吸入していた可能性があること，急性疾患の症状の発生と「カビキラー」の使用時期とが矛盾しないこと，しかも「カビキラー」の成分には，吸入直後の咳，タン，咽頭部の灼熱痛，一時的な呼吸困難という症状を生じさせる可能性のある有害性を否定できない等の事情がある場合には，それらの症状と「カビキラー」の使用との間には因果関係がある（東京地判平3・3・28前掲）。

7 立証責任

製造物の欠陥が製造工程に由来している場合には，一般的に欠陥の立証は困難であるが，単純に製造物自体の構造等の欠陥については，立証責任の転換を図ればよいというわけにはいかない。製造物が消費されてしまっている場合には，立証責任の転換により，公平な解決が図れる場合が多いであろうが，事例は多様でありうるからである。[16] この点については製造物責任法4条

---

15) **高度な注意義務違反の例**　① PCBのような合成科学物質を新規に開発製造する化学企業は，同合成化学物質が人体や環境に及ぼす影響に常に留意し，これを新規の用途に供するときはもとより，従前の用途に危険の兆候が見出されたときにおいても，その安全性につき十分調査し，安全性を確認しえた範囲においてのみこれを供給すべき注意義務を負う（福岡高判昭61・5・15前掲）。

② 貨物船に荷積みされていた高度さらし粉がヒノサンと混触して船舶火災を発生させた事故につき，危険物を製造，販売する者には，その危険性の内容，程度および適切な運搬，保管方法等の取扱い上の注意事項をその流通に関与する者が容易に知りうるようにする義務があるのに，船主側から要請されていた説明書の添付もせず，危険性に対する注意喚起としては不十分であった場合には，同製造販売業者には，危険性を周知させるべき義務を尽くさなかった過失がある（東京高判平元・2・6判時1310・83）。

③ 噴霧式の「カビキラー」を製造・販売する業者は，その製造・販売に際し，場合により人の気道に対して傷害を生ずるなどの健康被害を与える虞のあることを予見することが可能であり，「カビキラー」の製造・販売を開始した当時，液体が空気中に飛散，拡散しにくい泡式の容器を用いることも十分に可能であったのであるから，「カビキラー」の製造，販売に当たり，少なくとも容器として泡式のものを採用しなかった点に過失が認められる（東京地判平3・3・28判時1381・21）。

参照。

③ 製造物責任法

前述のような下級審判例が積み重ねられる中で，立法的解決を望む声はますます高まってきた。1975年の製造物責任研究会の「製造物責任要綱試案」（ジュリスト597号）等を先駆として各界から立法提案がなされ，ついに立法化された（1995（平成7）年7月1日施行）。主要な論点は，欠陥の概念の捉え方，「開発危険の抗弁」（その物の製造当時の技術水準では欠陥の存在を認識できなかったとの抗弁）を認めるか，欠陥の存在や欠陥と損害との因果関係の証明の緩和を認めるか，等であった。同法では，開発危険の抗弁を規定し，欠陥や因果関係の推定規定を置かなかったため，消費者保護の点では問題点を残したと言えよう。製造物責任法の内容は以下の通りである。

1　目的と性格

同法は，製造物の欠陥により人の生命，身体または財産に係る被害が生じた場合における製造業者等の損害賠償の責任について定めることにより，被害者の保護を図り，もって国民生活の安定向上と国民経済の健全な発展に寄与することを目的としている（1条）。

同法は，単なる消費者保護法ではなく，不法行為の一般原則（709条）に対する特別法としての性格を有している。

2　規制対象としての製造物

(1)　製造物

この法律において「製造物」とは，製造または加工された動産をいう（2条1項）。同法は対象を動産に限定したから，土地・建物等の不動産には適用されない。これらのものは，動産のように大量生産されるものではないから，従来通り，契約責任（不完全履行や積極的債権侵害等）によって対処するのが

---

16) 消費者が事故の原因となった製品を手許に保持している場合には，欠陥を究明し立証することは可能であり，科学的知識や専門的知識が十分でないときには鑑定により補充でき，しかも裁判での証明は，論理的・科学的に完璧なものである必要はなく，通常人が安んじて行動できる程度の蓋然性をもって足りるから，欠陥の不存在の主張・立証責任を製造業者に一律に転換させることは公平ではない（東京地判昭59・3・26判時1143・105）。

適当であると考えられたためである。もっとも，動産として取引された物であれば，それが後に附合により不動産の内容となったとしても，同法の適用はあると解してよい。また，動産であれば，材料でも完成品でも適用対象となる。

動産とは物であるから（86条2項），有体物でない電気やエネルギー自体には適用されない。

(2) 製造物または加工物

「製造又は加工された」物であることが必要であるから，加工されていない農林水産物には適用されない。血液製剤や生ワクチン等については，加工の要素が少ないため製造物であるか否かについて疑問であるとする見解もあるが，法案提案者である政府の説明に従って基本的に製造物として扱うべきであろう。

3　欠陥の意義

同法において「欠陥」とは，①当該製造物の特性，②その通常予見される使用形態，③その製造業者等が当該製造物を引き渡した時期，④その他の当該製造物に係る事情を考慮して，当該製造物が通常有すべき安全性を欠いていることをいう（2条2項）。

①　当該製造物の特性とは，例えば，生鮮食料品や要冷蔵食料品等について問題になる。適切な保管を怠ったために食中毒を引き起こすことがあっても製造業者は責任を負わない。

②　消費者が通常の利用方法に従わないで当該製造物を利用したためにケガをしたり，他の物を壊したりしたとしても，製造業者は責任を負わない。

③　製造物を引き渡した時点において「欠陥」でなければ，責任は生じない。商品に関する法的規制が厳しくなって現時点では欠陥と言えるとしても，それが給付された時点では違法でなかった場合には，現時点において同法によって責任を問うことはできない。

④　製造物に関する不可避的な危険について十分に警告しなかった場合には，指示ないし警告に欠陥があったことになる。

4　賠償責任の主体

責任の主体は，製造業者等である（3条）。これに該当するのは以下の者で

ある。
(1) 製造業者と輸入業者
(イ) 製造業者　当該製造物を「業として」製造または加工した者（以下単に「製造業者」という。）は，欠陥を作り出した者であるから当然に責任を負う。

(ロ) 輸入業者　欠陥のある製造物を輸入した者も責任を負う。本来は外国において当該製造物を製造した者が責任を負い，その者に対して損害賠償の請求ができるが，実際上，外国の企業等を相手として損害賠償の請求をすることは容易ではないので，輸入業者に責任を負わせたものである。この場合にも，「業として」輸入した者だけが責任を負う。

(2) 表示製造業者
自ら当該製造物の製造業者として当該製造物にその氏名，商号，商標その他の表示（以下「氏名等の表示」という。）をした者は製造物責任を負う。また，当該製造物にその製造業者と誤認させるような氏名等の表示をした者も同様の責任を負う。

(3) 実質的な製造業者
上に掲げる者のほか，当該製造物の製造，加工，輸入または販売に係る形態その他の事情からみて，当該製造物にその実質的な製造業者と認めることができる氏名等を表示した者も製造物責任を負う。当該製造物に実際の生産者が表示されていても，社会的信用の高いデパート等の製品として販売されている場合には，このデパート等も製造物責任を負う。

5　製造物責任の内容
(1) 製造業者等の責任
製造業者等は，その製造，加工，輸入した製造物または表示製造業者もしくは実質的製造業者の表示をした製造物であって，その引き渡した物の欠陥により他人の生命，身体または財産を侵害したときは，これによって生じた損害を賠償する責めに任ずる。ただし，その損害が当該製造物についてのみ生じたとき（拡大損害等がないとき）は，この限りでない（3条）。「その損害が当該製造物についてのみ生じたとき」を除外しているのは，この場合には，従来からの契約責任（不完全履行，瑕疵担保責任等）によるとの趣旨である。同法3条は製造物の客観的な欠陥を要件として製造者の責任を認めているか

ら、無過失責任である。

(2) **被保護者の範囲**

この責任をめぐって解釈上の問題として残されている最大の点は、同法による責任が消費者個人の物損に限定されていないことである。その結果、大企業のもとで欠陥製造物を生産手段として用いたために損害が発生した場合にも、同法による責任追及が可能となる。これにより、損害の範囲が拡大しすぎるとの心配もなされているが、相当因果関係の理論による限定で対応することになろう。むしろ、個人事業者が損害を受けた場合に、個人的損害か事業損害かの区別のために同法の適用を受けられないという事態を回避した点を評価すべきであろう。

6 製造業者等の免責事由

第3条の場合において、製造業者等は、次に掲げる事項を証明したときは、同条に規定する賠償の責めに任じない（4条）。

(1) **開発危険の抗弁**

当該製造物をその製造業者が引き渡した時における科学または技術に関する知見によっては、当該製造物にその欠陥があることを認識することができなかった場合には、製造業者等は免責される。

これが容易に認められると、新製品に関する製造物責任が骨抜きにされてしまうことになるから、新法の立法趣旨を尊重した解釈が望まれる。

(2) **部品・原料に関する免責事由**

当該製造物が他の製造物の部品または原材料として使用された場合において、その欠陥が専ら当該他の製造物の製造業者が行った設計に関する指示に従ったことにより生じ、かつ、その欠陥が生じたことにつき過失がない場合には、製造業者等は免責される。

7 権利行使の期間制限

同法に基づく損害賠償の請求権は、被害者またはその法定代理人が損害および損害賠償義務者を知った時から3年間行わないときは、時効によって消滅する。その製造業者等が当該製造物を引き渡した時から10年を経過したときも、同様とする。

上記の権利行使の期間は、身体に蓄積した場合に人の健康を害すること

なる物質による損害または一定の潜伏期間が経過した後に症状が現れる損害については，その損害が生じた時から起算する（5条）。

8　民法との関係

製造物の欠陥による製造業者等の損害賠償の責任については，この法律の規定によるほか，民法（明治29年法律第89号）の規定による（6条）。適用が問題となるのは，過失相殺（722条2項），複数の責任主体の関係（719条），免責特約の効力（90条），金銭賠償の原則（417条，722条1項）などである。

同法は，民法に基づく瑕疵担保責任，債務不履行責任，不法行為責任等を排除する趣旨ではないから，それぞれの要件を充足している限り，被害者は選択的に各責任に基づく賠償を請求することができる。

第4　その他の特別法による無過失責任

鉱業法（109条），原子力損害の賠償に関する法律，独占禁止法（25条1項）等がある。これらの法律については前述96頁以下参照。

〈本章の参考文献〉
〈第1節の参考文献〉
川井＝飯塚「責任ある未成年者の不法行為と監督義務者の不法行為責任」判時749号（判例評論188号）
寺田正春「監督義務者責任」法時50巻6号
松坂佐一「責任無能力者を監督する者の責任」我妻還暦（上）
前田達明「未成年者と監督義務者の責任」民法判例百選II・債権〔第4版〕

〈第2節の参考文献〉
〈本款の参考文献〉
浦川道太郎「『事業ノ執行ニ付キ』の意義」民法判例百選II・債権〔第4版〕
大塚　直「民法715条，717条（使用者責任・工作物責任）」（『民法の百年III』所収）
貝田　守「外形標準説」（『現代不法行為法学の分析』前掲所収）
神田孝夫「企業責任」（ジュリ・民法の争点II）
神田孝夫「使用者責任における求償権の制限」（ジュリ・昭和51年度重要判例解

説）
神田孝夫「取引先の外観信頼」民法判例百選Ⅱ・債権〔第4版〕
國井和郎「使用者責任とその周辺問題」法律時報48巻12頁
熊倉禎男「企業の競争行為と不法行為」(『現代不法行為法学の分析』前掲所収)
田上富信「使用者の被害者に対する求償権の制限」(ジュリ・民法の争点Ⅱ)
田上富信「民法715条3項にもとづく求償権の制限」民法判例百選Ⅱ・債権〔第4版〕
田上富信「使用者責任」民法講座6（有斐閣，1985年）
宮内竹和「使用者責任における『外形理論』」(ジュリ・民法の争点Ⅱ)
山田卓生「使用者責任」（『分析と展開』前掲307頁）

〈第3節の参考文献〉
中村絹次郎・建設工事における注文者の責任と請負人の責任（鹿島出版会，昭和52年）

〈第4節の参考文献〉
淡路剛久「最近の公害訴訟と私法理論」『公害賠償の理論』
淡路剛久「共同不法行為」損害賠償法の課題と展望・中
神田孝夫「共同不法行為——学説の展開過程と現状分析を中心に」(不法行為責任の研究，一粒社，1988年)
副田隆重「大気汚染公害と共同不法行為」(『不法行為法の現代的課題と展開』前掲)
能見善久「共同不法行為」ジュリ・民法の争点Ⅱ
能見善久「共同不法行為責任の基礎的考察」（法協94巻2号，8号，95巻3号，8号，11号，96巻2号，5号）
平井宜雄「共同不法行為に関する一考察」（川島還暦記念Ⅱ，岩波書店，1972年）
前田達明「共同不法行為論序説」（前田・帰責論）
山田卓生「共同不法行為」（『分析と展開』前掲340頁）

〈第5節の参考文献〉
加藤一郎「企業責任の法理」ジュリ578号44頁
黒田喜重「企業責任説」（『現代不法行為法学の分析』前掲所収）
栗田哲男「間接被害者の賠償請求」（民法の争点Ⅱ196頁）
中井美雄「間接被害者」民法講座別巻2）319頁

〈第 6 節の参考文献〉

植木　哲「工作物責任・営造物責任」民法講座 6

中井美雄「土地工作物責任」賠償法講座 6

山田卓生「土地工作物責任」(『分析と展開』前掲 320 頁)

〈第 7 節の参考文献〉

末川　博「actio de pauperie について」不法行為並に権利濫用の研究 (岩波書店, 昭和 8 年)

高島平蔵「犬の加害と飼主の責任」時の法令 254 号 (昭 32 年)

千種達夫「犬の咬傷」判時 186 号 (昭 34 年)

〈第 8 節の参考文献〉

浦川道太郎「製造物責任における責任主体」(『不法行為法の現代的課題と展開』前掲)

川添清吉「失火者の民事責任」(法律論叢 22 巻 6 号)

北川俊光「製造物責任における『欠陥』と『開発危険』」(『不法行為法の現代的課題と展開』前掲)

澤井　裕『失火責任の法理と判例〔増補版〕』(有斐閣, 1990 年)

朝見行弘「製造物責任における証明問題」(『不法行為法の現代的課題と展開』前掲)

平野裕之「債務不履行責任の拡大と失火責任法」(『民法における『責任』の横断的考察』第一法規, 1997 年)

藤村和夫『交通事故賠償理論の新展開』(日本評論社, 1998 年)

藤村和夫『交通事故損害賠償の判例と考え方——特殊被害者・定期金賠償編』(保険毎日新聞社, 1998 年)

藤村和夫『交通事故損害賠償の判例と考え方——重度後遺障害編』(保険毎日新聞社, 1991 年)

森　孝三「使用者責任・工作物責任と失火責任」賠償法講座 6

森　孝三「失火責任法と工作物責任」(ジュリ・民法の争点 II)

事 項 索 引

あ

相手方の主観的要件　249
悪意又は重過失の場合　66
厚木基地騒音公害訴訟　171
ある事業のために他人を使用する者　252
安全配慮義務　150
　——と証明責任　151

い

意思表明必要説　199
意思（無）能力　10
　——による無効　57
慰謝料算定の基準　201
慰謝料請求権　200
　——と行使上の一身専属性　200
慰謝料の性質　198
石綿が吹き付けられた建物　291
遺族が請求する場合の直接被害者の過失　218
遺族年金控除の客観的範囲　208
遺族の慰謝料請求の可否　107
一時的損害と継続的損害　192
一回的不法行為　223
逸失利益　129, 210
　——性をめぐる問題　213
一身専属性　199
犬の保有者の責任　294
違法性　155
　——の阻却　172
　——を過失に統合する説　137
違法の態様　168
医薬品・食料品に特殊な問題点　303
医療過誤の場合（高度な注意義務，診療契約との関係）　145
医療水準との関係　148
因果関係　38
　——から法律上の原因へ　64

　——の切断　68
　——の中断　177
　——の直接性　64, 68, 69, 71
　——理論の整理　184
インフォームド・コンセント（説明と同意）　174

う

請負人が第三者に加えた損害　258
請負の注文者の責任　258
「宴のあと」事件　162
訴えの提起と不法行為　154
得べかりし利益　131, 213
運行供用者の範囲　300
運用利益　55

え

営業⇒企業
疫学的因果関係論　182
エクイティー上のインジャンクション　230
延焼部分失火責任法はめ込み説　299

お

大阪アルカリ事件　135, 140
大阪空港公害訴訟　168
公の営造物の瑕疵についての国家賠償法上の責任　293
押しつけられた利得　46

か

外形理論　247
　——と事実的不法行為　250
　——の適用範囲　250
　——または「外形標準説」　247
会社の逸失利益　286
開発危険の抗弁　308
加害行為の違法性　155

314　事項索引

加害者の複数の使用者間における各使用者
　の負担部分……………………………280
加害者の複数の使用者間における求償権の
　成立範囲………………………………280
加害者不明の場合（719条1項後段）…261
「加害者を知る」の意義…………………224
価格騰貴に基づく損害の賠償の場合……223
過失………………………………………133
　──なければ責任なし…………………96
　──の意義……………………………134
　──の客観化とその具体的検討………134
　──の斟酌は裁判所の自由裁量………214
過失概念…………………………………135
　──の規範化とその成立範囲…………136
　──の再構成…………………………136
　──の変遷……………………………136
果実取得権…………………………………55
過失責任主義…………………………93, 96
過失責任と無過失責任の競合……………99
過失責任と無過失責任の体系的関連……100
過失責任の原則…………………………118
過失相殺………………………107, 213, 250
　──説（求償権）……………………254
　──と責任能力──事理弁識能力……215
　──の対象金額………………………215
　──の「当事者」となりうる監督義務者
　　の範囲………………………………217
　──の「当事者」となりうる者の範囲
　　……………………………………217
果実の返還請求……………………………58
瑕疵と損害との因果関係………………291
家事労働…………………………………210
学校事故…………………………………151
カビキラーの成分………………………304
カフェー丸玉事件…………………………77
仮処分命令の取り消しと不当利得………39
環境権説…………………………………231
環境権に関する裁判例の流れ…………234
環境・公害事件と差止請求……………227
看護のための交通費……………………194
患者の同意………………………………174
間接損害…………………………………131
完全賠償の原則…………………………180

監督義務者…………………………242, 244
監督者固有の責任…………………242, 245
　──の効果……………………………244
　──の要件……………………………244
監督者の代位責任………………………242
　──の要件……………………………243
関連共同性があること…………………269

き

企業活動と不法行為………………………93
企業自体の責任…………………………255
企業の固有損害（中心的経営者等の場合）
　…………………………………………287
危険工作物・通常工作物区別説………298
危険責任説（無過失責任）………………98
危険責任の原理…………………………246
期限前の弁済……………………24, 84, 86
　──と不当利得…………………………46
汽車・電車の場合………………………144
規制対象としての製造物………………305
帰責事由に関する立証責任……………106
帰属上の一身専属性……………………198
義務射程説（保護範囲）………………182
逆求償の関係……………………………284
客観的関連共同性………………………269
客観的共同説……………………………262
　──に対する批判と反論……………264
求償権……………………………………293
　──行使の要件（全額弁済の要否）
　　……………………………………278
　──の制限……………………………281
　──の性質と求償の制限……………253
　──をめぐる問題点…………………274
求償の可否………………………………278
求償の範囲………………………………278
給付…………………………………………78
　──実現の妨害………………………156
　──利得…………26, 32, 39, 51, 58, 69
教唆・幇助の場合（同条2項）………261
強制執行妨害………………………………60
共同不法行為者…………………………260
　──と求償関係………………………273
　──と他の共同不法行為者の使用者

──の各使用者相互の関係………285
──の使用者からその被用者へ……284
──の使用者から他の共同不法行為者へ
　………………………………………284
──の使用者相互間………………283
──の責任…………………………260
共同不法行為説（求償権）…………254
共同不法行為と使用者責任…………273
──の交錯…………………………282
共同不法行為に関する最近の学説・判例
　………………………………………262
共同不法行為の効果…………………270
共同不法行為の要件…………………268
虚偽表示と不法原因給付……………59
緊急事務管理…………………………14
緊急避難………………………………173
近親者からの慰謝料請求の可否……198
金銭……………………………………62
──的評価の問題……………132, 187
──と不当利得……………………62
──の特殊性を重視する考え方…66
──の利息と不当利得……………66
──賠償の原則と方法……………192
近代社会の発展と不法行為責任……92
金融機関などの注意義務……………154

く

具体的損害……………………………36
クリーン・ハンドの原則……………80

け

軽過失…………………………………139
芸妓マツヨ事件………………………78
刑事責任・行政責任との比較………93
刑事責任能力との関係………………123
継続的不法行為………………………224
刑罰法規違反…………………………168
契約……………………………………24
──関係と不当利得………………45
──締結に際しての説明義務……134
──的給付と危険負担の問題……156
──の解除と原状回復……………46

──の解除と不当利得……………46
──の無効と不当利得……………57
──の無効・取消…………………25
結果回避義務違反……………………135
──と予見義務違反………………140
欠陥の意義……………………………306
原因責任説（無過失責任）…………97
原状回復………………………………120
現存利益………………………………23, 36
建築士（注意義務）…………………152
原物返還の原則………………………50, 53
権利行使の期間制限…………………308
権利侵害………………………………99
──から違法性へ…………………102
──の意味…………………………101
──論………………………………101
権利の侵害……………………………118
権利の濫用および類似行為…………171
権利濫用説（求償権）………………253
権利濫用理論…………………………104

こ

故意・過失……………………………133
──に基づく行為…………………118
──の擬制と709条の適用………141
──の阻却・軽減事由……………140
──の立証…………………………141
故意と過失の古典的・心理学的区別…133
故意不法行為と過失相殺……………220
行為……………………………………120
──と損害との間の因果関係…118, 176
──と損害の発生…………………128
──と代位責任……………………120
──による損害の発生……………117
──の意義…………………………120
──の違法性………………………118
──能力……………………………10
──の主体…………………………121
後遺症と消滅時効……………………225
公益を図ることを目的とした行為…175
鉱害賠償の原状回復…………………226
公害問題と因果関係…………………182
広義の共同不法行為…………………261

316　事項索引

広義の名誉 …………………………… 162
鉱業法 …………………………………… 97
工作物責任優先説 …………………… 297
公序良俗違反 ………………………… 80
　——に類する場合 ………………… 169
交通機関の運転（自動車と電車の場合）
　……………………………………… 142
交通事故と医療事故 ………………… 270
高度な注意義務違反の例 …………… 304
公平説（無過失責任） ……………… 98
後方注意義務 ………………………… 143
合法的行為による不法行為 ………… 103
個人責任（法人代表者） …………… 257
個人的被害と企業損害 ……………… 286
国家賠償法 …………………………… 293
　——1条1項 ……………………… 164
　——4条 …………………………… 299
　——との関係（使用者責任） …… 299
個別的構成要件主義 ………………… 94
コモンローにおけるニューサンス … 230
婚約解消と結納の不当利得 ………… 48

さ

財貨移転秩序 …………… 32, 52, 58, 71
財貨帰属秩序 …………… 27, 33, 53, 58
最近の客観的共同説 ………………… 264
債権者代位権 ………………………… 74
債権者平等の原則 …………………… 74
債権侵害 ……………………………… 155
債権的登記請求権 …………………… 26
財産以外の損害と精神的損害 ……… 201
財的損害 ……………………………… 131
　——に対する賠償 ………………… 192
　——の性質と立証 ………………… 203
財産法秩序 …………………………… 109
最判昭和41年判決（715条）の先例的意義
　……………………………………… 275
最判昭和63年判決（715条）の先例的意義
　……………………………………… 277
債務者の無資力 ……………………… 72
債務不履行への加担 ………………… 156
詐害行為 ……………………………… 157
詐害行為取消権 ……………………… 60

差額説 ………………………………… 35
　——的理解 ………………………… 66
　——に対する平井説からの批判 … 129
作為義務 ……………………………… 121
錯誤無効 ………………………… 25, 57
差押・転付命令 ……………………… 42
差止請求に関する学説の検討 ……… 227

し

指揮監督の関係 ……………………… 252
「事業の執行につき」の意義 ……… 247
時効の停止 …………………………… 225
自己責任か代位責任か ……………… 246
自己責任の原則 ……………………… 117
事故と損害との間の相当因果関係 … 187
事実的因果関係 ……………………… 176
　——（存否） ……………………… 178
事実的不法行為と取引的不法行為 … 92
事実の摘示と真実性 ………………… 164
自然債務 ……………………………… 77
自然的因果関係 ……………………… 176
失火責任 ……………………………… 296
　——法 ……………………………… 107
　——法の意義 ……………………… 296
　——法はめ込み説 …………… 297, 298
　——法優先説 ……………………… 297
失火ノ責任ニ関スル法律 …………… 296
実質的な製造業者 …………………… 307
自動車損害賠償責任保険 …………… 112
自動車損害賠償保障法3条の責任 … 127
自動車による人身損害に対する責任 … 300
自動車の場合（過失） ……………… 142
自動車保険人身損害条項 …………… 112
死亡した男児の得べかりし利益 …… 211
司法書士（注意義務） ……………… 152
事務管理 ……………………………… 1
　——と消滅時効 …………………… 17
　——と代理権 ……………………… 13
　——の意義 ………………………… 2
　——の継続義務 …………………… 15
　——の効果 ………………………… 13
　——の成立要件 …………………… 8
　——の追認 ………………………… 21

——の法的構造	4	人身損害の算定	194
氏名権の侵害	166	身体的自由の拘束（監禁）	160
社会的許容限度	170	身体的素因	219
社会的自由に対する侵害	160	心的外傷後ストレス障害（PTSD）	147
謝罪広告と損害賠償	204		
重過失	140	**す**	
受益者の善意・悪意	42,53	水質汚濁防止法	99
主観的関連共同性	269	スポーツ・遊戯行為	174
主観的共同説	265	スポーツ・レジャー（注意義務）	152
主観的または客観的関連共同性のある場合（719条1項前段）	260	**せ**	
手術（注意義務）	146	生活環境への侵害	167
受忍限度	171	請求権競合	108
準事務管理	19,21	——説	106
純無過失責任と責任主体	122	——論の実益と体系的思考	106
消極的損害（逸失利益）	207	請求権不競合説（法条競合説）	106
——の賠償請求権と相続	195	請求事故説	110
使用者責任	246	精神的損害	131
——等と責任能力	126	製造業者	307
——との関係（失火責任）	299	——等の責任	307
——の適用範囲	256	——等の免責事由	308
使用者の免責事由	253	製造物責任	301
肖像権の侵害	166	——等（食品，薬品，その他）	150
使用損害金	47	——の内容	307
消滅時効	52,223	——法	305
食品製造販売業者	303	製造物の定義	302
職務関連性	247	「製造又は加工された」物	306
除斥期間	223	正当業務行為	174
所有権の侵害	158,197	正当防衛	172
所有者	292	生命身体に対する直接的侵害	160
——の責任	289	責任確定説（保険金請求権）	111
所有物返還請求権	57,58	責任能力	123
自力救済	173	——制度の妥当範囲	125
心因的要素	219	——と意思能力・行為能力との関係	124
侵害行為と違法性	168		
侵害と損害	128	——と「過失」能力	125
侵害利得	26,33,35,69	責任弁識能力	123
人格権に基づく差止請求	226	——を欠く者	125
——権説	233	責任保険	110
人格権の侵害	160	——の必要性	111
信玄公旗掛松事件	104	責任無能力者	123,242
人工的要素	289	——の監督者責任との関係	298
新受忍限度論	137	——の監督者の責任	242

――要件説……299
積極的損害……194
　　――と消極的損害……129
設置・保存の瑕疵（土地工作物）……290
説明義務（医療過誤）……146
善意占有者の果実収取権……40
善意の受領を基準とする判例……65
全額賠償義務（共同不法行為）……276
船舶の場合（過失）……145
前方注意義務（自動車）……142
占有権の侵害……159
占有者……292
　　――の責任……288
善良な管理者の注意義務……139

そ

相関関係説……299
相続説（賠償請求権）……195
相当因果関係（保護範囲）……177
訴訟・執行の場合（注意義務）……153
損益相殺……206
　　――の対象利益とは評価できない場合
　　……206
損害……128
　　――概念の種類……129
　　――回避義務説（保護範囲）……182
　　――算定の方法……193
　　――3分説（保護範囲）……182
　　――事故説（保険）……110
　　――の区別……192
　　――の現実性の原則……128
　　――の算定（名誉毀損）……204
　　――の種類と態様……128
　　――の性質と立証……203
　　――の発生……192
　　――の発生と責任……93
　　――の発生と損害賠償請求権の帰属
　　……187
損害賠償義務者（動物の占有者）……295
損害賠償請求権……221
　　――の性質……221
　　――の相続人の過失と過失相殺……217
　　――の履行期……222

損害賠償の範囲……184
　　――と金額……210
損害発生回避義務……303
「損害を知る」の意義……223
損失……36

た

代位責任……244
大学湯事件……102
大気汚染防止法……99
代金の支払済と果実の収取権……45
代金の利息と果実の収取権……45
第三者に加えた損害……253
第三者・被用者・使用者間の実質関係と求償
　　関係……281
胎児の限定的な権利能力……191
対象とならない利益（保険金）……206
退職後の競業行為……104
大東水害訴訟……289
代理監督者……244
　　――の責任……256
建物としての基本的な安全性……153
他人の債務の弁済……24, 84, 87
他人を使用する者……252
他物権等の侵害……197
担保権の侵害……159

ち

遅延損害金の発生時期……108
竹木の栽植または支持の瑕疵……293
知的所有権の侵害……159
注意義務……138
　　――とその対象……138
　　――と取締法規の関係……140
　　――の基準……138
　　――の程度……134
中間最高価格……185
中間利息控除の方式……212
抽象的過失……139
　　――説……139
抽象的損害……37
注文者の責任……258
注文または指図と損害……259

懲罰⇒制裁
直接火災・延焼部分区別説 ……………… 298
直接損害 ………………………………… 131
著作権 …………………………………… 160
著作者人格権 …………………………… 167
治療行為（過失） ……………………… 145
治療費 …………………………………… 194
賃貸借の終了後の利用利益 ………………47

つ

通院交通費 ……………………………… 194
付添看護婦費 …………………………… 194
強い関連共同性 ………………………… 265
強い関連共同性と弱い関連共同性 …… 269

て

貞操侵害 ………………………………… 161
適法な自力救済 ………………………… 173
転送義務 ………………………………… 149
伝統的な代位責任論 …………………… 279
伝統的不当利得論 …… 26, 28, 31, 34, 37, 38,
　　　　　　　　　　　　 54, 55, 58, 64, 71
転売と利得の消滅 …………………………54
転用物訴権 …………………………………70

と

ドイツの相当因果関係説 ……………… 180
ドイツ民法（249条, 252条） ………… 129
桃中軒雲右衛門事件 …………………… 101
動物占有者の責任 ……………………… 294
動物の行動と損害との因果関係 ……… 295
特殊な不当利得 ……………………………62
独占禁止法 …………………………………98
特別事情 ………………………………… 184
特別な不法行為 ………………………… 241
土地工作物責任 ……………………………98
　　──と失火責任との関係 ………… 297
　　──と責任能力 …………………… 126
土地工作物の設置・管理上の瑕疵による責
　　任 …………………………………… 288
土地の工作物 …………………………… 289
土地の引渡請求権（不当利得） …………25
土地への定着性（工作物） …………… 289

特許権の運用益 ……………………………56
取締法規違反 …………………………… 169
取引行為的不法行為 …………………… 109
　　──の場合（外形理論） ………… 251
取引市場のある商品と損害 …………… 193

な

内縁と家事労働 ……………………………48
内縁の妻の処遇 ………………………… 196

に

西淀川大気汚染訴訟判決 ……………… 267
日本不法行為法リステイトメント …… 137
入院患者の身体抑制 …………………… 174
入院雑費 ………………………………… 194
任意競売（担保権の実行） ………………41

ね

年金 ………………………………… 208, 213

は

賠償者の代位 …………………………… 222
　　──または代位弁済で説明する説 … 282
賠償責任の主体 …………………… 292, 306
賠償の対象としての損害の金銭的評価
　　 ……………………………………… 187
賠償の範囲 ……………………………… 270
　　──を決定するための因果関係 … 177
賠償の方法 ……………………………… 192
パブリシティ権 ………………………… 166
ハラスメント …………………………… 161
反射的効果 …………………………… 82, 83
反射的損害（一般従業員の場合） …… 286

ひ

被害者 …………………………………… 177
　　──が外国人 ……………………… 212
　　──側の過失 ……………………… 216
　　──の悪意・重過失 ……………… 249
　　──の現実の救済 ………………… 221
　　──の承諾 ………………………… 175
　　──の素因（過失相殺の類推適用）
　　 ……………………………………… 219

事項索引

「引き抜き」等による債権侵害の場合
　……………………………………157
非給付利得……………………40,51,58
非金銭的救済の方法……………226
非財産的損害………………………131
　──に対する賠償………………197
　──の性質と立証………………203
　──の賠償………………………201
非債弁済………………………24,84
被侵害利益…………………………155
非相続説（賠償請求権）…………196
表示製造業者………………………307
被用者………………………………252
　──からの逆求償………………255
　──の職務行為の範囲内………251
費用償還義務…………………………16
平井説の3類型……………………266

ふ

富喜丸事件…………………………184
複数の関与者と責任の主体………121
複数の使用者相互の関係…………285
複数被用者の各使用者相互間の求償…278
不作為による不法行為……………121
不真正連帯債務……………270,271,278
　──説（求償権）………………254
不真正連帯の関係…………………246
物権的請求権…………58,59,81,83
　──説……………………………228
　──に基づく救済………………227
物権の登記請求権……………………26
物的損害……………………………197
不動産賃借権侵害の場合…………157
不当利得……………………1,17,23
　──の概念…………………………23
　──の効果…………………………50
　──の返還請求権と他の請求権との関係
　…………………………………45
　──の要件…………………………34
　──返還義務の遅滞発生時期……53
　──返還請求権……………………50
　──返還の範囲……………………53
部品・原料に関する免責事由……308

不法原因給付……………………24,76
　──と物権的請求権………………80
　──の意義…………………………76
不法行為……………………………1,19
　──債権を受働債権とする相殺の禁止
　………………………………221
　──責任と契約責任……………106
　──責任と債務不履行責任の競合……91
　──責任と保険制度……………110
　──責任の法構造上のタイプ──立法主義の違い
　…………………………………94
　──的差止請求権説……………229
　──と制裁の機能…………………94
　──に基づく損害賠償請求権……27
　──の意義──法構造………………91
　──の一般的成立要件…………117
　──の効果………………………191
　──の成立要件と権利侵害………94
　──の誘発の防止………………221
　──への416条の類推適用……179
　──法の複雑さ……………………92
踏切に関する注意義務……………144
扶養利益喪失による損害…………197
プライバシーの保護………………162
ブルドーザー修理事件…………70,71

へ

返還特約と708条…………………84
弁護士費用…………………………195
弁識能力と年齢に関する判例……123

ほ

報償責任………………………………99
　──原理…………………………288
　──ないし利益責任（無過失責任）…99
　──の原則………………………246
法人の不成立による損害…………205
法人の不法行為能力………………122
法人の名誉毀損と非財産的損害…204
法定代理人による不法行為責任…122
法定代理人の財産管理……………127
法定代理人の不法行為と責任無能力者本人の責任……………………………127

法律上の規定に基づく非金銭的救済····	226
法律上の原因····························	65, 72
保険「事故」概念と債権者代位権·······	111
保険者代位······························	207
保護範囲説······························	176
——からの指摘···················	181
——（平井説）·····················	180
「保護範囲」の概念····················	179
ホフマン式（単式）····················	212
——（複式）························	212
本人の不明（事務管理）···············	10

み

未熟児網膜症····························	148
未成年者が責任能力を有する場合······	124
水俣病事件······························	224
民法との関係（製造物責任）··········	309

む

無過失行為の混合（共同不法行為）····	268
無過失責任······························	97
——の意義と発展···················	97
無形の損害と有形の損害···············	202
無形の損害の金銭的評価と法的性格···	203
無権代理行為の追認····················	7, 21
無効と不当利得·························	57
無償同乗者の場合（他人）············	218

め

名目上の損害賠償 nominal damages···	128
名誉感情··································	161, 163
名誉毀損··································	162, 226
——と公共性························	163
——の場合···························	226
——の判断基準·····················	162
名誉や信用の侵害······················	162
名誉やプライバシー等の人格権········	233
免責事由のないこと（土地工作物責任）	
···	291

も

目的物の物権関係（708条）············	80

や

薬害······································	150

ゆ

結納（不当利得）······················	49
有益費····································	47
有効な契約関係と不当利得············	45
有責離婚・内縁不当破棄···············	168
輸入業者（製造物責任）···············	307

よ

養育費と幼児の逸失利益···············	210
幼女と家事労働（逸失利益）··········	210
予見可能性か結果回避義務か··········	135
横系列の求償と縦系列の求償（共同不法行為）	
···	281
弱い関連共同性·························	265, 267

ら

ライプニッツ（単式）··················	213
——（複式）························	213

り

利息の返還······························	56
立証責任との関係······················	149
立証責任の転換（故意・過失）········	141
利得······································	35
——（侵害利得）の返還請求権····	27
——と損失···························	35
——返還請求権の制限···············	84
留置権····································	74

る

類型論·········	26, 30, 32, 34, 35, 37, 38, 50, 51, 52, 54, 55, 58, 63

れ

連帯責任の性質··························	270

ろ

労災保険··································	113
労災保険給付の場合····················	208

労働災害等……………………………… 150
労働能力の減少と損害の発生………… 129
労務請求権の侵害（企業）…………… 287

わ

割合的因果関係の理論………………… 186

90 条違反と不法原因給付………………76
90 条と 708 条の関係……………………81
416 条の不法行為への適用の適否 …… 185
708 条の位置付け ………………………80
709 条の予見可能性との関係………… 182
714 条単純適用説 ……………………… 298
714 条の射程範囲 ……………………… 245
715 条と 719 条の関係——共同不法行為との関連……………………………… 282
715 条をめぐる求償関係とその類型化 ……………………………………… 275
719 条 1 項後段 ……………… 263,266
719 条 1 項前段 ……………… 262,265
719 条の意義 …………………………… 260

判例索引

大判明32・5・30民集5・5・142……………168
大判明34・12・27刑録7・11・139…………123
大判明35・10・14民録8・9・73………………62
大判明36・10・22民録9・1117…………………10
大判明38・6・19民録11・992…………………141
大判明38・12・8民録11・1665………………163
大判明39・7・9民録12・1106…………………157
大判明40・6・19民録13・685…………………141
大判明41・5・9民録14・546……………………76
大判明41・10・1民録14・937…………………158
大判明43・9・26民録16・568……………………85
大判明44・4・13刑録17・569…………………201
大判明44・11・民録17・617…………………134
大判明45・2・3民録18・54……………… 38,39
大連判明45・3・23民録18・315……… 296,297
大判明45・5・6民録18・454……………140,169
大判大元・12・6民録18・1022………………289
大判大2・4・2民録19・193……………………122
大判大2・4・26民録19・281……………134,263
大判大2・12・20民録19・1036………………140
大判大3・3・11刑録20・278…………………144
大判大3・4・2刑録20・438……………………141
大判大3・5・23刑録20・1011…………………144
大判大3・6・15民録20・476……………………86
大判大3・7・1民録20・570………………………36
大判大3・7・4刑録20・1360…………………101
大判大3・10・29民録20・834……………270,276
大判大4・3・24民録21・412…………………141
大判大4・4・29民録21・606…………………253
大判大4・5・1民録21・630……………………295
大判大4・5・12民録21・692……………123,124
大判大4・8・26民録21・1417……………………48
大判大5・1・20民録22・4……………………132
大判大5・2・29民録22・172………………………8
大判大5・3・17民録22・476……………………11
大判大5・6・1民録22・1088…………………289
大判大5・12・22民集22・2474……………93,135
大判大6・1・22民録23・14……………………170
大判大6・2・22民録23・212…………………253
大判大6・2・28民録23・292……………………49
大判大6・3・31民録23・619………………………6
大判大6・4・30民録23・715……………123,124
大判大6・11・14民録23・1965……………………52
大判大6・12・11民録23・2075……………………85
大判大7・2・25民録24・282…………………141
大判大7・3・8民録24・391………………………42
大判大7・5・18民録24・976…………………158
大判大7・5・29民録24・935…………………291
大判大7・10・12民録24・1954………………157
大判大8・2・7民録25・179……………………144
大判大8・3・3民録25・356……………103,172
大判大8・4・18民録25・574……………………12
大判大8・5・12民録25・760…………………162
大判大8・6・14民録25・1028…………………158
大判大8・9・15民録25・1633……………………77
大判大8・10・20民録25・1890……………38,64
大判大8・11・22民録25・2068………………263
大判大8・12・22民録25・2348………………151
大判大9・4・12民録26・527…………………177
大判大9・5・12民録26・652……………………38
大判大9・6・15民録26・884…………………216
大判大9・6・17民録26・891…………………145
大判大9・11・24民録26・1862…………………64
大判大10・1・17刑録27・1……………………144
大判大10・5・17民録27・934……………………48
大判大10・6・28民録27・1260………………161
大判大10・9・5刑録27・585…………………144
大判大10・10・22民録27・1749…………………60
大判大10・12・15民録27・2169………………294
大判大11・5・11刑集1・274…………………142
大判大11・8・7刑集1・401……………………156
大判大11・10・7彙報34・上1…………………140
大判大13・4・1評論3・民414……………………78
大判大14・2・25刑集4・125…………………144
大判大14・6・4新聞2432・12…………………144
大判大14・11・28民集4・670…………………102
大判大15・2・16民集5・150…………………196
大判大15・3・3新聞2598・14……………48,52
大判大15・4・15新聞2541・5…………………143
大連判大15・5・22民集5・386………………179

判例	頁
大判大15・9・28刑集5・387	15
大連判大15・10・13民集5・785	247
大判大15・12・11民集5・833	144
大判昭2・1・19刑集6・1	142
朝高院判昭2・2・19評論16・民法304	263
大判昭2・5・27新聞2709・12	151
大判昭2・5・30新聞2702・5	198
大判昭2・6・15民集6・403	121
大判昭2・7・4新聞2734・15	63
大判昭2・12・23評論17・民法642	143
大判昭3・6・7民集7・443	293
大判昭5・9・19新聞3191・7	133
大判昭5・9・22新聞3172・5	144
大判昭6・4・28新聞3272・15	143
大判昭6・6・13新聞3303・10	158
大判昭7・3・3民集11・274	45
大判昭7・4・11民集11・609	297
大判昭7・5・3民集11・812	133
大判昭7・10・6民集11・2023	191, 200
大判昭8・2・23新聞3531・8	62
大判昭8・2・24新聞3529・12	123
大判昭8・3・14新聞3531・12	157
大判昭8・4・24民集12・1008	13
大判昭8・4・25民集12・924	159
大判昭8・5・16民集12・1178	290, 297
大判昭8・6・8新聞3573・7	201
大判昭8・7・7刑集12・1184	143
大判昭8・7・31刑集12・2421	140, 252
大判昭8・10・18裁判例7・民242	48
大判昭9・5・22民集13・784	258, 259
大判昭9・7・12刑集13・1025	143
大判昭9・9・10刑集13・1158	143
大判昭9・9・29新聞3756・7	12
大判昭9・10・15民集13・1874	263
大判昭9・10・19民集13・1940	159
大判昭9・12・10刑集13・1709	143
大判昭10・2・7民集14・196	64
大判昭10・4・25新聞3835・5	77
大判昭10・5・13民集14・876	48
大判昭10・7・12判決全集20・24	16
大判昭10・11・22評論25・民法826	144
大判昭11・1・17民集15・101	39
大判昭11・4・13民集15・630	159
大判昭11・5・13民集15・861	200
大判昭11・7・15民集15・1445	223
大判昭11・12・11判決全集4・1・27	173
大判昭12・6・30民集16・1285	246
大判昭12・7・3民集16・1089	54, 68
大判昭12・10・18民集16・1525	42
大判昭13・2・17民集17・2465	193
大判昭13・7・1民集17・1339	87
大判昭14・3・22新聞4402・3	243
大判昭15・10・10新聞4627・12	122
大連判昭15・12・14民集19・2325	224
大判昭15・12・20民集19・2215	42
大判昭16・4・19新聞4707・11	85
大判昭16・10・25民集20・1313	51
大判昭17・8・6民集21・850	17
大判昭17・11・20新聞4815・17	88
大判昭18・4・9民集22・255	244
大判昭18・4・15法学12・786	290
大判昭18・6・19民集22・491	141
大判昭18・12・14民集22・1239	172
大判昭18・12・22民集22・1263	55
大判昭20・12・22民集24・137	152
最判昭26・2・13民集5・3・47	9
最判昭27・3・18民集6・3・325	60, 77
最判昭28・1・22民集7・1・56	84
最判昭28・5・8民集7・5・561	84
最判昭29・8・31民集8・8・1557	79
東京高判昭29・9・25下民集5・9・1523	293
最判昭29・11・5刑集8・11・1675	62
最判昭30・2・11民集9・2・164	154
最判昭30・3・25民集9・3・385	297
最判昭30・5・13民集9・6・679	39
大分地判昭30・5・19下民集6・5・998	9
最判昭30・5・31民集9・6・774	158
最判昭30・10・7民集9・11・1616	79
最判昭30・12・22民集9・14・2047	248
函館地判昭31・5・30下民集7・5・412	15
最大判昭31・7・4民集10・7・785	226
最判昭31・7・20民集10・8・1059	163
最判昭31・10・23民集10・10・1275	178
最判昭31・11・1民集10・11・1403	248
最判昭31・12・18民集10・12・1559	292
最判昭32・1・31民集11・1・170	141

判例索引　325

最判昭32・3・26民集11・3・543 ……… 263, 269
最判昭32・4・16民集11・4・638 ………………68
最判昭32・4・30民集11・4・646 ……………221
最判昭32・7・9民集11・7・1203 ……………140
最判昭32・7・16民集11・7・1254 …………248
新潟地判昭33・3・17下民集9・3・415 ………14
最判昭33・4・11民集12・5・789 ……………168
最判昭33・8・5民集12・12・1901 …………198
最判昭34・11・26民集13・12・1562 …161, 214
最判昭34・11・26民集13・12・1573 ………217
最判昭35・4・14民集14・5・863 ……………257
最判昭35・9・20民集14・11・2227 …………48
最判昭36・1・24民集15・1・35 ………3, 222
最判昭36・2・16民集15・2・244 ……………140
最判昭36・11・30民集15・10・2629 …………14
最判昭37・2・1民集16・2・143 ……………294
最判昭37・2・27民集16・2・407
　　　　　………………… 123, 124, 170, 175
最判昭37・3・8民集16・3・500 ………………77
最判昭37・4・26民集16・4・975 ……………289
最判昭37・6・12民集16・7・1305 ……………60
最判昭37・9・4民集16・9・1834 ……………223
最判昭37・11・8民集16・11・2216 …………290
最判昭37・11・8民集16・11・2255 …………248
最判昭37・12・14民集16・12・2368 …212, 213
最判昭38・8・8民集17・6・833 ……………197
最判昭38・12・24民集17・12・1720 ……56, 66
最判昭39・1・28民集18・1・136 ……163, 202
最判昭39・2・4民集18・2・252 ……………251
最判昭39・6・24民集18・5・854 ……126, 216
最判昭39・6・24民集18・5・874 ……………210
最判昭39・9・25民集18・7・1528 ……207, 214
東京地判昭39・9・28下民集15・9・2317 …162
最判昭39・11・24民集18・9・1927 …………145
最判昭40・1・28判時400・19 ………………157
最判昭40・9・24民集19・6・1668 ……………295
最判昭40・12・7民集19・92・2101 …………174
最判昭41・4・1裁判集（民）83・17 ………161
最判昭41・5・19民集20・5・947 ………………41
最判昭41・6・10民集20・5・1029 ……………252
最判昭41・6・21民集20・5・1078 ……………214
最判昭41・6・23民集20・5・1118 ……………163
最判昭41・7・21民集20・6・1235 ……………256

最判昭41・10・21民集20・8・1640 …………197
最判昭41・11・18民集20・9・1886 …………275
最判昭42・3・6判時1354・96 ………………214
最判昭42・3・31民集21・2・475 ……64, 65, 70
最判昭42・5・30民集21・4・961 ……………257
最判昭42・6・13民集21・6・1447 ……………198
最判昭42・6・27民集21・6・1507 ……………217
最判昭42・6・30民集21・6・1526 ……………299
最判昭42・7・18民集21・6・1559 ……………225
最判昭42・9・29判時497・41 ………………218
最判昭42・10・31判時499・39 ………………168
最大判昭42・11・1民集21・9・2249 …………199
最判昭42・11・2民集21・9・2278 ……………250
最判昭42・11・10民集21・9・2352 …………132
最判昭43・1・30民集22・1・63 ……………249
最判昭43・2・6判時514・48 …………………250
最判昭43・3・8判時516・41 …………………159
最判昭43・3・15民集22・3・587 ……………194
最判昭43・4・23民集22・4・964 ……… 263, 264
最判昭43・6・18判時521・50 ………………145
最判昭43・6・27民集22・6・1339 ……………178
最判昭43・6・27民集22・6・1415 ………………41
最判昭43・7・16判時527・51 ………………146
最判昭43・8・2民集22・8・1525 ……………287
最判昭43・8・27民集22・8・1704 ……………213
最判昭43・9・24判時539・40 ………………143
最判昭43・9・27民集22・9・2020 ……………248
最大判昭43・11・13民集22・12・2526 ………86
最判昭43・11・15民集22・12・2614 …286, 287
最判昭43・12・24民集22・13・3413 …………259
最判昭44・2・6民集23・2・195 ……………146
最判昭44・2・27民集23・2・441 ……………195
最判昭44・2・28民集23・2・525 ……195, 217
最判昭44・7・8民集23・8・1407 ……………172
最判昭44・9・26民集23・9・1727 ………………78
最判昭44・11・27民集23・11・2265 …………224
最判昭44・12・24刑集23・12・1628 …………166
最判昭45・1・27民集24・1・56 ……………143
最判昭45・4・21判時593・32 …………………78
最判昭45・6・19民集24・6・560 ……………224
最判昭45・7・16民集24・7・909 ………71, 73
最大判昭45・10・21民集24・11・1560 …78, 82
最判昭45・12・18民集24・13・2151 …162, 163

最判昭46・4・23民集25・3・351 …………… 290
広島地判昭46・5・20判時631・24 ………… 235
最判昭46・6・22民集25・4・566 …………… 251
最判昭46・6・24民集25・4・574 …………… 138
最判昭46・6・29民集25・4・650 …………… 194
最判昭46・7・23民集25・5・805 …………… 168
最判昭46・9・30判時646・47 ……………… 246
最判昭46・10・28民集25・8・1069 ……… 78,82
鹿児島地判昭47・5・19判時675・26 ……… 235
最判昭47・5・30民集26・4・898 …………… 218
最判昭47・6・27民集26・5・1067 ………… 168
名古屋地判昭47・10・19判時683・21 …… 230
最判昭48・4・5民集27・3・419 …………… 215
神戸地尼崎支決昭48・5・11判時702・18
　……………………………………………… 235
最判昭48・6・7民集27・6・681 …………… 193
最判昭48・11・16民集27・10・1374 ……… 224
大阪地判昭49・2・27判時729・3 ………… 235
最判昭49・3・22民集28・2・347
　…………………………………… 123,124,242
最判昭49・4・25民集28・3・447 …………… 194
最判昭49・7・19民集28・5・872 …………… 210
最判昭49・9・26民集28・6・1243
　………………………………… 38,64,66,71
最判昭49・9・26民集28・6・1331 ………… 11
高松高判昭49・11・27判時764・49 ……… 245
最判昭49・12・17民集28・10・2040 ……… 199
最判昭50・1・30民集29・1・1 …………… 249
最判昭50・1・31民集29・1・68 …………… 207
最判昭50・3・28民集29・3・251 ……… 178,197
東京高判昭50・3・31判時781・76 …… 130,187
東京高判昭50・6・30判タ330・287 ……… 302
最判昭50・10・9交民集8・5・1239 ……… 215
最判昭50・10・24民集29・9・1417 ……… 177
最判昭51・3・25民集30・2・160 …… 217,218
最判昭51・7・8民集30・7・689
　…………………………… 254,274,275,279,284
最判昭51・9・30民集30・8・816 …………… 150
最判昭52・9・22民集31・5・767 …………… 251
福岡地判昭52・10・5判時866・21 ………… 150
最判昭52・10・20判時871・29 …………… 215
東京高判昭52・11・28判時882・5 ………… 302
金沢地判昭53・3・1判時879・26 ………… 303

最判昭53・5・2判時892・58 ……………… 69
最判昭53・7・17民集32・5・1000 ……… 300
東京地判昭53・8・3判時899・48 ………… 303
最判昭53・10・20民集32・7・1500 …… 211,212
最判昭53・11・2判時913・87 ……………… 87
福岡地判昭53・11・14判時910・33 ……… 150
最判昭54・2・20民集39・2・56 …………… 259
広島地判昭54・2・22判時920・19 ………… 303
最判昭54・3・30民集33・2・303 …………… 162
最判昭54・6・26判時933・59 ……………… 211
静岡地判昭54・7・19判時950・199 ……… 303
大阪地判昭54・7・31判時950・241 ……… 303
最判昭54・11・13判時952・49 …………… 148
最判昭55・1・24民集34・1・61 …………… 52
東京地判昭55・4・25判時975・52 ………… 302
名古屋地判昭55・9・11判時976・40 …… 235
最判昭55・12・18民集34・7・888 …… 107,223
最判昭56・2・16民集35・1・56 …………… 151
最判昭56・6・19判時1011・54 …………… 146
福岡高判昭56・9・29判時1043・71 ……… 245
最判昭56・11・5判時1024・49 …………… 294
最判昭56・11・27民集35・8・1271 ……… 256
最大判昭56・12・16民集35・10・1369
　……………………………………………… 128,168
最判昭57・3・4判時1042・87 ……… 271,276
前橋地判昭57・8・21判時950・305 ……… 303
最判昭57・9・7民集36・8・1572 ………… 136
最判昭58・2・18判時1073・65 …………… 211
京都地判昭58・3・30判時1089・94 ……… 302
最判昭58・4・1判時1083・83 …………… 294
最判昭58・4・7判時1083・75 …………… 215
最判昭58・9・6民集37・7・90 …………… 223
最判昭58・10・6民集37・8・1041 ……… 200
東京高判昭58・12・12判時1096・72 …… 152
最判昭59・1・26民集38・2・53 …………… 289
東京地判昭59・3・26判時1143・105
　……………………………………………… 303,305
最判昭59・12・21判時1145・46 …………… 291
最判昭60・3・26民集39・2・124 …………… 148
名古屋地判昭60・5・28判時1155・33 …… 303
大阪高判昭60・6・28判タ568・77 ………… 277
最判昭60・12・20判時1207・53 ………… 158
長野地判昭61・3・27判時1191・107 …… 302

大阪高判昭61・3・27判時1220・80…………15	最大判平5・3・24民集47・4・3039…………208
福岡高判昭61・5・15判時1191・28…303,304	最判平5・3・25民集47・4・3079……………145
最大判昭61・6・民集40・4・872……227,233	最判平5・9・9判時1477・42………………178
最判昭61・10・16判時1217・60……………148	最判平5・11・26判時1502・89……………169
最判昭61・11・4判時1216・75………………211	最判平6・1・20判時1503・75………………225
最判昭61・11・20判時1219・63……………156	仙台地判平6・1・31判時1482・3……235,237
最判昭62・1・19民集41・1・1………………210	最判平6・2・8民集48・2・123……………38
最判昭62・1・22民集41・1・17…………121,263	最判平6・2・8民集48・2・149……………164
最判昭62・2・6判時1232・100………………193	最判平6・2・22民集48・2・441……………225
最判昭62・2・13民集41・1・95………………152	最判平6・3・24判時1501・96………………171
最判昭62・4・16判時1242・43………………88	最判平6・11・22判時1515・76……………218
最判昭62・4・24民集41・3・490……175,226	最判平6・11・22判時1540・42……………250
最判昭62・7・10民集41・5・1202……………207	最判平6・11・24判時1514・82……………271
最判昭63・1・26民集42・1・1………………170	最判平6・12・20民集8・8・1676……………206
最判昭63・2・16民集42・2・27………………166	最判平7・1・24民集49・1・25………………298
最判昭63・3・15民集42・3・199……………160	最判平7・1・30民集49・1・211……………207
最判昭63・4・21民集42・4・243……186,219	最判平7・3・10判時1526・99………………152
最大判昭63・6・1民集42・5・277……………170	最判平7・5・30民集1553・78………………147
最判昭63・7・1民集42・6・451……275,277	最判平7・6・9民集49・6・1499……………149
最判昭63・7・1民集42・6・477………………41	最判平7・9・5判時1546・25………………161
最判昭63・12・1民集42・10・719……………41	最判平7・9・19民集49・8・2805……………75
最判平元・1・19判時1302・144……………207	最判平8・1・23民集50・1・1………………150
東京高判平元・2・6判時1310・83……………304	最判平8・2・23民集50・2・249……………207
最判平元・3・28判時132・66………………300	最判平8・3・26民集50・4・993……………162
最判平元・4・11民集43・4・209……………215	最判平8・3・28判時1565・139……………161
最判平元・4・27民集43・4・278……………222	最判平8・4・25民集50・5・1221……………195
最判平元・12・8民集43・11・1259……98,169	最判平8・5・28判時1572・53………………193
最判平元・12・21民集43・12・2209…………223	最判平8・5・28民集50・6・1301……………193
最判平元・12・21民集43・12・2252…………164	最判平8・5・31民集50・6・1323……195,206
最判平2・3・6判時1354・96…………………215	最判平8・9・3判時1594・32………………146
最判平2・3・23判時1354・85………………211	最判平8・10・29民集50・9・2474……………220
最判平2・11・6判時407・67…………290,292	最判平8・12・17民集50・10・2778…………40
最判平2・11・8判時1370・52………………145	最判平9・1・28民集51・1・78……………212
最判平3・3・8民集45・3・164………………173	最判平9・2・25判時1606・44………………42
最判平3・3・22民集45・3・322…………36,41	最判平9・2・25民集51・2・502……………146
東京地判平3・3・28判時1381・21……………304	最判平9・4・24判時1618・48………………79
最判平3・10・25民集45・7・1173……273,278	最判平9・5・27民集51・5・2009……………163
最判平3・11・19民集45・8・1209………53,62	最判平9・5・27民集51・5・2024……………163
最判平4・6・8判時1450・70………………148	最判平9・9・9判時1618・63………………219
最判平4・6・25民集46・4・400……187,219	最判平9・9・9民集51・8・3804……………165
最判平4・10・6判時1454・87………………249	最判平9・9・9民集51・8・3850……………164
最判平4・10・29民集46・7・1174……………237	最判平9・12・18民集51・10・4241…………169
最判平5・2・25民集47・2・643……171,237	最判平10・1・30判時1631・68……………165

最判平10・2・26民集52・1・255 …………41
最判平10・3・26民集52・2・513 …………37
最判平10・4・30判時1646・162 ………109
最判平10・5・26民集52・4・985 …………35
最判平10・6・12民集52・4・1087 ……223,225
最判平10・7・17判時1651・56 ……………165
最判平10・9・10民集52・6・1494 ………273
最判平11・1・29判時1675・85 ……………271
最判平11・2・25民集53・2・235 …………178
最判平11・4・22判時1681・102 ……………170
最判平11・7・16労働判例767・14 …………161
最判平11・10・22民集53・7・1211 …………208
最判平11・10・26民集53・7・1313 …………165
最判平11・12・20民集53・9・2038 …………206
最判平12・2・29民集54・2・582 ……147,161
最判平12・3・24民集54・3・1155 …………219
最判平12・4・7判時1713・50 ………………41
最判平12・9・7判時1728・29 ……………196
最判平12・9・22民集54・7・2574 …………148
最判平12・11・14判時1732・83 ……………213
最判平12・11・14民集54・9・2683 …………213
最判平13・3・2民集55・2・185 ……………160
最判平13・3・13民集55・2・328 …………270
最判平13・11・27民集55・6・1154 …………147
最判平14・1・29民集56・1・185 …………165
最判平14・1・29民集56・1・218 …………224
最判平15・3・14民集57・3・229 …………164
最判平15・7・11民集57・7・815 …………270
最判平15・9・12民集57・8・973 …………162
最判平15・10・16民集57・9・1075 …………166
最判平15・11・11民集57・10・1466 ………149
最判平15・11・14民集57・10・1561 ………153
最判平15・12・9民集57・11・1887 …………202
最判平16・2・13民集58・2・311 ……160,167
最判平16・4・27民集58・4・1032 …………224
最判平16・7・15民集58・5・1615 …………166
最判平16・10・15民集58・7・1802 …………224
最判平16・10・26判時1881・64 ……………38
最判平16・11・5民集58・8・1997 …………39
最判平16・11・12民集58・8・2078 ……249,252
最判平16・11・18民集58・8・2225 …………202
最判平16・11・25民集58・8・2326 …………226
最判平17・6・2民集59・5・901 …………215

最判平17・7・14民集59・6・1323 …………171
最判平17・7・19民集59・6・1783 …………169
最判平17・12・15民集59・10・2899 …………43
最判平18・3・28民集60・3・875 …………191
最判平18・3・30民集60・3・948 ……104,170
最判平18・6・16民集60・5・1997 …………225
最判平18・12・21民集60・10・3964 …………40
最判平19・3・8民集61・2・479 …………55
最判平19・4・24民集61・3・1102 …………171
最判平19・7・6民集61・5・1769 …………153
最判平19・7・13民集61・5・1970 …………44
最判平20・4・24民集62・5・1178 …………147
最判平20・6・10民集62・6・1488 ……77,80,209
最判平20・6・12民集62・6・1656 ……105,118
最判平20・6・24判時2014・68 ……………209
最判平20・7・4判時2018・16 ………………219
最判平21・3・10民集63・3・385 …………118
最判平21・4・24民集63・4・765 ………39,42
最判平21・4・28民集63・4・853 ……223,225
最判平21・7・10民集63・6・117 ……………43
最判平21・7・14判時2069・22 ……………43
最判平21・9・4民集63・7・1445 ………43,170
最判平21・11・9民集63・9・1987 …………53
最判平21・12・10民集63・10・2463 ………152
最判平22・1・26民集64・1・219 …………174
最判平22・3・25民集64・2・562 …………104
最判平22・3・30判時2079・40 ……………248
最判平22・6・17民集64・4・1197 …………206
最判平22・7・9判時2091・47 ……………154
最判平22・9・13民集64・6・1626 …………209
最判平23・2・25判時2108・45 ……………149
最判平23・4・22民集65・3・1405 …………134
最判平23・4・26判時2117・3 ……………148
最判平23・7・15民集65・5・2362 …………131
最判平23・7・21判時2129・36 ……………153
最判平23・9・13民集65・6・2511 …………194
最判平23・12・1判時2139・7 ………………43
最判平23・12・8民集65・9・3275 …………160
最判平24・2・2民集66・2・89 ……………167
最判平24・2・20民集66・2・742 …………113
最判平24・2・24判時2144・89 ……………151
最判平24・11・27判時2175・15 ……………154
最判平25・7・12判時2200・63 ……………291

最判平26・3・14民集68・3・229 225

著者略歴

田 山 輝 明（たやまてるあき）

1944 年　群馬県に生まれる
1964 年　司法試験合格
1966 年　早稲田大学法学部卒業
　　　　　早大大学院，助手，専任講師，助教授（この間，早大在外研究員，フンボルト財団給費生として西ドイツに留学）
1978 年　早稲田大学教授，法学博士（早大）
2014 年　早稲田大学名誉教授

主要著書

『ガイダンス民法』（三省堂）
『民法総則第 4 版・民法要義 1』（成文堂）
『担保物権法第 3 版・民法要義 3』（成文堂）
『債権総論第 3 版・民法要義 4』（成文堂）
『契約法・民法要義 5』（成文堂）
『事務管理・不当利得・不法行為第 3 版・民法要義 6』（成文堂）
『物権法第 3 版』（弘文堂）
『特別講義民法債権総論』（法学書院）
『特別講義民法債権各論』（法学書院）
『成年後見法制の研究』（成文堂）
『続成年後見法制の研究』（成文堂）
『事例で学ぶ家族法第 4 版』（法学書院）
『成年後見読本第 2 版』（三省堂）
『我妻・有泉コンメンタール第 3 版』（共著・日本評論社）
『基本法コンメンタール借地借家法』（共著・日本評論社）
『土地法の歴史と課題』（成文堂）　等。

事務管理・不当利得・不法行為　第 3 版
民法要義 6

2006 年 7 月 20 日　初　版第 1 刷発行
2011 年 2 月 20 日　第 2 版第 1 刷発行
2016 年 5 月 20 日　第 3 版第 1 刷発行

著　者　田　山　輝　明

発行者　阿　部　成　一

〒162-0041　東京都新宿区早稲田鶴巻町 514
発行所　株式会社　成文堂
Tel 03(3203)9201(代)　FAX 03(3203)9206
http://www.seibundoh.co.jp

製版・印刷　三報社印刷　　　製本　佐抜製本
©2016 T. Tayama　　Printed in Japan
☆乱丁・落丁本はおとりかえいたします☆　検印省略
ISBN978-4-7923-2689-0　C3032

定価（本体 3000 円＋税）

田山輝明著【民法要義シリーズ】

1	民法総則　第4版	3000 円
2	物権法	3000 円
3	担保物権法　第3版	2700 円
4	債権総論　第3版	2700 円
5	契約法	3000 円
6	事務管理・不当利得・不法行為　第3版	3000 円

（本体価格）